É uma alegria incrível ler o livro *Nós e a* [...] cebo como precisávamos de uma obra ness[...] brasileira, e minha alegria se completa ao saber que vem de um au[...] do Brasil. As três partes do livro são cativantes, elucidatórias e muito bem embasadas em pesquisa, com diversas fontes de traduções. Indico esse livro a todos os que, assim como eu, são apaixonados pela Bíblia e tentam incessantemente compreender seus textos para aplicar corretamente nos dias de hoje.

– **Marcos Botelho**, *pastor presbiteriano da Comunidade da Vila, em São Paulo, professor de Hermenêutica desde 2005 e autor do livro* Mosaico bíblico: uma introdução à hermenêutica e ao modo de pensar dos autores bíblicos

Poucas coisas são mais complexas do que as relações entre judeus e cristãos, principalmente aqui no Brasil. De um lado, vemos o desprezo por parte da igreja em relação a tudo o que é judaico, o que, em muitas ocasiões, beira o antissemitismo. De outro, temos uma supervalorização de um Israel e de um judaísmo imaginários que, em geral, resulta em apropriação cultural e sincretismo religioso. Em um contexto assim, a obra de Reinke é essencial para nos ajudar a pensar de que forma devemos viver nossa fé cristã, reconhecendo suas raízes judaicas sem cair nos erros mencionados. É um livro imprescindível não apenas para entendermos melhor nossas Escrituras sagradas, mas também para promover um diálogo saudável entre judeus e cristãos, para que possamos assim honrar o patrimônio espiritual em comum dos dois povos, sem, contudo, apagar suas distinções. Por mais que eu o recomende, nunca será o suficiente!

– **Igor Sabino**, *doutorando em ciência política pela Universidade Federal de Pernambuco e autor do livro* Por amor aos patriarcas: reflexões brasileiras sobre antissemitismo e sionismo cristãos

Depois de escrever dois livros sobre a história e a cultura dos povos bíblicos, agora André Daniel Reinke nos coloca diante da Bíblia com uma grande indagação: "Em que medida esses textos produzidos na antiguidade de maneira tão diversa produzem, até hoje, identidades individuais e coletivas?". O livro aborda a complexidade da linguagem, dos símbolos e das identidades que emanam do mesmo texto, mas são diferentes e até mesmo inconciliáveis em diversos pontos. O autor provoca reflexão sobre os aspectos culturais que presidem as interpretações que se fazem do texto hoje no judaísmo, no cristianismo e nas ramificações dentro das duas tradições religiosas. Ao abordar a questão hermenêutica, o livro põe em pauta o importante assunto da Bíblia como obra literária, sem perder a vital afirmação de fé de que ela é igualmente inspirada por Deus. Destaco e celebro as escolhas teóricas do autor, especialmente ao trazer para o grande público, de forma precisa e clara, importantes conceitos da hermenêutica filosófica, com destaque para a identidade narrativa e a tripla mímesis do filósofo francês Paul Ricoeur. Certamente será uma obra a ser utilizada em minhas turmas de Introdução à Bíblia e de Hermenêutica.

– **Israel Mazzacorati**, *mestre e doutor em teologia pela Faculdades EST (São Leopoldo, RS), professor do Seminário Teológico Servo de Cristo (São Paulo, SP), produtor e apresentador da Rádio TransMundial e pastor da Igreja Batista Água Viva (Vinhedo, SP)*

O jovem teólogo brasileiro André Daniel Reinke é um pesquisador talentoso e competente. Quem já leu um dos dois outros livros dele sobre a Bíblia (*Os outros da Bíblia* e *Aqueles da Bíblia*) sabe que não estou exagerando. Agora, seu texto *Nós e a Bíblia*, que você, afortunado(a) leitor(a), tem em mãos, completa uma trilogia sobre o texto sagrado de judeus e cristãos. *Nós e a Bíblia* é, ao mesmo tempo, teoricamente profundo e denso, e de fácil assimilação. Em geral, um texto não narrativo tem uma ou outra dessas características, mas pouquíssimos são os que conseguem ter a duas. Reinke tem o mérito de não pequena monta de conseguir ser profundo e compreensível. *Nós e a Bíblia* é um livro para ser lido e relido. Quem o ler vai aprender muito, mas muito mesmo sobre a Bíblia, sua interpretação e a influência decisiva na formação do judaísmo e do cristianismo.

– **Carlos Caldas**, *professor no programa de pós-graduação em ciências da religião da PUC Minas (Belo Horizonte), onde lidera o Grupo de Pesquisa sobre Protestantismo, Religião e Arte*

Nós e a Bíblia coroa a série de estudos de Reinke sobre a jornada do povo de Israel e sua relação com o Messias, bem como com o cristianismo vindouro. A "hermenêutica", palavra norteadora desse trabalho, abre os olhos do leitor para esse processo relacional entre autor e texto; trabalho incessante, eterno e que se renova a cada geração/cultura que entra em contato com a Bíblia. Aqui temos contato também com sua pesquisa de doutorado e com temas caros dentro do desenvolvimento do cristianismo e sua visão acerca do judaísmo. Com linguagem de fácil acesso, essa obra dialoga com o mundo acadêmico e abre novas possibilidades de pesquisa e estudo.

– **Lucas Gesta**, *mestre em história social pela Universidade Federal do Estado do Rio de Janeiro e coordenador da pós-graduação em história do cristianismo e do pensamento cristão na FABAT/Seminário Batista do Sul (Rio de Janeiro, RJ)*

André Daniel Reinke tem-se demonstrado um acadêmico apaixonado pelo desenvolvimento histórico do povo de YHWH. Em sua obra *Os outros da Bíblia*, ele fez uma excelente apresentação dos povos vizinhos de Israel, de sua cultura e de como sua relação com Israel os influenciou. No segundo livro, *Aqueles da Bíblia*, Reinke bem exibiu de que forma o Israel do período bíblico foi-se desenvolvendo ao longo dos tempos até o período da Bíblia grega. *Nós e a Bíblia*, a presente obra, conclui a triologia de forma brilhante; nela, Reinke demonstra como a Bíblia influenciou os diferentes tipos de judaísmos e cristianismos — e foi por eles utilizada — desde a Antiguidade até os dias atuais, na construção de identidades individuais e coletivas; daí se dá sua relevância para o público de língua portuguesa.

– **Chandler Tiago S. Sant'Ana,** *pastor escolar e professor de Religião do Colégio Adventista de Uberlândia (CAU), bacharel em teologia pelo Seminário Adventista Latino-Americano de Teologia (SALT–FADBA); especialista em história e arqueologia do antigo Oriente Próximo e Mediterrâneo pelo Centro Universitário Adventista de São Paulo (UNASP) e graduando em estudos judaicos pelo Seminário Rabínico Latino-Americano Marshall T. Meyer*

NÓS
E A BÍBLIA

ANDRÉ DANIEL REINKE

NÓS
E A BÍBLIA

HISTÓRIA, FÉ E CULTURA
DO JUDAÍSMO E DO CRISTIANISMO
E SUA RELAÇÃO COM A BÍBLIA SAGRADA

Thomas Nelson
BRASIL

Copyright © 2023 por André Daniel Reinke

Todos os direitos desta publicação são reservados por Vida Melhor Editora Ltda.

Os pontos de vista desta obra são de responsabilidade de seus autores, não refletindo necessariamente a posição da Thomas Nelson Brasil, da HarperCollins Christian Publishing ou de sua equipe editorial.

Diretor editorial	*Samuel Coto*
Coordenador editorial	*André Lodos Tangerino*
Produção editorial	*Fabiano Silveira Medeiros*
Preparação	*Daila Fanny*
Revisão	*Gabriel Braz e Décio Leme*
Projeto gráfico, diagramação e capa	*André Daniel Reinke*

Dados Internacionais de Catalogação na Publicação (CIP)
(BENITEZ Catalogação Ass. Editorial, MS, Brasil)

R295n   Reinke, André Daniel

1.ed.   Nós e a Bíblia : história, fé e cultura do judaísmo e do cristianismo e sua relação com a Bíblia Sagrada / André Daniel Reinke. – 1.ed. – Rio de Janeiro : Thomas Nelson Brasil, 2023.
320 p.; 15,5 x 23 cm.

Bibliografia.
ISBN : 978-65-5689-707-3

1. Bíblia. 2. Cristianismo – História. 3. Hermenêutica bíblica. 4. Fé (cristianismo). 5. Judaísmo – Cultura. 6. Judaísmo – História. 7. Judaísmo – Religião. I. Título.

03-2023/04   CDD 261.2

Índice para catálogo sistemático
1. Judaísmo e cristianismo   261.2
Bibliotecária : Aline Graziele Benitez CRB-1/3129

Thomas Nelson Brasil é uma marca licenciada à Vida Melhor Editora Ltda.

Todos os direitos reservados à Vida Melhor Editora Ltda.
Rua da Quitanda, 86, sala 601A — Centro
Rio de Janeiro, RJ — CEP 20091-005
Tel.: (21) 3175-1030
www.thomasnelson.com.br

Agora é claro e evidente que nem coisas futuras, nem coisas passadas existem. Nem é estritamente correto dizer: "Existem três tempos: passado, presente e futuro". Em vez disso, talvez seja correto dizer: "Existem três tempos: o presente das coisas passadas, o presente das coisas presentes e o presente das coisas futuras". Certamente são três coisas na alma (e não as vejo em nenhum outro lugar): o presente das coisas passadas é a memória, o presente das coisas presentes é a atenção e o presente das coisas futuras é a expectativa.

Santo Agostinho, *Confissões*

Sobre as ilustrações da capa e dos capítulos

As ilustrações da capa e dos capítulos procuram demonstrar o argumento central deste livro: que a Bíblia é fonte de metáforas e símbolos para uma infinidade de interpretações, de acordo com as mais diversas comunidades de fé. Seu texto produz identidades narrativas tão diversas quanto as múltiplas vertentes dos judaísmos e dos cristianismos. A proposta é insinuar os diferentes universos simbólicos originados na mesma Bíblia Sagrada. Estas são as peças ilustradas:

Bom pastor: escultura do século XVIII baseada em sarcófago cristão do século IV. A antiga figura de Hermes Crióforo (o bom pastor que leva o cordeiro) foi amplamente usada pelos cristãos primitivos como representação de Cristo.

Saltério copta: livro com salmos para ser entoados na liturgia em peça ricamente iluminada no Egito do século XVIII d.C. Essa figura ilustra o capítulo em que apresento a polifonia da Bíblia.

Escriba egípcio: escultura egípcia de um escriba do século XV a.C. usada para ilustrar o capítulo que descreve o processo hermenêutico. O ato de escrita, como veremos neste livro, já é um ato interpretativo.

Amenemhat com estela: escultura egípcia do faraó Amenemhat segurando uma estela, do século XV a.C., para ilustrar o capítulo sobre as identidades narrativas constituídas a partir dos textos.

Menorá: imagem esculpida no Arco de Tito, ilustrando o saque do templo de Jerusalém, em 70 d.C., incluída no capítulo do antigo Israel em sua relação com os textos por ele mesmo produzidos.

Sêfer Torá: ilustração de um rolo da Torá da Espanha, do século XVI d.C., utilizado para o capítulo sobre judaísmo e sua milenar construção hermenêutica e simbólica.

Bandeira: ilustração da bandeira do moderno Israel, criada em 1948 e utilizada para ilustrar a relação do atual Estado de Israel com a Bíblia e os símbolos judaicos do passado.

Peixes e âncora: reprodução de grafismo encontrado na Catacumba de Domitila, na Roma do século III d.C., utilizado para ilustrar o capítulo da igreja antiga. O desenho apresenta um peixe "puro" (com escamas) e outro "impuro" (sem escamas), talvez numa alusão aos judeus e gentios unidos sob a cruz de Cristo.

Cruz celta: ilustração de cruz da igreja de Kildalton, na Escócia, do século VIII d.C. A tradição atribui a são Patrício, da Irlanda, a adaptação do símbolo solar celta para a cruz.

Bíblia: ilustração da Bíblia de Lutero, de 1541, utilizada para ilustrar o capítulo do protestantismo e a nova relação estabelecida com a hermenêutica e os símbolos tradicionais.

SUMÁRIO

Agradecimentos	14
Prefácio	15
Introdução	19
Parte I: Bíblia, Hermenêutica e Identidade	**27**
Capítulo 1: A Bíblia	29
Capítulo 2: A Hermenêutica	51
Capítulo 3: A Identidade	85
Conclusão: Bíblia e Identidade	105
Parte II: De Israel para a Bíblia, da Bíblia para Israel	**109**
Capítulo 4: O Israel Antigo	113
Capítulo 5: O Judaísmo	135
Capítulo 6: O Estado de Israel	163
Conclusão: Israel e a Bíblia	187
Parte III: Da Igreja para a Bíblia, da Bíblia para a Igreja	**189**
Capítulo 7: A Igreja Antiga	193
Capítulo 8: O Cristianismo	221
Capítulo 9: O Protestantismo	247
Conclusão: A Igreja e a Bíblia	273
Capítulo 10: Bíblia, Israel e Igreja	277
Conclusão	293
Referências	301

Agradecimentos

Este livro é um dos frutos dos quatro anos de pesquisa de douto-rado, uma vez que seu conteúdo é a adaptação de parte da minha tese. Portanto, meu primeiro agradecimento vai para o professor Wilhelm Wachholz, meu orientador, e aos outros membros da banca de doutoramento, Flávio Schmitt, Marcelo Ramos Saldanha, Carlos Caldas e Kenner Terra. Suas críticas e contribuições à pes-quisa e ao texto foram fundamentais para chegar a esse resultado. Agradeço também a Israel Mazzacorati, pelas constantes trocas de ideias sobre a monumental obra de Paul Ricoeur e de outros pensa-dores caros à hermenêutica filosófica. Agradeço a Deus pela opor-tunidade de estudar na Faculdades EST e pelos excelentes anos de convivência e aprendizado que passei ali, nos altos do Morro do Espelho.

PREFÁCIO

Em *Anatomia da crítica*, clássico da crítica literária ovacionado pelos biblistas atentos às novas tendências das ciências do texto, Northrop Frye afirma, sem rodeios e para o terror de positivistas que tratam com desconfiança a Escritura judaico-cristã, que a literatura ocidental tem sido mais influenciada pela Bíblia que por qualquer outro livro. Todavia, segundo ironiza o especialista em William Black, "com todo o seu respeito pelas 'fontes', o crítico sabe dessa influência pouco mais de que ela existe".[1] Frye está dizendo que a ignorância, ou a indiferença, dos estudos literários não é capaz de ocultar uma verdade inegável: a Bíblia é um monumento! Seus gêneros, metáforas, narrativas e imagens estão na memória da cultura e modelaram as estruturas mais profundas do Ocidente. Certamente, esse quadro aplica-se à realidade brasileira, pois sua história católica, protestante e, nas últimas décadas, pentecostal inseriu os textos bíblicos nas expressões eruditas e populares de nossa brasilidade. Por isso — o que talvez, sirva de resposta à provocação fryeriana —, nos últimos anos a academia tem-se preocupado com a recepção dos textos bíblicos. Tal movimento rompe com as

---

1   FRYE, Northrop. *Anatomia da crítica*. São Paulo: Cultrix, 1957. p. 21.

perspectivas reducionistas em relação ao trabalho exegético, pois acolhe a potência de significados que a Bíblia carrega, os quais vão sendo percebidos em seu "consumo".

É exatamente sua força polifônica que faz da Escritura, ao mesmo tempo, "flor sem defesa" e fonte inesgotável de novos horizontes. Essas duas metáforas consagradas entre os biblistas latino-americanos apontam em algumas direções. A mesma fonte de beleza e esperança pode servir a projetos obscuros, violências e acúmulo de poder. Esse é o campo em que a luta se trava, e a história da interpretação está à disposição para tirarmos nossas conclusões. Se, por um lado, o pastor batista Martin Luther King Jr. lia a Bíblia com imaginação antirracista e libertadora, por outro lado os supremacistas brancos protestantes davam ao texto tons horrendos. Não é sem razão que o semioticista italiano Umberto Eco, depois de certo incômodo causado pela publicação de Obra aberta, fez questão de estabelecer que o texto tem muitos sentidos, mas nem toda interpretação terá um final feliz. Ou seja, paz e guerra, salvação e condenação, luz e trevas, vida e morte acham-se latentes, como germes, nas sagradas letras. Em vista disso, ler bem o texto bíblico é, antes de qualquer coisa, limpar as lentes, conhecer a história e ser maduro o bastante para considerar as consequências da interpretação e da recepção da Bíblia.

À vista disso, *Nós e a Bíblia* chega ocupando lugar importante e necessário. Com a profundidade e a perspicácia de quem já tem experiência com o diálogo entre texto acadêmico e a realidade das comunidades de fé, André Reinke apresenta os melhores autores nos estudos literários da Bíblia, o que ainda não é tão comum entre os leitores menos especializados em nossa terra. Aliás, esta obra é a terceira em uma tríade de exercícios muito bem-sucedidos de apresentação ao público, em geral de discussões sofisticadas das ciências bíblicas e da historiografia. Em *Os outros da Bíblia*,[2] o autor enfrentou o difícil desafio das assimilações, influências e releituras

---

2   REINKE, A. *Os outros da Bíblia*: história, fé e cultura dos povos antigos e sua atuação no plano divino. Rio de Janeiro: Thomas Nelson Brasil, 2019.

PREFÁCIO

das tradições e dos imaginários dos povos vizinhos na formação religiosa e teológica dos antigos israelitas. Na segunda obra, *Aqueles da Bíblia*,[3] Reinke instrumentalizou-se das ferramentas desenvolvidas nas teorias antropológicas para apresentar aos leitores uma história de Israel segundo a qual se considera a circularidade cultural na formação de sua identidade, até desembocar no plural judaísmo do Segundo Templo. Esse é o pano de fundo de *Nós e a Bíblia*. Nesse último trabalho, resultado de sua elogiada tese de doutorado, Reinke nos presenteia com brilhantes discussões sobre hermenêutica. Uma rede de autores de ponta, os quais já fizerem a exegese bíblica repensar seu lugar nas ciências humanas, são trazidos à baila e servem de referências metodológicas sofisticadas para o exercício de compreensão da Bíblia e de suas interpretações. Os leitores perceberão nitidamente que esse livro carrega as marcas da longa caminhada de um pesquisador preocupado com a acurácia metodológico-científica, a fluidez redacional e a inteligibilidade ao abordar temas tão sensíveis, como a multiplicidade de vozes no coral multifônico da Palavra de Deus.

No subtítulo, Reinke, treinado em sintetizar conteúdos complexos, abre as portas da discussão e põe a refeição na mesa: "história, fé e cultura do judaísmo e do cristianismo e sua relação com a Bíblia Sagrada". A Escritura reúne comunidades hermenêuticas que, a partir de seus desafios contextuais, ativaram suas potencialidades semióticas, as quais, por sua vez, são redes mnemônicas desenvolvidas na história do povo de Deus em sua caminhada de fé.

Nós e a Bíblia faz um mergulho atualizado, do ponto de vista das ciências, e expõe o lugar da narrativa e da textualidade na construção da identidade e do ethos de uma nação. Sob a égide de indícios inegáveis, mostra-nos os judaísmos antigos e as comunidades cristãs, os cristianismos das origens, como fenômenos interpretativos, descortinando os processos hermenêuticos nos textos da Bíblia Hebraica e no Novo Testamento. Conduzindo-nos através dos usos

---

3   REINKE, A. *Aqueles da Bíblia*: história, fé e cultura do povo bíblico de Israel e sua atuação no plano divino. Rio de Janeiro: Thomas Nelson Brasil, 2021.

do texto na tradição judaica, o autor ilustra a tradicional afirmação sobre a Torah, encontrada no texto rabínico Números Rabbah (13.15): "Shivim Panim la' Torah" ("a Torah tem setenta faces"). O que poderia parecer, à luz da exegese tradicional, exagero judaico, na verdade é a forma que a Bíblia entra na dinâmica da cultura. E, nessa potencialidade de construção de sentidos, como bem resume Reinke, nos relacionamos com o texto sagrado, dele recebemos influências e nos forjamos coletivamente.

"A Bíblia encanta", costumava grafar Milton Schwantes na dedicatória de seus livros. Concordo com o grande biblista e, se pudesse, completaria: seduz, revela e incentiva a partilha. Por essa razão, celebro com entusiasmo a publicação de *Nós e a Bíblia: história, fé e cultura do judaísmo e do cristianismo e sua relação com a Bíblia Sagrada*, porque é um convite a contemplarmos a beleza e a vivacidade desse que é o texto mais importante que a humanidade já teve a oportunidade de ler. Por isso, recomendo não só a leitura, mas também uma postura: permita-se comungar da paixão que palpita nas letras desta obra. Aproveite!

– Kenner Terra
Doutor em ciências da religião,
Secretário da ABIB (Associação Brasileira de Pesquisa da Bíblia)
e docente na Faculdade Unida de Vitória, ES

INTRODUÇÃO

Um judeu ultraortodoxo fumando? Até hoje, lembro-me do estranhamento que senti ao abrir aquele livro sobre a história de Israel. Folheando as páginas ricamente ilustradas, encontrei, estampada, a fotografia de um grupo de rabinos sentados à mesa para a refeição, enquanto outro, de pé, acendia um cigarro com um sorriso nos lábios e o olhar voltado para a câmera. A legenda explicava tratar-se do almoço de uma escola de Talmude e Torá para crianças em Jerusalém. O fumante era um professor.[1]

Se você é evangélico como eu, provavelmente teria o mesmo sentimento de perplexidade. Afinal de contas, um crente sabe que não se pode fumar. Essa parece ser a conclusão óbvia de qualquer um que se debruça sobre a lei de Deus e busca viver em consonância com seus mandamentos. Nós, evangélicos zelosos, levamos isso muito a sério e, eventualmente, olhamos com severidade ao encontrar pessoas de outras confissões cristãs sustentando um hábito que consideramos deplorável.

---

1   KOCHAV, Sarah. *Israel:* grandes civilizações do passado. Barcelona: Fólio, 2006. p. 164-165.

O problema é que não há uma única linha na Bíblia sobre fumar. Nada. Mesmo no Novo Testamento, as conclusões a que costumamos chegar sobre o corpo ser o "templo do Espírito Santo" (1Coríntios 6:19) talvez não possam ser aplicadas a todo tipo de consideração sobre saúde pessoal. Isso também vale para muitas outras situações envolvendo ética e moralidade. E, se nem tudo é interpretado da mesma forma pelos cristãos, que se dirá pelos judeus!

Desde criança, tentei ser um estudioso bíblico razoável. Decorei vários versículos e capítulos da Bíblia nos concursos e tarefas da escola bíblica dominical. As histórias dos antigos israelitas me fascinavam, o que me levou ao interesse pela História Antiga desde o ensino fundamental. Eu supunha saber como era um judeu, em especial um judeu ultraortodoxo — afinal, trata-se de um membro do povo que estudei com bastante entusiasmo durante toda a vida, um membro do povo que obedece aos mandamentos de Deus muito mais que eu. Mas, quando vi aquela foto do rabino acendendo um cigarro, ficou evidente que eu tinha uma compreensão totalmente equivocada do que seria um judeu. Onde, então, estava meu erro?

Meu erro se passou no campo da imaginação. Eu acreditava que o israelita descrito na Bíblia se comportava basicamente como um evangélico do século XXI. Ele seguia a Bíblia e a lei divina, não? Eu também. Então, isso significa que somos parecidos. Em consequência, eu também imaginava os descendentes daqueles da Bíblia como uma derivação bem óbvia e natural do mesmo modelo. O judeu piedoso e estudioso da Torá deveria ser basicamente igual a um evangélico: não fuma, não bebe, estuda a Bíblia diariamente e segue a mesma ética. A única diferença é que o primeiro não aceita Jesus como o Messias de Israel.

Bem, esse, na verdade, é um erro grosseiro. Parte da Bíblia pode ser a mesma para judeus e cristãos, mas a interpretação de seus textos é completamente diversa. Não apenas essas duas religiões emergiram de seus textos, mas também há muitas derivações em cada uma delas. Cristianismo e judaísmo são verdadeiros colossos culturais desenvolvidos ao longo de pelo menos dois mil anos. Por isso tem-se falado em "cristianismos" e "judaísmos".

Neste livro, pretendo discorrer um pouco sobre como diferenças de tanto relevo emergiram de um mesmo texto, primeiro na Bíblia hebraica e depois na Bíblia cristã; e entender a pluralidade de culturas produzidas por judeus e cristãos ao longo dos séculos.

A beleza e a ambiguidade das culturas

No meu livro *Os outros da Bíblia*, explorei alguns conceitos relacionados à religiosidade dos povos antigos, assim como tracei linhas gerais sobre a formação de culturas.[2] A cultura é o modo pelo qual os grupos humanos se relacionam entre si e com o ambiente à sua volta. Esse relacionamento comporta duas dimensões: externa e interna. A dimensão externa é a relação do agrupamento humano com o meio ambiente, extraindo dele seu modo de sobrevivência, sendo afetado por ele e também o transformando. Apenas pelo fato de viverem em ambientes diversos, o que provoca formas diferentes de obter o alimento — seja por meio de caça e pesca, seja por meio de coleta e agricultura —, os grupos humanos se diferenciam culturalmente. A dimensão interna da cultura é o conjunto de símbolos criados pelo grupo humano para possibilitar a comunicação. Essa dimensão se manifesta no idioma falado pelo povo, pois é por meio da linguagem que se interpreta o mundo em que se vive. Os seres humanos observam o mundo e passam a formular perguntas sobre suas origens e o próprio sentido da existência. Então, surgem as explicações, o que, por sua vez, resulta nos mitos — as narrativas sobre as origens que dão sentido à realidade — e no culto — a sistematização do mito e uma resposta diante do sagrado.[3] Disso deriva também que cada cultura usa seus próprios "óculos" para

---

2   REINKE, André Daniel. *Os outros da Bíblia:* história, fé e cultura dos povos antigos e sua atuação no plano divino. Rio de Janeiro: Thomas Nelson Brasil, 2019.
3   GONZÁLEZ, Justo L. *Cultura & evangelho:* o lugar da cultura no plano de Deus. São Paulo: Hagnos, 2011. p. 37-50.

olhar a vida, pois a cultura não deixa de ser a lente pela qual um povo compreende a própria realidade.[4]

Sempre cabe relembrar que a cultura é um mandato divino. A ideia de cultura é bela. É um mandato importante, relacionado à ordem para que homem e mulher exerçam *domínio* sobre a natureza (Gênesis 1:26) além de *cultivar* e *guardar* o jardim (Gênesis 2:15). O propósito de Deus é que a humanidade encha a terra e espalhe beleza pelo mundo. Deus gosta de diversidade, razão pela qual confundiu as línguas na Torre de Babel, com o fim de forçar sua dispersão (Gênesis 11:1-8). Entretanto, nem tudo é positivo. A Queda trouxe um elemento de distúrbio na bela criação divina. A entrada do pecado no mundo corrompeu essa beleza. O resultado foi a quebra do relacionamento em todas as esferas: a natureza passou a ser explorada de forma destrutiva e as próprias sociedades passaram a viver imersas na perversidade da imposição dos mais fortes sobre os mais fracos. A consequência disso é que as culturas carregam ambiguidades, pois operam tanto sob o mandato divino de produzir beleza como sob a mancha do pecado e dos distúrbios que o acompanham.[5]

Explorei em *Os outros da Bíblia* justamente a beleza da pluralidade e a ambiguidade das culturas ao analisar o encontro dos antigos israelitas com os povos de seu entorno. Houve muitos conflitos culturais com mesopotâmicos, egípcios, cananeus, persas, gregos e romanos, mas também simpatia e assimilações. O que me deixa deslumbrado é a percepção de que Deus plantou nas culturas o testemunho de si mesmo, estabelecendo pontos de contato com sua revelação.[6]

As culturas antigas eram, portanto, impregnadas do testemunho de Deus, penetradas pelo *logos* divino, mas também carregavam a mancha da Queda. Por isso eram ambíguas. Essa ambiguidade é ca-

---

4   Como demonstra Ruth Benedict ao analisar a cultura japonesa. BENEDICT, Ruth. *O crisântemo e a espada:* padrões da cultura japonesa. São Paulo: Perspectiva, 1972. p. 19.
5   GONZÁLEZ, 2011, p. 51-77.
6   Esse é o argumento básico da excelente obra de RICHARDSON, Don. *O fator Melquisedeque:* o testemunho de Deus nas culturas através do mundo. São Paulo: Vida Nova, 1995.

racterística de todas as culturas, em todos os tempos, e não apenas na Antiguidade. Também o foram nas Idades Média, Moderna e Contemporânea. E isso é fundamental para compreender o acesso de judeus e cristãos aos povos espalhados pelo mundo afora. Eles interagiram e, eventualmente, assimilaram, tanto quanto rejeitaram alguns elementos culturais.

O hibridismo cultural

Agora, vamos a outro conceito importante para o tema deste livro. Os israelitas antigos não eram seres extraterrenos, mas históricos. Existiram de verdade, encarnados na realidade de seu tempo. Em outras palavras, receberam influências de culturas com as quais interagiram, além de padecerem sob a opressão de impérios. Não "caíram do céu" como um povo pronto, mas foram forjados na contingência da história. Isso os insere no ambiente muito mais amplo dos choques culturais. É precisamente esse o assunto de meu livro *Aqueles da Bíblia*: mostrei como Israel emergiu na Antiguidade no meio de outros povos em um processo amplo no qual diversas identidades foram forjadas, algumas permanecendo e outras desaparecendo, até emergirem os diferentes judaísmos da época do Novo Testamento.[7] A cultura judaica, narrada pela Bíblia, passou por um longo curso de construção e transformação, até mesmo — e principalmente — pelo contato com outros povos.

Isso acontece porque as culturas não são monolíticas, mas têm continuidades culturais para muito além de suas próprias fronteiras. Essa é uma realidade própria das culturas, tanto das antigas como das atuais, constituindo o fenômeno que o historiador Peter Burke denominou de "hibridismo cultural". Ao longo da história, o encontro de diferentes povos produziu objetos híbridos, unindo culturas muito diferentes em novas configurações ou novas sínteses. Esse tipo de hibridismo pode ser percebido em diversas situações,

---

7   REINKE, André Daniel. *Aqueles da Bíblia*: história, fé e cultura do povo bíblico de Israel e sua atuação no plano divino. Rio de Janeiro: Thomas Nelson Brasil, 2021.

como, por exemplo, nos entrecruzamentos das culturas bizantina, judaica e muçulmana no Renascimento Italiano dos séculos XIV ao XVI.[8] Isso ocorreu em todas as culturas antigas, especialmente em Israel. Talvez o povo da Bíblia tenha sido um dos mais híbridos da Antiguidade.

Aqueles da Bíblia apresentou a longa jornada histórica do antigo Israel, forjando múltiplas e diferentes identidades, desde os migrantes que partiram pelo mundo, passando pelos escravos libertos do Egito, os anarquistas vivendo em Canaã, os monarquistas em seu afã de centralização administrativa, os separatistas nas diversas identidades de Israel e Judá, os exilados que puderam retornar e se tornaram os revolucionários macabeus, chegando, por fim, aos oprimidos sob o jugo romano no tempo de Jesus Cristo. O mais incrível foi que, no meio de todo esse caos, Deus se revelou e conduziu uma história gloriosa: a História da Salvação. Dos encontros desse pequeno povo da Antiguidade, emergiu a Bíblia Sagrada, produto também de uma revelação divina, mas encarnada no tempo e na história. Um trabalho em mutirão conduzido pelo Deus de Israel ao longo de mil anos.

O hibridismo das culturas não cessou na Antiguidade. Pelo contrário: continuou por todas as eras e está mais intenso do que nunca nestes tempos de globalização. Portanto, é um conceito importante para termos em mente antes de nos aventurarmos no estudo do desenvolvimento das culturas judaica e cristã ao longo dos séculos. Tanto judeus como cristãos viveram intensos processos de hibridização, produzindo novos paradigmas entre os povos do mundo.

Judaísmo, cristianismo e Bíblia Sagrada

Então, chegamos ao que nos propomos neste terceiro volume da série sobre história, fé e cultura bíblicas. O antigo Israel foi produto de longos séculos de vivência cultural, forjando identidades que se

---

8   BURKE, Peter. *Hibridismo cultural*. São Leopoldo: Unisinos, 2009. p. 13-22.

INTRODUÇÃO

perderam e outras que permaneceram. O final de sua história foi dramático, deixando de existir como pátria em pelo menos duas guerras contra os romanos: uma concluída em 70 d.C. e outra em 135 d.C. Israel não deixou obras monumentais como tantos impérios antigos, mas entregou à humanidade algo que seria muito mais impactante: um livro, a Bíblia Sagrada. E esse livro, uma vez escrito e canonizado, modelou infinitas novas identidades, para muito além do povo que o produziu. Portanto, este livro trata de *Nós e a Bíblia*.

Quem é esse "nós"? "Nós" somos todos aqueles que se inspiram na Bíblia e a têm como ponto fixo do compasso de suas identidades. O pronome "nós" refere-se às comunidades religiosas que amam a Bíblia, tomaram-na como revelação divina e pautaram sua história, fé e cultura a partir desse mesmo texto fundador. Pretendo explorar, portanto, as formas como os diferentes judaísmos e os diferentes cristianismos interagiram com o mesmo texto original — a Bíblia hebraica —, produzindo incontáveis outros textos, interpretações e experiências, por vezes com diferenças aparentemente irreconciliáveis.

Como se trata de um assunto complexo, dividi o livro em três partes. Na primeira, intitulada "Bíblia, hermenêutica e identidade", apresento, em três capítulos, os conceitos teóricos fundamentais para compreender o processo de construção de identidades a partir da Bíblia. Primeiro, deve-se entender as características da Bíblia que a tornaram produtora de cultura. Em seguida, aborda-se a forma pela qual os textos acabam por estimular ações em pessoas e comunidades, tendo por resultado a construção de identidades individuais e coletivas. Não é por acaso que muitos judeus e cristãos são reconhecidos pela expressão "povo do livro".

Na segunda parte, intitulada "De Israel para a Bíblia, da Bíblia para Israel", exploro, também em três capítulos, de que forma o antigo povo de Israel produziu seus símbolos sagrados e os textos que deram origem à Bíblia hebraica. Observo como esse povo teve sua identidade construída pelos mesmos textos que escreveu. Depois, procuro analisar a matriz hermenêutica estabelecida sobre a Bíblia hebraica e como os diferentes judaísmos expandiram suas comunidades a partir dessa matriz. Por fim, discorro sobre como o mesmo texto foi sustentáculo para a criação do discurso nacionalista do atual Estado de Israel.

Na terceira parte, "Da igreja para a Bíblia, da Bíblia para a igreja", também dividida em três capítulos, verifica-se como o movimento de Jesus interpretou a história de Israel e compreendeu ser o cumprimento das profecias da Bíblia hebraica. Com isso, abriu um novo caminho hermenêutico que daria origem ao cristianismo, adicionando novas camadas simbólicas e a própria escrita de textos que dariam origem à Bíblia cristã. Depois, procuro verificar como essa matriz hermenêutica centrada em Jesus Cristo levou os discípulos a expandirem suas comunidades interpretativas pelo mundo inteiro. Por fim, aponto como, no protestantismo, emergiu uma nova condição da Bíblia, resumida pela expressão *sola Scriptura*, somente a Escritura.[9]

O último capítulo, intitulado "Bíblia, Israel e igreja", resume o conteúdo do livro e observa a situação em que se encontra o relacionamento — se é que existe — entre judaísmo e cristianismo no Brasil.

Ao final desse longo percurso, espero que alcancemos melhor entendimento de como judaísmos e cristianismos produziram formas culturais tão diversas, as razões para sua separação e possíveis ideias para promover um diálogo melhor entre os autoproclamados filhos de Abraão.

---

9   Uso o termo "protestante" de maneira livre, para designar tudo o que derivou da Reforma, incluindo os movimentos pentecostais e neopentecostais. Considero esses movimentos a continuidade do processo sectário iniciado pelos reformadores. Neste livro, não me preocupo em delimitar historicamente os conceitos.

PARTE I

BÍBLIA, HERMENÊUTICA E IDENTIDADE

Esta primeira parte aborda três conceitos fundamentais para compreender a pluralidade de respostas dadas ao mesmo texto fundante, a Bíblia. Para isso, procede-se a uma investigação de cunho teórico em três temas fundamentais: a Bíblia como fonte de metáforas e narrativas; a hermenêutica filosófica como escopo teórico da relação entre texto e ação; e a identidade narrativa como produto do ser humano no tempo. Em outras palavras, como a Bíblia pode ser fonte de narrativas que extrapolam as palavras gravadas no papel para se tornar experiência no cotidiano de pessoas, comunidades e nações.

Capítulo 1
A BÍBLIA

A Bíblia é o livro sagrado do judaísmo e do cristianismo. É inspirada por Deus, segundo atestam os crentes de ambas as religiões. A teoria da inspiração divina tem origem no judaísmo, apresentando, na época de Jesus, duas vertentes fundamentais: a primeira com origem no judaísmo helenista, afirmando que a mente dos redatores fora substituída pelo Espírito Santo no ato da escrita. Desse modo, considerava os redatores meros ouvintes extáticos de uma palavra ditada; e a segunda, com origem no judaísmo palestino, que não negava a consciência dos escritores no registro do texto. As duas premissas viriam a compor a forma cristã de compreender a inspiração. A despeito dessa diferença na concepção de origem, a compreensão final da primeira cristandade foi que a palavra de Deus é sempre palavra espiritual, inspirada pelo Espírito Santo tanto nas palavras ditas por Jesus como nas palavras escritas pelos apóstolos ou por pessoas a eles ligadas. Assim, os autores da Bíblia são "perpassados pelo Espírito de Deus", observando-se, na Escritura, "o sopro de Deus".[1]

---
1 BRAKEMEIER, Gottfried. *A autoridade da Bíblia:* controvérsias — significado — fundamento. 2. ed. São Leopoldo: Sinodal, 2003. p. 33-34.

Por isso a Bíblia desempenha função de autoridade, suficiência, perspicuidade e eficácia entre as comunidades que a têm como livro sagrado. A autoridade da Bíblia reside em sua qualidade de obra canônica, uma autoridade espiritual que "exige obediência, sujeição e respeito".[2] Ou seja, o valor da Bíblia, com seu profundo impacto na vida de comunidades de judeus e cristãos do mundo inteiro, está garantido, inicialmente, por seu caráter de revelação como Palavra de Deus. Cremos que a Bíblia tem origem sobrenatural e, por isso, a ela obedecemos — ao menos no contexto conservador, do qual faço parte.

Por outro lado, como bem lembra N. T. Wright, a Bíblia não pode ser excluída do mundo natural. Afinal, ela "foi escrita e editada no mundo do espaço e do tempo" por muitas pessoas em contextos históricos diversos, sob contingências bastante humanas. Como um produto de seres humanos que escrevem no contexto da Antiguidade, os estudos histórico-críticos a colocam no mesmo nível de análise de outros documentos antigos.[3] Então, se a Bíblia contém um aspecto divinamente revelado, a partir do qual se elaboram doutrinas e dogmas, há também um processo *natural* de composição e recepção de seus textos ao longo do tempo.

O caminho cuja análise proponho aqui está situado no aspecto natural do texto. Tomando a metáfora de que a Palavra de Deus é "espada de dois gumes" penetrando os corações (Hebreus 4:12), vou imaginar que o "primeiro gume" é a ação sobrenatural de Deus e o "segundo gume" é uma forma de influência que invoca processos humanos naturais, igualmente criados por Deus, aos quais todos nós estamos sujeitos. Ou seja, a potência da Bíblia pode ser verificada a partir da compreensão de mundo de mulheres e homens em sua linguagem.

---

2   BRAKEMEIER, 2003, p. 37.
3   WRIGHT, Nicholas Thomas. *História e escatologia*: Jesus e a promessa da teologia natural. Rio de Janeiro: Thomas Nelson Brasil, 2021. p. 12-13.

Caráter literário da Bíblia

A Bíblia escapa de uma classificação uniformizadora. Em primeiro lugar, porque ela é um livro, mas também é uma coleção de livros. Além disso, não é possível delimitar os textos que a compõem em um único gênero literário. Na Grécia Antiga, os gêneros literários eram epopeia, tragédia, poesia lírica e história. Esses gêneros não estão separados na Bíblia, mas agrupados e entrelaçados. Mesmo o gênero narrativo bíblico apresenta uma impressionante variedade de formas, o que dificulta distinguir, com clareza, o que é história do que é mito, por exemplo.[4] Essa dificuldade é particularmente evidente quando se trata dos primeiros onze capítulos de Gênesis — sem falar das narrativas dos patriarcas, no restante do primeiro livro de Moisés.

Apesar de os livros bíblicos não serem facilmente classificados em gêneros completamente diferentes, é possível observar um sentido narrativo na Bíblia como um todo. A versão canônica cristã final foi organizada como uma espécie de "roteiro", contendo início, meio e fim. Temos um Gênesis descrevendo a criação do mundo e um Apocalipse como final apoteótico. Não há como escapar do sentido que essa organização empresta ao leitor: há um começo que trata do início da própria existência do mundo e um final que remete à renovação do universo em novos céus e nova terra. Com isso, a Bíblia tornou-se uma grandiosa intriga da história do mundo, iniciando pelo Grande Começo de todas as coisas e concluindo com o Fim da História, que também é o fim do livro. Por isso, para Paul Ricoeur, o Apocalipse foi o texto que mais contribuiu com o Ocidente para estruturar as expectativas de um "fim sensato", respondendo ao desejo humano por uma conclusão discursiva.[5] Em outras palavras, temos necessidade de ver as coisas realizadas e definitivamente concluídas. E a Bíblia apresenta uma história na

---

4 RICOEUR, Paul. *A hermenêutica bíblica*. São Paulo: Loyola, 2006. p. 256-257. Apresentarei uma definição de "mito" adiante.
5 RICOEUR, Paul. *Tempo e narrativa*: a configuração do tempo na narrativa de ficção. São Paulo: WMF Martins Fontes, 2010, v. 2. p. 38-39.

qual todas as coisas se completam. Ela pode ser analisada como literatura justamente por conter uma grande narrativa englobando a universalidade da história humana.

O realismo das narrativas bíblicas

Erich Auerbach (1892-1957) talvez tenha sido o primeiro a abordar o texto bíblico sob uma perspectiva literária.[6] Em uma obra publicada em 1946, Auerbach comparou dois estilos literários da Antiguidade: o primeiro, de Homero; o segundo, dos autores bíblicos. O estilo de Homero, analisado a partir do canto XIX da Odisseia, é marcado por exatidão narrativa, um discurso direto lento e pormenorizado, em que tudo é devidamente informado. Os personagens são descritos nos mínimos detalhes, assim como os utensílios que usam, seus gestos, o espaço em que circulam, o que estão sentindo e as ideias que lhes vêm à mente. Até mesmo seus processos emocionais internos são revelados pelo narrador, iluminando toda a narrativa. Já o estilo dos autores da Bíblia hebraica é completamente diferente. Tomando por exemplo o sacrifício de Isaque (Gênesis 22:1-19), Auerbach demonstra como a narrativa é lacônica, nada revelando sobre o local do chamado, não apresentando qualquer descrição dos personagens envolvidos, nem trazendo pormenores dos três dias do percurso de caminhada, além de não revelar pensamentos, chegando mesmo a silenciar sobre a intenção da ordem divina ao exigir o sacrifício de Isaque.[7] Nessa narrativa, o leitor é privado dos detalhes supérfluos, mas também das razões mais profundas para o drama proposto. Ou seja, textos como o do sacrifício de Isaque demonstram que as narrativas bíblicas apresentam uma tensão constante que exige interpretação tanto a respeito da essência de Deus como da atitude da pessoa piedosa envolvida na trama.[8]

Na próxima seção, abordo, em mais detalhes, as implicações do aspecto lacunar do texto bíblico. Porém, um aspecto fundamental

---

6   AUERBACH, Erich. *Mimesis:* a representação da realidade na literatura ocidental. São Paulo: EdUSP; Perspectiva, 1971.
7   AUERBACH, 1971, p. 1-9.
8   AUERBACH, 1971, p. 12.

CAPÍTULO 1: A BÍBLIA   33

e digno de ênfase observado por Auerbach é o realismo dos personagens bíblicos. Por mais individualizados que sejam, eles não con-
têm um único plano, mas muitas camadas de profundidade. Eles
estão sempre em relação com outros personagens e com Deus, sendo "duramente envelhecidos pelo seu devir". Figuras como Abraão
são eleitas e modeladas por Deus. Por isso, o patriarca cresce e é
aprofundado ao longo das histórias de seu corpo literário. Da mesma forma, há um caminho trilhado que vai do jovem Jacó, que rou-
bou a primogenitura do irmão, até o idoso Israel, que recebeu a notícia de que o filho preferido foi despedaçado pelas feras. O jovem
militar Davi tem um mundo de possibilidades à sua frente, mas o
idoso rei Davi está vivendo as consequências de habitar um palácio
repleto de intrigas. Deus amassa os personagens e molda neles formas que a juventude jamais poderia manifestar. Por isso, homens e
mulheres da Bíblia são portadores da vontade divina, mas falíveis e
sujeitos a desgraças, sofrendo de forma verdadeira. Para Auerbach,
os personagens bíblicos são forjados nos momentos de desespero,
em situações extremas de abandono e angústia, fazendo aparecer
uma pessoalidade e uma evolução que não existem nos personagens homéricos. Por essa razão, todo o relato bíblico, mesmo sendo
considerado lendário por literatos como Auerbach, é essencialmente histórico.[9]

Assim, o relato bíblico sempre é verdadeiro porque manifesta a
realidade concreta e contraditória da existência humana. As narrativas bíblicas por vezes são confusas, contraditórias e lacunares
justamente por apresentarem a realidade do mundo. Elas são com-
postas dessa maneira porque contam histórias autenticamente humanas em personagens como Abraão, Jacó, Moisés ou Jó — mesmo
que algum deles possa ser considerado uma lenda. A Bíblia, mesmo
quando produz ficção — veja as parábolas de Jesus —, ocupa-se do
acontecer humano.[10]

---

9   AUERBACH, 1971, p. 14-15.
10   AUERBACH, 1971, p. 17. Note que a discussão aqui não é se os personagens bíblicos são reais ou não,
se são históricos ou ficcionais. Eu acredito que são reais. A questão posta é que, do ponto de vista literário, isso absolutamente não importa. A forma em que são apresentados é profundamente verdadeira
porque trata da realidade humana em toda a sua contradição.

A teologia por meio da prosa

Os personagens bíblicos tratam do real porque seus dramas são profundamente verdadeiros. A Bíblia é encarnada na realidade como nenhum outro livro. E os dramas pessoais dos indivíduos estão inseridos em um drama maior, um drama coletivo regido pela eleição e pela promessa divina.

Robert Alter, outro crítico literário que se debruça sobre a Bíblia, afirma que a providência divina está por trás de cada história contada. Por isso, a grande inovação técnica da escrita hebraica em seu tempo foi produzir a fusão completa entre arte literária e visão teológica de mundo.[11] Ou seja, mesmo analisando a Bíblia como literatura, não escapa dessa análise a presença do *sujeito Deus* por trás de cada fato narrado. A Bíblia tem um único grande sujeito dos atos, um único grande promotor dos acontecimentos, incluindo os trágicos. Disso também resulta que os personagens das narrativas bíblicas não têm autonomia; todos eles estão construídos segundo um sistema governado por uma figura central, que é Deus ou Jesus. Ou seja, "o personagem não existe em si mesmo, mas em sua relação com a figura central da narrativa".[12] Literatura e teologia estão fundidas na Bíblia sob a égide do Deus de Israel.

O caráter teológico da Bíblia fez com que seus autores escolhessem o gênero específico da prosa para registrar suas histórias. A *prosa de ficção* é uma boa rubrica geral para classificar as narrativas bíblicas — talvez como prosa de "ficção historicizada", como estima Robert Alter.[13] É fato peculiar que Israel tenha escolhido a prosa para narrar suas tradições nacionais, fugindo deliberadamente do poema épico, o gênero predominante de então para contar os mitos cíclicos (como, por exemplo, as obras de Homero). Na opinião de Alter, a rejeição ao politeísmo contribuiu para a emergência dessa

---

11 ALTER, Robert. *A arte da narrativa bíblica*. São Paulo: Companhia das Letras, 2007. p. 38.
12 MARGUERAT, Daniel; BOURQUIN, Yvan. *Para ler as narrativas bíblicas:* iniciação à análise narrativa. São Paulo: Loyola, 2009. p. 83.
13 ALTER, 2007, p. 46. Para Paul Ricoeur, as narrativas bíblicas podem ser entendidas como "quase históricas", já que não têm a intenção criativa da ficção, mas também não oferecem evidências de invocar uma historiografia. Isso produz uma tremenda crise para o leitor de hoje, tempo em que a distinção entre ficção e história é mais claramente invocada. RICOEUR, 2006, p. 295.

CAPÍTULO 1: A BÍBLIA   35

forma literária, adotada pelos judeus para seus propósitos teológicos monoteístas. Pois foi a prosa que proporcionou extraordinárias
flexibilidade e diversidade de recursos narrativos, libertando os
personagens da coreografia dos acontecimentos atemporais, típicos
da repetição ritual invocada nas cosmogonias politeístas, permitindo, assim, explorar muito melhor a imprevisibilidade e a contradição da liberdade humana.[14] Essa opção representou o abandono
da circularidade típica do mito antigo em favor da historicidade
encarnada da vida. Segundo Alter,

> a escrita bíblica recusa a circularidade estável do mundo mitológico e se abre
> à indeterminação, às variedades causais, às ambiguidades de uma ficção ela-
> borada para se aproximar das incertezas da vida na história.[15]

O texto bíblico parece não se importar muito com regras for-
mais de escrita histórica ou ficcional, não apresentando diferenças
claramente estabelecidas entre esses estilos. No próximo capítulo,
abordo em detalhes os entrecruzamentos narrativos entre história
e ficção. Aqui, importa compreender que, mesmo que o Deus dos
hebreus seja o Deus da história, e que o interesse dos escritores bíblicos estivesse firmado nos acontecimentos, a ficção foi o principal
recurso empregado na compreensão dos fatos que eles viveram e
narraram.[16] Mesmo em narrativas que parecem ser um registro histórico preciso, houve uma organização da narrativa. Os escritores
fizeram retoques, deslocaram pontos de vista e inseriram diálogos,
entre outros recursos da técnica literária. O resultado dessa mani-
pulação textual foi a reconstituição criativa do fato passado. E foi
por meio dessa construção narrativa do passado que eles conferi-
ram coerência à sua história, descortinando um sentido sobre ela.
Por isso, talvez se deva falar menos de "ficção historicizada" e mais
de "história ficcionalizada", uma "história em que o teor e o sentido dos acontecimentos se realizam concretamente, por meio dos

---

14   ALTER, 2007, p. 47-48.
15   ALTER, 2007, p. 50. Para compreender melhor a questão da circularidade dos mitos antigos, sugiro a
obra de Mircea Eliade (veja Referências) ou o resumo que apresento no capítulo 2 de *Os outros da Bíblia*.
16   ALTER, 2007, p. 57-58.

recursos técnicos da prosa de ficção",[17] como afirma Alter. Em outras palavras, é o ato de narrar o passado, de contar o que aconteceu, que explica e dá sentido ao fato ocorrido. O registro histórico do passado, feito pelos escritores bíblicos, explica o que aconteceu sob a perspectiva da eleição e da promessa divina sobre Israel.

Além disso, a estratégia literária dos autores bíblicos resulta em que o leitor seja continuamente convidado a participar da trama. Quando o texto apresenta os pronomes "eu", "tu" ou "nós", seus enunciados afetam o próprio leitor, que também passa a se identificar com o "eu" do texto. O mesmo vale para expressões como "hoje te ordeno". O "hoje" do texto torna-se o "hoje" dos leitores a cada momento, desde que o primeiro enunciado se deu. Não é apenas uma questão retórica; o autor bíblico tem a intenção de alcançar teologicamente seus leitores e, com isso, invocar a atualização da mensagem. A aliança firmada por Yahweh passa de geração a geração, e cada uma delas é chamada a se manter em permanente escuta de Deus.[18] O leitor da Bíblia torna-se, assim, um ator envolvido na trama, cooperando com a transposição do texto para seu presente pelo caminho da coincidência dos pronomes.[19]

Quando o mandamento divino diz aos israelitas da Antiguidade "hoje ponho diante de vocês vida e prosperidade, ou morte e destruição" (Deuteronômio 30:15), esse "hoje" reverbera em minha vida. O texto do deuteronomista deixa de ser apenas uma ordem dada aos israelitas que vagam no deserto do Sinai antes de entrarem na Terra Prometida. Esse "ponho diante de vocês vida e prosperidade, ou morte e destruição" reverbera no meu dia, quando tenho de escolher, a cada momento, se viverei ou não de acordo com os mandamentos de Deus.

---

17   ALTER, 2007, p. 70.
18   PELLETIER, Anne-Marie. *Bíblia e hermenêutica hoje*. São Paulo: Loyola, 2006. p. 126-129.
19   MENDONÇA, José Tolentino. *A leitura infinita*: a Bíblia e sua interpretação. São Paulo: Paulinas; Pernambuco: Universidade Católica de Pernambuco, 2015. p. 54.

O caráter polifônico da Bíblia

Até aqui, tratei de como o caráter literário da Bíblia é marcado pela intenção teológica de seus autores, e de que forma isso repercute em minha vida e na vida de cada leitor da Bíblia. Esse caráter literário-teológico, porém, não significa uma unificação ou padronização do texto bíblico. Pelo contrário. Se o texto funde arte literária com visão teológica do mundo, essa visão está vinculada às perspectivas de seus autores. Por isso, não há na Bíblia apenas uma ideia de como Deus conduz a história. A visão teológica pode variar, dependendo do grupo representado pelo narrador.

As diferentes visões aparecem com mais clareza quando a Bíblia sustenta narrativas duplicadas. A história a respeito do recenseamento promovido por Davi é um bom exemplo. No livro de Samuel, foi Deus quem instigou Davi a promover um recenseamento com o objetivo de castigar o povo de Israel (2Samuel 24:1); já no texto tardio de Crônicas, foi Satanás quem o induziu a pecar (1Crônicas 21:1). Essa diferença demonstra que o autor do segundo relato considerou a teologia anterior inadequada ou incompleta, e que seu interesse teológico o levou até mesmo a reinterpretar a história, introduzindo uma nova chave de leitura.[20] Esse tipo de situação ocorre justamente por dois aspectos: pela indeterminação das narrativas e pelas diferentes vozes e reflexões sobre Deus registradas na Bíblia.

A indeterminação das narrativas bíblicas

Uma das características do texto bíblico ressaltada por Auerbach é o aspecto lacunar, ambíguo e misterioso das narrativas bíblicas. Mencionei como tal estilo emergiu da visão histórica e teológica de seus escritores ao descreverem personagens e experiências. Eles tratavam da realidade como ela era, com todas as suas cruezas.

---

20 MARGUERAT; BOURQUIN, 2009, p. 34-35. Às vezes, problemas desse tipo se resolvem ao se afirmar, por exemplo, que, na primeira narrativa, Satanás não foi mencionado, mas sua ação foi permitida por Deus. A explicação posterior do segundo texto seria que foi ato exclusivo do diabo. É uma solução sistemática construída sobre algo que o primeiro texto não diz.

Agora observarei como a narrativa bíblica é passível de interpretações. Seguindo a trilha desbravada por Auerbach, Robert Alter reafirma que a Bíblia hebraica não se apresenta como um texto fechado, hermético e de aplicação direta, como se fosse uma bula de remédio. Pelo contrário, é um texto aberto:

> De fato, um dos objetivos fundamentais das inovações técnicas promovidas pelos antigos escritores hebreus consistiu em promover certa indeterminação de sentido, especialmente quanto às causas da ação, às qualidades morais e à psicologia dos personagens [...]. Possivelmente pela primeira vez na narrativa literária, o significado foi concebido como um *processo* que exige revisão contínua — tanto no sentido usual como na acepção etimológica de "ver de novo" —, suspensão da opinião, exame atento das várias possibilidades e avaliação das lacunas de informação.[21]

As lacunas de informação convidam à reflexão. Ficamos pensando justamente naquelas coisas que não são claramente explicitadas ou explicadas. Quantas perguntas recebo em sala de aula a respeito de tudo o que um texto não afirma ou deixa no vazio? Temos dificuldade para lidar com tamanha abertura de possibilidades. Pois a Bíblia faz exatamente isto: ativa uma constante revisão interpretativa pelo fato de "se declarar explicitamente texto a interpretar e a reenunciar", como afirma Anne-Marie Pelletier. Isso acontece porque todo texto de fato consistente é *polifônico*, ou seja, não se esgota em um único sentido, desenvolvendo múltiplos significados ao jogar com o leitor e sua criatividade. O não dito do texto bíblico acolhe os implícitos justamente por suas estruturas de indeterminação.[22]

Como acontece essa indeterminação no texto? Vejamos um exemplo. Quando o autor bíblico afirma que "Davi consultou ao Senhor" (2Samuel 5:19), podemos nos perguntar como exatamente isso aconteceu. Tente imaginar a cena. Quais foram os gestos ou falas de Davi? Ele sorteou o Urim e o Tumim para obter uma resposta ao estilo "sim" ou "não"? Ele passou por uma experiência de visão?

---

21 ALTER, 2007, p. 27-28.
22 PELLETIER, 2006, p. 118-119.

CAPÍTULO 1: A BÍBLIA   39

Ou ele falou em voz alta e ouviu a resposta divina da mesma forma
que pergunto algo à minha esposa e ouço sua resposta? O texto
não esclarece, e tal ausência é característica da forma narrativa da
Bíblia. As estratégias literárias de seus escritores definem o caráter
estético e retórico junto aos leitores. Além disso, eles fazem uso amplo de recursos linguísticos como a metáfora, gerando indefinições
de entendimento que convocam o leitor a participar da construção
do sentido do texto.[23]

A indeterminação do texto bíblico deixa muitos exegetas um
tanto confusos. A cultura científica contemporânea, na qual a teologia atual está mergulhada, procura harmonizar todos os textos
da Bíblia tendo em perspectiva suas próprias teologias sistemáticas.
Entretanto, não se pode afirmar exatamente que algo considerado contraditório hoje seria tão problemático para o escritor bíblico ou seu leitor na Antiguidade.[24] Provavelmente não, razão pela
qual também podemos compreender a abertura e a liberdade na
constituição desse tipo de estratégia literária. Os autores bíblicos
revelam uma profundidade e uma sutileza na visão religiosa justamente pelo uso dos recursos de prosa e ficção.[25] Trata-se de um
jogo convidativo. A indeterminação do texto instaura um "espaço
em branco" entre texto e leitor, um "patamar vazio, um tempo que
ainda não começou". Muitas perguntas são levantadas pela indeterminação do texto e simplesmente ficam sem resposta, permitindo
a inserção nesse espaço vazio de uma demanda nova e atualizada
na prática da leitura.[26]

A Bíblia, portanto, pela sua própria estratégia narrativa, é uma
obra literária que abre a imaginação e convida a interpretar e a participar do sentido da própria narrativa que ela engendra. As lacunas do texto são preenchidas por você, leitor.

---

23 ZABATIERO, Júlio Paulo Tavares; LEONEL, João. *Bíblia, literatura e linguagem*. São Paulo: Paulus, 2011.
p. 112.
24 ALTER, 2007, p. 40.
25 ALTER, 2007, p. 42.
26 MENDONÇA, 2015, p. 52.

As diferentes vozes do texto bíblico

A abertura de sentidos ainda se verifica pela variedade discursiva a respeito de Deus dentro da própria Bíblia. O teólogo Walter Brueggemann ressalta essa polifonia da ação divina em Israel. Diante dos fatos de que Deus é o tema principal da teologia do Antigo Testamento e de que ele não se submete às expectativas dogmáticas de seus intérpretes, o tema apropriado da teologia não seria tanto o *theos* (Deus em si), mas, sim, o *logos* da teologia (o discurso humano sobre Deus). Assim, Brueggemann procura compreender como Israel discursa sobre Deus, considerando que tal discurso se apresenta basicamente como um testemunho dos judeus antigos sobre o que foi falado por Deus a Israel.[27] Esse testemunho é um modo de conhecimento e certeza da revelação divina, mas totalmente diferente do que concebemos como "certeza", pois rompe com a epistemologia tanto da Antiguidade como da contemporaneidade.[28]

A metáfora do julgamento seria uma boa forma de explicar tal rompimento epistemológico. Um tribunal dá oportunidade para cada testemunha relatar algo que aconteceu, fornecendo sua versão daquilo que viu. O debate jurídico põe cada um dos testemunhos em perspectiva até se chegar à conclusão derradeira da verdade no veredicto do juiz.[29] Isso significa que a Bíblia é justamente o encontro de diferentes testemunhos de como o povo de Israel ouviu Deus e percebeu seu agir. E esses testemunhos podem não ser todos iguais. A Bíblia é, portanto, um grande tribunal em que diferentes vozes tiveram a oportunidade de falar.

A beleza da Bíblia é que ela não excluiu um testemunho a favor de outro, mas colocou todos lado a lado, convidando o leitor a examinar a complexidade do que significa relacionar-se com Deus. Por isso, no mesmo livro de Salmos podemos encontrar tanto hinos de profunda confiança na ação divina e em sua justiça como lamentos de perplexidade diante do silêncio de Deus, marcados pela pergunta "onde estás?". Da mesma forma, encontramos textos de

---

27 BRUEGGEMANN, Walter. *Teologia do Antigo Testamento:* testemunho, disputa e defesa. Santo André: Academia Cristã; São Paulo: Paulus, 2014. p. 175.
28 BRUEGGEMANN, 2014, p. 177-178.
29 BRUEGGEMANN, 2014, p. 180.

CAPÍTULO 1: A BÍBLIA   41

sabedoria marcados pela certeza de um mundo funcionando em ordem e obedecendo a regras de causa e efeito (como em Provérbios) junto a outros assombrados pela inconstância e a insegurança da vida (como Eclesiastes e Jó). Aceitar que tais discursos apresentam compreensões diversas acerca da ação divina traz complexidade ao nosso entendimento da realidade. Ela não é simples, e uma única forma de explicá-la seria por demais rasa. O texto bíblico convida à reflexão e chama o leitor a escrutinar — entre díspares testemunhos — o drama do viver.

O resultado é uma grande pluralidade de testemunhos sobre Deus e a forma de ele conduzir a vida de Israel. Esse pluralismo pode ser visto, por exemplo, nas diferentes reações ao exílio ou nas disputas internas sobre o agir de Deus que aparecem no livro de Jó. Por isso, como Brueggemann afirma, "fica claro que os diversos testemunhos sobre Javé, em qualquer momento particular da vida de Israel, em geral entram em profunda disputa entre si, discordando completamente sobre a 'verdade' de Javé". Isso se mantém mesmo na versão final e canonizada da Bíblia, a qual acomoda e concede que versões em tensão sejam igualmente registradas. Vozes de antimonarquistas são postas ao lado de monarquistas; escravos têm tanta voz quanto reis; pobres são ouvidos tanto quanto ricos. O exemplo do castigo de Deus a Davi, lembrado no início desta seção, ilustra o debate. Trata-se de um processo de disputa e de acordo que constitui o modo teológico de testemunhar em Israel.[30]

Gosto muito da expressão de Justo González quando afirma que temos quatro Evangelhos no Novo Testamento porque essa diversidade nos impede de ter o evangelho "no bolso".[31] É o evangelho que se apropria de nós, não o contrário. Deus não será encaixado em nossos sistemas teológicos, por melhores que esses sistemas possam ser. Essa liberdade resulta do modo de ser do texto sagrado. A Bíblia é "um livro pluriforme, polifônico", que foi "feito em mutirão".[32]

---

30 BRUEGGEMANN, 2014, p. 915.
31 GONZÁLEZ, 2011, p. 94.
32 BRAKEMEIER, 2003, p. 14.

Pluralidade original e pluralidade interpretativa

A pluralidade original de testemunhos dos autores bíblicos reverbera também na teologia que se debruça sobre a Bíblia. A interpretação dos textos acontece em contextos sociais, eclesiásticos, políticos e econômicos que, em grande parte, determinam as conclusões da leitura. O resultado disso é que a leitura ocorre de acordo com os próprios interesses do intérprete. Ou seja, diante da pluralidade do texto, algumas escolhas são feitas e ênfases são determinadas segundo a compreensão das comunidades interpretativas. É claro que cada grupo pretende realizar uma interpretação totalmente isenta e racionalmente neutra. Entretanto, no mundo contemporâneo, tal pretensão caiu por terra, não sendo mais possível uma hegemonia tão consolidada quanto antes. Diante desse quadro, Brueggemann afirma o seguinte:

> A iniciativa eclesiástica e acadêmica de interpretação, como o processo testemunhal do próprio Israel, é pluralista e envolve disputa e acordo. É importante reconhecer que, nessa polêmica empreitada interpretativa, cada gesto de interpretação é provisório e ainda deve ser novamente julgado. Assim, não adianta reivindicar uma fundamentação em elevada moral, ou alta crítica, ou ortodoxia, ou solenidade de voz, ou indignação contra ideologias, porque todas essas perspectivas tendem a ser aceitas apenas em contextos privilegiados.[33]

A pluralidade não está apenas na voz dos registros originais da Bíblia. A pluralidade também está presente nas diversas comunidades de leitores que se debruçaram sobre o texto bíblico desde a sua escrita e canonização. Essa é a realidade do mundo hermenêutico, tanto judaico como cristão. Enfim, mesmo que busquemos um centro da Bíblia, ela apresenta, inevitavelmente, abertura de sentidos. A Bíblia tem um caráter extremamente polifônico tanto pela estrutura de indeterminação de seus textos, que convidam à interpretação permanente, como pelas diferentes vozes que o cânon abriga e cujo diálogo permite, e ainda nas diferentes leituras possíveis, de acordo com os contextos de seus leitores e as comunidades interpretativas.

---

33 BRUEGGEMANN, 2014, p. 916.

O caráter imaginativo da Bíblia

Para o teólogo Walter Brueggemann, o objetivo central da profecia israelita é alimentar e fazer surgir uma consciência alternativa à consciência predominante. Como as culturas dominantes são essencialmente desprovidas de autocrítica e incapazes de se dinamizar pelas promessas de Deus, a vocação profética fundamental seria o despertamento de uma comunidade alternativa.[34] Moisés foi o primeiro profeta a despertar em Israel a consciência de que seria necessário romper por completo com a realidade do Egito faraônico. Sua atuação trouxe um caráter revolucionário radical. Primeiro, ao promover um rompimento com o triunfalismo estático da religião egípcia, cujos deuses eram senhores imutáveis da ordem e ligados ao poder do faraó e aos seus interesses. Era preciso desmascará-los como falsos deuses. Segundo, pelo rompimento com a política faraônica de exploração, formando uma comunidade baseada no Deus da liberdade. Por isso, Moisés trouxe uma alternativa ao povo com dois direcionamentos simultâneos: ele apresentou uma religião da liberdade em Deus contraposta à religião do triunfalismo imperial; e propôs uma política de justiça e compaixão contraposta à política opressora vivenciada até então.[35]

O caráter revolucionário da profecia israelita era de rompimento com as propostas escravizadoras do Egito, apresentando a possiblidade de outra realidade, que somente seria trazida à existência por Deus. Contra o papel legitimador das autoridades e da ideologia, emergiu uma utopia com um campo de possibilidades que permite "encarar maneiras de viver radicalmente outras".[36] Por isso, a profecia israelita é marcada pelo despertar da imaginação, a perspectiva de que, em Deus, algo genuinamente novo brote na realidade.

---

34 BRUEGGEMANN, Walter. *A imaginação profética*. São Paulo: Paulinas, 1983. p. 12-13.
35 BRUEGGEMANN, 1983, p. 17-20.
36 RICOEUR, Paul. *A ideologia e a utopia*. Belo Horizonte: Autêntica, 2017. p. 29-33.

A estrutura imaginativa do Ocidente

Esse Deus que envia seus profetas para despertar uma imaginação de outro mundo possível é o Deus inspirador da Bíblia. É justamente sobre o potencial imaginário de seus textos que pretendo refletir agora. O crítico literário Northrop Frye (1912-1991) também analisou a Bíblia do ponto de vista da literatura, assim como Auerbach e Alter, concluindo que a narrativa e a imagética bíblicas construíram uma "estrutura imaginativa" segundo a qual a literatura ocidental operou pelo menos até o século XVIII, e pela qual continua a ser influenciada ainda hoje.[37] Por isso a Bíblia é o elemento primordial da tradição imaginativa do Ocidente.[38]

Se você costuma ler clássicos literários, certamente já percebeu como as grandes obras remetem direta ou indiretamente ao texto bíblico — seja na presença constante das metáforas bíblicas (como o mar e o Leviatã em *Moby Dick*, de Melville), seja utilizando temas e personagens da Bíblia (como o *Paraíso perdido*, de Milton), seja ainda na profundidade psicológica (como a culpa e a redenção em *Crime e castigo*, de Dostoiévski). A Bíblia está no coração pulsante da literatura e da arte ocidentais.

Vejamos como Frye explica a razão para a Bíblia vir a ser essa fonte de imaginário cultural para metade do mundo. Segundo ele, a melhor forma de classificar a linguagem bíblica seria o *kerigma* ou *proclamação*, uma modalidade de retórica. A vontade de proclamar está enraizada em todos os recursos da linguagem bíblica.[39] Penso que o entendimento de Frye da linguagem bíblica como proclamação combina com a proposta teológica de Brueggemann sobre a Bíblia como testemunho. Essa proclamação tem, segundo Frye, três formas de ser realizada pelos autores bíblicos: pela via do mito, da metáfora e da tipologia.

---

37 FRYE, Northrop. *O código dos códigos:* a Bíblia e a literatura. São Paulo: Boitempo, 2004. p. 9.
38 FRYE, 2004, p. 18.
39 FRYE, 2004, p. 55.

A proclamação pelo mito

O *mito* pode ser compreendido de duas formas: em sentido amplo, como *mythos*, ou seja, enredo ou narrativa que ordena palavras em uma sequência (o que inclui todas as estruturas verbais das linguagens humanas); e em sentido estrito, como narrativa com significado peculiar por contar a determinada sociedade o que é importante para ela saber, seja sobre suas origens, seus deuses ou suas leis, seja sobre suas estruturas de classe. O mito, portanto, é o contrário do uso popular de ser "não exatamente verdade", pois é revestido de seriedade e importância especiais.[40] Por isso, para Frye, pouco importam as discussões sobre a historicidade dos eventos narrados na Bíblia, porque a questão fundamental é outra: mesmo havendo conteúdo histórico, eles estão registrados por outra razão. O objetivo de contar uma história, mesmo que real, não é o acontecimento, mas a profundidade ou seu significado espiritual. A verdade histórica em nada se relaciona com esse objetivo, razão pela qual o drama imaginativo de Jó é muito mais verdadeiro e profundo do que as listas de cantores de Crônicas.[41] O mesmo vale para as narrativas das monarquias. O que está em jogo não são propriamente os feitos dos reis, mas se eles estão ou não agindo de acordo com a vontade de Iahweh. Os feitos são usados para demonstrar em que medida eles são piedosos ou não.

Então, o mito não está preocupado com o real, mas com o possível. Por abrir o campo das possibilidades, o mito é principalmente "portador de uma potência mobilizadora". A questão central é sua eficácia, pois transforma paixões em ações.[42] O mito está em um campo mais profundo do que a simples descrição de fatos históricos. Por isso é tão difícil associar a impressionante narrativa bíblica da libertação do Egito a eventos históricos, pois ela fala de algo que

---

40 FRYE, 2004, p. 57-59. É sempre nesse sentido que uso o termo "mito" neste livro. Trata-se da narrativa com início, meio e fim que conta o significado essencial da origem de determinado grupo, podendo basear-se em um fato realmente ocorrido ou simplesmente inventado. Em nenhum dos casos o mito é uma "mentira". Os próximos capítulos do livro ajudarão a compreender o que são mitos em sociedades, mesmo nas contemporâneas.
41 FRYE, 2004, p. 65-67.
42 MATA, Sérgio da. *História & religião*. Belo Horizonte: Autêntica, 2010. p. 81.

os fatos históricos não levam a acreditar. Impérios não são derrotados por escravos. Assim, mesmo que a narrativa da poderosa libertação do povo de Israel tenha ocorrido, o Egito da Bíblia não permanece preso no passado histórico concreto; ele adentra na esfera do mito, sendo, então, expandido por passado, presente e futuro. Por isso, o êxodo pôde inspirar os negros escravizados nos Estados Unidos, que encontraram nas páginas da Bíblia sua esperança de liberdade, mesmo que aquela narrativa em nada se relacionasse com eles ou com os escravagistas americanos. O mito de libertação, que é o mito central da Bíblia, ilumina a perspectiva e traz esperança a escravos de todas as eras.[43]

A proclamação pela metáfora

Vamos tratar agora da *metáfora*. Frye demonstra como a Bíblia está repleta de metáforas explícitas, como, por exemplo, Jesus afirmando ser "a porta" ou "o pão da vida". A metáfora, na Bíblia, não é apenas um ornamento, mas uma modalidade diretiva do pensamento. O apóstolo Simão ganhou o nome de Pedro ao ser apontado como a pedra sobre a qual Cristo construiria sua igreja (Mateus 16:18). Por ser modo de pensar, as doutrinas centrais do cristianismo somente podem ser expressas gramaticalmente em metáforas, como Cristo "é" Deus e homem ao mesmo tempo, ou o pão e o vinho "são" seu corpo e seu sangue. Para Frye, o fato de as doutrinas terem sido racionalizadas em credos e confissões lhes deu um "cheiro de mortalidade intelectual", cujas explicações acabam se perdendo, sendo eventualmente necessário emergir a metáfora. Um exemplo desse tipo de retorno a um modo bíblico foi a forma de são Patrício (séc. V) explicar a Trindade, tomando um trevo para associar o conceito a um objeto por meio da metáfora.[44]

---

43 FRYE, 2004, p. 76-77.
44 FRYE, 2004, p. 80-83. São Patrício foi famoso por evangelizar a Irlanda. Naquele tempo, a doutrina da Trindade estava bem estabelecida, constando do Credo Niceno e do Constantinopolitano. Entretanto, usar a retórica racional dos credos de nada serviria entre o povo. Então, Patrício tomou um trevo e, com suas três folhas, explicou como Deus pode ser três e um ao mesmo tempo. O trevo é o símbolo cultural irlandês até hoje.

CAPÍTULO 1: A BÍBLIA

Para além das expressões metafóricas ocasionais da Bíblia, Frye considera importante o fato de seu texto haver sido congelado em uma forma canônica, o que lhe conferiu um sentido de unidade. O fato de estar organizada em livros cuja sequência não muda, e cujos início e final permanecem sempre os mesmos, levou à natural percepção de que a Bíblia é uma única e complexa metáfora, contendo em si uma estrutura de imagens constantemente reiteradas. Assim, o mito e a metáfora seriam a base da Bíblia, deixando-a muito mais próxima da narrativa poética, relacionada não ao particular de um acontecimento histórico, mas ao universal das experiências da humanidade — conforme o conhecido conceito da *Poética*, de Aristóteles.[45]

A proclamação pela tipologia

Finalmente, vamos tratar do ponto de vista da *tipologia*. Os escritores do Novo Testamento viam os textos da Bíblia hebraica como fonte antecipadora dos eventos de Cristo. Assim, o Novo Testamento reivindica ser a chave para a Bíblia hebraica, assumindo a explicação do que ela realmente queria dizer. Qual é o cerne da tipologia? O "tipo" é uma figura de linguagem móvel no tempo, pois existia no passado, mas encontrou seu "antítipo" (ou realização) no presente. É uma pessoa ou um fato ocorrido que somente teve seu significado revelado muito tempo depois, em outra pessoa ou fato. Essa mobilidade também pode ser deslocada para nosso presente. Nesse caso, o tipo seria o que vemos hoje e o antítipo é o que vai acontecer no futuro. Assim, a tipologia é uma espécie de teoria da história, pois apresenta um sentido, uma razão de ser, para os eventos que, mais cedo ou mais tarde, mostrarão seu significado. A tipologia é uma forma retórica revolucionária, uma vez que considera os próprios eventos da vida uma espécie de sonho de que se deve despertar.[46] O significado não está no próprio acontecimento, mas em seu futuro.

---

45 FRYE, 2004, p. 91. As considerações de Aristóteles sobre o universal da poesia e o particular da história podem ser verificadas em ARISTÓTELES. *Poética*. Livro IX, 50.
46 FRYE, 2004, p. 107-112.

A questão do tipo é bastante evidente se analisarmos a forma em que o Novo Testamento lida com os personagens e eventos da Bíblia hebraica. O caso mais notável, claro, somente poderia ser Jesus Cristo. Ele é o antítipo individual de um tipo coletivo. Essa relação é possível apenas por meio da metáfora da realeza. Lembre-se de que a função de um rei é representar seus súditos. Sob a coroa, reside o símbolo da unidade social, pois uma única pessoa representa todos os participantes do reino. Esse tipo de metáfora não existe apenas nas monarquias; ela permanece na figura do presidente da República ou do primeiro-ministro. E aparece até mesmo na linguagem cotidiana. É frequente dizermos que "o Japão está fazendo algo", como se fosse um ser individual.[47] Ou afirmarmos que "o presidente Fulano construiu essa ponte". Na verdade, ele não construiu nada, mas deu a ordem e liberou os recursos para tanto. Apenas metaforicamente podemos dizer que foi ele quem a construiu. Nesse sentido, um indivíduo pode, pela metáfora, comportar o todo de uma comunidade ou de uma nação.

Tais características da linguagem, manifestas no mito, na metáfora e na tipologia, convergem na Bíblia, que, embora unificada, demonstra certo descuido em relação à unidade. Não por haver faltado habilidade para costurar suas narrativas, mas porque seus autores superaram a própria ideia de unidade, caminhando em outra perspectiva, vinculada à tradição oral — e, como tal, com uma perspectiva descentralizada.[48] Ou seja, retornamos ao conceito da polifonia da Bíblia, abordado na seção anterior.

A ressonância da Bíblia

Depois de uma longa análise, Frye chega à conclusão de que o ponto crítico da Bíblia é a *ressonância* pela qual uma afirmação, ocorrida em um contexto particular do passado, ganha significado universal. Como exemplo, ele toma a visão terrível de Deus mergulhado no sangue ao pisar as uvas no lagar de sua ira (Isaías

---

47 FRYE, 2004, p. 115-116
48 FRYE, 2004, p. 245-247.

CAPÍTULO 1: A BÍBLIA

63:1-6), cuja figura penetrou na consciência americana no famoso hino *Battle hymn of the Republic*.[49] Essa aplicação é notável porque o contexto original de Isaías foi a comemoração do massacre dos edomitas, mas foi usada em um hino para celebrar a volta de Cristo marchando e trazendo o julgamento final. Da mesma forma, a poderosa frase bíblica "da voz branda e delicada", sussurrada a Elias no monte Horebe (1Reis 19:12), ressoa no futuro em contextos novos e diversos. Tais ressonâncias não seriam possíveis sem o contexto original e uma potência para expandi-lo para além de si mesmo. Essa potência se encontra na gigantesca variedade de materiais colhidos pela unidade imaginativa bíblica, apoiada pelas metáforas.[50]

Trazendo para a realidade brasileira, é possível tomar uma narrativa como a do início do livro de Josué, na qual Deus o orienta a ser forte e corajoso na guerra contra os cananeus, e aplicá-la como incentivo ao desempregado de uma congregação evangélica, que toma força e coragem para abrir uma banca de cachorro-quente e levar sustento à sua família. Ele será corajoso e obedecerá aos mandamentos divinos em seu negócio. Não é assim que funcionam as metáforas em nossos púlpitos? Não são elas ressonâncias desse maravilhoso texto produtor da imaginação de outras realidades possíveis?

Enfim, Northrop Frye, a partir de uma análise crítica de natureza literária, demonstrou em que medida a Bíblia é o livro fundamental da cultura ocidental, um depósito de mitos e metáforas, uma verdadeira potência imaginativa para leitores de todas as eras. Retornando à teologia, vale notar que um dos propósitos da Bíblia, conforme apontado por John Goldingay, é levar pessoas a enxergar as coisas de outra forma, vendo a história de sua vida à luz do contexto das narrativas bíblicas da criação, do êxodo e de tantas outras:

---

49 Traduzido no *Hinário para o culto cristão* da CBB com o título "Já refulge a glória eterna de Jesus" ou na Harpa cristã da Assembleia de Deus como "Vencendo vem Jesus".
50 FRYE, 2004, p. 256-257.

Como João, em Apocalipse, profetas e visionários buscam levar o povo de Deus a vislumbrar realidades terrenas à luz de realidades celestiais e a ver realidades presentes à luz do que Deus pretende fazer. Apocalipse faz isso ao retratar um universo simbólico alternativo.[51]

Nada pode ser mais alternativo do que o universo apresentado no Apocalipse, o final apoteótico do livro sagrado. A Bíblia, portanto, é uma obra cujo conteúdo traz em si uma potência imaginativa, um reservatório de metáforas pronto a ser resgatado pelo leitor em suas experiências cotidianas. Some-se o caráter imaginativo ao caráter literário e polifônico da Bíblia, e temos a compreensão da fecundidade desse livro para produzir novas e transformadoras narrativas. Tal fecundidade da Bíblia também significa fecundidade de recepções de seu texto. Como aponta o teólogo Claude Geffré, "a mensagem cristã é suscetível a múltiplas recepções no curso dos tempos, e essas recepções jamais são uma interpretação definitiva; elas podem ser sempre o objeto de retomadas".[52]

A pluralidade de recepções será mais bem compreendida diante do caráter hermenêutico da experiência humana no tempo, tema do próximo capítulo.

---

51 GOLDINGAY, John. *Teologia bíblica*: o Deus das escrituras cristãs. Rio de Janeiro: Thomas Nelson Brasil, 2020. p. 89.
52 GEFFRÉ, Claude. *Crer e interpretar*: a virada da hermenêutica da teologia. Petrópolis: Vozes, 2004. p. 39.

Capítulo 2
A HERMENÊUTICA

A Bíblia é o documento sagrado do judaísmo e do cristianismo. Foi escrita e canonizada na Antiguidade com uma linguagem totalmente diferente da nossa, o que nos conduz ao campo da interpretação. Como trazer o conteúdo desse livro de um passado tão distante para o presente?

Gordon Fee e Douglas Stuart são autores de um clássico no qual apresentam as duas tarefas da interpretação: uma executada pela exegese, o estudo sistemático da Escritura para encontrar os significados originais pretendidos por seus autores; e a outra, pela hermenêutica, entendida como a procura da relevância ou do significado desses textos para a atualidade. Essa divisão entre exegese e hermenêutica tem recebido críticas porque todo o processo é hermenêutico. De qualquer maneira, a questão está no controle: buscam-se estabelecer regras ou diretrizes para controlar as conclusões e garantir que elas permaneçam dentro da "intenção original do texto bíblico".[1]

---

1 FEE, Gordon D.; STUART, Douglas. *Entendes o que lês?* Um guia para entender a Bíblia com auxílio da exegese e da hermenêutica. 2. ed. São Paulo: Vida Nova, 2009. p. 19-27.

Descobrir e manter-se fiel à intenção original do texto escrito, esse é o grande objetivo da tarefa interpretativa. As regras de interpretação buscam estabelecer limites à criatividade do intérprete, a fim de que ele permaneça fiel ao texto, por assim dizer. Existem diversos manuais e técnicas para realizar essa tarefa com sucesso, como os de Fee e Stuart, que nos ajudam a entender *como deve ser feita a interpretação*. Mas a minha preocupação não é essa. O que pretendo entender é *de que forma acontece a interpretação*. Trata-se de descortinar a realidade do cotidiano das comunidades que amam a Bíblia: como elas a leem e o que isso representa em suas ações. Não tratarei, portanto, de regras, mas do fenômeno tal qual se manifesta.

A hermenêutica filosófica

Meu objetivo neste capítulo não está relacionado à hermenêutica tradicional, mas ao seu aprofundamento, levado a cabo no último século, vindo a ser denominado *hermenêutica filosófica*. De uma ciência interessada pelos métodos e regras de interpretação correta, e como tal, um apoio para outras ciências como a teologia, o direito ou a história, a hermenêutica tornou-se uma filosofia geral a respeito do ser humano — ser humano entendido como um ser finito, necessitado de interpretação, capaz de interpretar e viver em um mundo de interpretações. Tal ampliação da competência hermenêutica pode ser creditada a Wilhelm Dilthey (1833-1911) e Martin Heidegger (1889-1976). A questão crucial, observe, passou a ser a "compreensão de si". Não explorarei o pensamento de Dilthey ou de Heidegger; meu foco está na obra de Paul Ricoeur (1913-2005), filósofo francês que contribuiu, de forma significativa, para a ampliação do sentido da hermenêutica. Ricoeur buscou apoio teórico em disciplinas interpretativas da realidade humana como história, exegese, religiões comparadas, psicanálise e ciências da linguagem. Daí o caráter interdisciplinar de seu pensamento.

CAPÍTULO 2: A HERMENÊUTICA

O objetivo de Ricoeur era impedir que a filosofia se tornasse estéril; para ele, a hermenêutica era o caminho, pois se trata de uma "escuta racional e refletida das narrativas e abordagens que reconhecem um sentido e uma direção ao esforço humano para existir".[2]

Em outras palavras, a questão central da hermenêutica, trilhando o caminho da filosofia, é a interpretação da pessoa humana que vive em um mundo no qual todas as experiências são filtradas por um processo interpretativo. Como afirma Jean Grondin,

> a intuição hermenêutica de base permanecerá, todavia, constante: a via régia do conhecimento de si não é a da introspecção, mas a da interpretação, dos signos, dos símbolos e das narrativas em que se narra nosso desejo de viver. Toda a filosofia reflexiva, fenomenológica e hermenêutica de Ricoeur se dedicará a essa questão da interpretação e suas possíveis orientações.[3]

Vemos o mundo e interpretamos aquilo que estamos vendo e sentindo. Fazemos isso com o desejo de compreender, mas sempre na dimensão do nosso próprio desejo de viver, e viver de maneira adequada. Interpretar o mundo é buscar pela verdade. Mas, nesse ponto, chegamos a um problema: somos seres humanos e finitos. Nossa finitude reside tanto no fato de que vamos inevitavelmente morrer como no fato de sermos limitados em nosso entendimento. A realidade é complexa e nós a compreendemos apenas até certo ponto. Como chegar à verdade sobre a realidade que nos cerca se cada um de nós é incapaz de ter acesso pleno a ela?

Para Ricoeur, é justamente na intenção de encontrar a verdade que reside o momento de infinitude do humano. Na busca por compreender, por descobrir que a própria perspectiva é apenas uma perspectiva, e não a realidade em si, as pessoas se abrem à possibilidade da verdade e do infinito, mesmo que parcialmente ou apenas na tentativa de encontrá-la. As tentativas de buscar a verdade vêm de longa data — desde que as sociedades humanas existem

---

2 GRONDIN, Jean. *Paul Ricoeur*. São Paulo: Loyola, 2015. p. 14-15. Uma obra que auxilia a compreender a hermenêutica filosófica de Paul Ricoeur, e da qual obtive algumas inspirações e referências bibliográficas, é BENTHO, Esdras Costa. *Da História à Palavra*: a teologia da revelação em Paul Ricoeur. São Paulo: Reflexão, 2016.
3 GRONDIN, 2015, p. 28.

e refletem sobre suas origens e existência. Por isso, Ricoeur deixou de lado o método filosófico da introspecção e buscou compreender o humano por meio da fenomenologia da religião — especialmente no mitólogo Mircea Eliade (1907-1986). Ricoeur aprendeu com Eliade a examinar o ser humano estudando suas narrativas míticas, ou seja, por meio dos textos deixados pelas sociedades antigas ao refletir sobre suas origens. A Ricoeur, interessaram especialmente os mitos da origem do mal. As histórias contadas pelas sociedades, especificamente seus mitos, permitiram ao filósofo buscar uma interpretação existencial desses mitos.[4] Em outras palavras, Ricoeur tentou compreender o ser humano ao refletir sobre os textos por ele escritos, e o que revelam sobre as reflexões do autor a respeito do mundo.

Assim, a hermenêutica extrapolou os limites do simples método interpretativo e, como afirma o teólogo Ulrich Körtner, tornou-se a "teoria de uma compreensão abrangente do mundo e da existência humana, realizada *no meio da interpretação de textos*".[5] Para Paul Ricoeur, portanto, o texto está em relação íntima com a experiência humana. Como veremos ao final deste capítulo, os textos redundam em atos ao trilharem o caminho da linguagem.

Para melhor compreendermos de que forma ocorre a relação entre pessoas, textos e ações, vamos explorar o caráter da experiência humana em três aspectos: simbólico, litúrgico e narrativo.

O caráter simbólico da experiência humana

O ser humano, embora pertencente ao mundo animal, não interage com a natureza da mesma forma que outros animais. Ernst Cassirer (1874-1945) esclarece a questão: o mundo humano se diferencia do mundo animal por seu método próprio de se adaptar ao meio ambiente, método marcado pela intermediação de um sis-

---

4   GRONDIN, 2015, p. 46-49. Foi abordado, no capítulo anterior, o sentido do mito, tanto como uma narrativa com sentido (uma história com início, meio e fim) como uma via da reflexão a respeito da origem e essência de um povo. Os dois sentidos cabem aqui.
5   KÖRTNER, Ulrich H. J. *Introdução à hermenêutica teológica*. São Leopoldo: Sinodal/EST, 2009. p. 100.

CAPÍTULO 2: A HERMENÊUTICA   55

tema simbólico entre seu sistema receptor e o sistema de reação. Em outras palavras, a humanidade não apenas reage aos estímulos do mundo; ela também pensa. Ao passarmos por uma experiência qualquer, nós a interpretamos simplesmente porque pensamos. Por isso, homens e mulheres não vivem apenas de reações biológicas à natureza, mas em um universo simbólico constituído por linguagem, mito, arte e religião. De forma diferente dos animais, as pessoas não vivem no mundo enfrentando diretamente a realidade, mas filtrando-a por meio de emoções imaginárias, como temores, esperanças, sonhos e fantasias. Por isso, Cassirer definiu o ser humano como *animal symbolicum*.[6]

O símbolo, portanto, é fundamental para compreender o ser humano. Por estar situado no nível profundo da linguagem, o símbolo é repleto de expressões de múltiplos significados. Paul Ricoeur assim o define:

> Chamo símbolo a toda a estrutura de *significação em que um sentido directo, primário, literal, designa por acréscimo um outro sentido indirecto, secundário, figurado, que apenas pode ser apreendido através do primeiro.* Essa circunscrição das expressões com sentido duplo constitui precisamente o campo hermenêutico.[7]

Símbolos são estruturas de significação com sentido duplo. Carl Jung (1875-1961) apresenta uma definição semelhante em seus estudos da psique humana. Para ele, o símbolo é "um termo, um nome ou mesmo uma imagem que pode ser familiar na vida cotidiana, embora possua conotações especiais além do seu significado evidente e convencional".[8] Uma palavra ou imagem "é simbólica quando implica alguma coisa além do seu significado manifesto e imediato".[9] Em sua obra, Jung explora o mistério dos símbolos no nível de arquétipos (ou modelos) coletivos do inconsciente e revelados em sonhos. O mitólogo Mircea Eliade, por sua vez, explora os

---

6   CASSIRER, Ernst. *Antropologia filosófica:* ensaio sobre o homem. Introdução a uma filosofia da cultura humana. São Paulo: Mestre Jou, 1972. p. 49-51.
7   RICOEUR, Paul. *O conflito das interpretações:* Ensaios de hermenêutica. Porto: Rés, 1988. p. 14.
8   JUNG, Carl (org.). *O homem e seus símbolos.* Rio de Janeiro: HarperCollins Brasil, 2016. p. 18.
9   JUNG, 2016, p. 19.

símbolos como expressões de um sistema de afirmações coerente com a realidade final das coisas, uma realidade metafísica, reconhecendo determinada situação no Cosmo.[10] Enquanto, para Jung, os arquétipos são produto de uma tendência instintiva humana, em Eliade são produto de uma ontologia original que impulsiona o desejo de participar de uma realidade transcendente.[11] Há, no caso de Eliade, um eco do pensamento do teólogo Rudolf Otto (1869-1937) ao explorar as reações racionais e irracionais ao sagrado como elementos presentes *a priori* no espírito humano.[12] Tanto para Jung como para Eliade e Otto, a relação simbólica com o mundo está na essência do humano.

Vejamos um exemplo para ilustrar o sentido duplo do símbolo. Pense na palavra "água". O sentido direto ou literal é o componente físico composto de hidrogênio e oxigênio, que funciona como base fundamental de toda a vida no planeta. Entretanto, no nível simbólico da linguagem, a palavra "água" pode remeter a outras expressões da cultura humana. Ela pode estar relacionada ao caos anterior à criação, ao dilúvio (seja universal, seja na submersão de continentes como Atlântida), ou ainda à morte ritual no batismo — não como fim definitivo, mas como renascimento para uma nova vida, ao mesmo tempo lavando pecados e purificando.[13] Assim, "água" tem um sentido original que, pelo caráter duplo do símbolo, se transfigura em novas compreensões no campo do sentido humano da existência. Ao sermos batizados, invocamos o elemento água não pela característica física de seu primeiro sentido, mas por sua carga simbólica, associada a Cristo em sentido profundo.

Assim, o símbolo dá sentido por meio de um sentido; o literal, primário, mundano e, muitas vezes, físico, como a água, remete a um segundo sentido, figurado, espiritual, existencial e ontológico,

---

10 ELIADE, Mircea. *O mito do eterno retorno:* arquétipos e repetição. Lisboa: Edições 70, 1984. p. 17-18.
11 ELIADE, 1984, p. 19.
12 OTTO, Rudolf. *O sagrado:* os aspectos irracionais na noção do divino e sua relação com o racional. São Leopoldo: Sinodal/EST; Petrópolis: Vozes, 2007. p. 173.
13 ELIADE, Mircea. *Tratado de história das religiões.* 5. ed. São Paulo: WMF Martins Fontes, 2016. p. 172-173.

CAPÍTULO 2: A HERMENÊUTICA   57

dado apenas por meio dessa designação indireta. O símbolo provoca reflexão porque apela a uma interpretação. Tal apelo decorre
da abertura inerente à sua natureza, fazendo com que ele nunca
acabe de dizer.[14] Embora o símbolo esteja na linguagem, não é algo
dado imediatamente, e seu ensinamento não é fácil de extrair. Um
símbolo plenamente explicado resultaria em sua morte, pois des-
mascararia seu sentido e tornaria suas imagens inúteis. Por isso,
para Ricoeur, o "símbolo dá o que pensar". "Esta afirmação, que me
encanta, diz duas coisas: o símbolo dá; mas aquilo que ele dá é algo
a pensar, algo sobre o qual se pense."[15] A reflexão é o resultado da
abertura típica do símbolo.

Tamanha abertura significa também que pode haver uma disputa hermenêutica entre projetos filosóficos diversos e até mesmo
rivais. Se pensarmos na análise dos mitos, há grandes diferenças de
interpretação entre as pesquisas de Mircea Eliade e a psicanálise
freudiana ou jungiana. Vamos pensar em um exemplo na história do protestantismo: a disputa entre Lutero e Zwínglio a respeito da Eucaristia, cuja intransigência sobre a presença imanente ou
transcendente de Cristo no pão e no vinho resultou na ruptura do
movimento reformador. Essa é a fraqueza do símbolo como base
para reflexão: ele nunca vai atingir uma unanimidade. Mas, para
Paul Ricoeur, é nessa fraqueza que reside sua força, pois seu duplo sentido visa decifrar o existencial e ontológico do ser humano
justamente por meio do excesso de sentido. O simbolismo revela
a equivocidade do ser: uma vez que "o ser diz-se de múltiplos mo-
dos", emerge o simbolismo.[16]

A realidade é complexa, assim como é difícil decifrar os seres
humanos. Por isso o símbolo multiplica os sentidos. Não há como
desvendar o mundo por meio de uma única e monótona visada.

---

14 RICOEUR, 1988, p. 29.
15 RICOEUR, Paul. *A simbólica do mal*. Lisboa: Edições 70, 2019. p. 366.
16 RICOEUR, 1988, p. 65-68.

A *aplicabilidade universal do símbolo*

Uma das maiores prerrogativas do símbolo é sua aplicabilidade universal. Além de ser extremamente variável e dotado de camadas de significado, o símbolo pode expressar o mesmo sentido básico em vários idiomas, ou uma mesma ideia pode ser demonstrada de maneiras muito diferentes na mesma língua. Ou seja, o símbolo humano é caracterizado por versatilidade e mobilidade.[17] Tal mobilidade se expande para além da linguagem verbal, podendo assumir importante manifestação quanto à linguagem visual, por meio dos elementos gráficos.

Ao pensar o símbolo como elemento visual das religiões, Mircea Eliade demonstra como as estruturas religiosas abraçam outros elementos dentro de seu sistema. Segundo ele, "tudo o que não é diretamente consagrado por uma hierofania torna-se sagrado graças à sua participação num símbolo". Isso significa que muitos objetos e sinais simbólicos acabam recebendo valor sagrado por sua ligação a alguma divindade, ao aparecerem como objeto ou ornamento em suas representações. Isso vale tanto para símbolos naturais ou cósmicos como para desenhos geométricos como a cruz, a suástica, os pentagramas, os hexagramas e outros. Além disso, ocorrem transferências de símbolos de uma divindade para outra, fato comum na história das religiões.[18] Disso deriva também a função unificadora dos símbolos ao ligarem as várias zonas do real:

> Assim, por um lado, o símbolo continua a dialética da hierofania ao transformar os objetos em algo diferente do que eles parecem ser à experiência profana: uma pedra torna-se o símbolo do "centro do mundo" etc., e, por outro lado, ao tornarem-se símbolos, quer dizer, sinais de uma realidade transcendente, esses objetos *anulam os seus limites concretos*, deixam de ser fragmentos isolados para se integrar num sistema, ou melhor, eles encarnam em si próprios, a despeito da sua precariedade e do seu caráter fragmentário, todo o sistema em questão.[19]

---

17   CASSIRER, 1972, p. 66-67.
18   ELIADE, 2016, p. 363.
19   ELIADE, 2016, p. 369.

Ou seja, os símbolos acabam se ligando a sistemas. Um exemplo na Antiguidade é o deus Hórus, o deus-falcão do Egito. Ele é representado de diversas formas, podendo aparecer como um falcão, como uma figura humana com cabeça de falcão, como um bebê no colo de sua mãe, Ísis, ou mesmo pelo amuleto conhecido como olho de Hórus. Todos estão simbolicamente ligados pelo vínculo com a divindade. O mesmo acontece no cristianismo, em que a cruz adquiriu uma carga simbólica extraordinária a partir das narrativas dos Evangelhos.

O simbolismo na comunicação de massa

A capacidade dos símbolos de encarnarem em si todo um sistema de significados não se restringe ao caráter religioso do fenômeno. Essa potência também pode ser encontrada em outros universos simbólicos humanos, mesmo que comerciais — como, por exemplo, os símbolos gráficos das marcas do mercado capitalista contemporâneo ou na iconografia nacionalista dos Estados modernos.

Agora entramos em outro campo que me fascina. Lembre-se: minha primeira vocação é o *design*. Vou tomar o exemplo da marca Apple, fabricante de equipamentos eletrônicos cujo símbolo é a síntese gráfica de uma maçã mordida. O fato de um elemento tão conhecido da arte sacra representar uma empresa da indústria tecnológica provoca discussão sobre as razões e os significados de tal figura.[20] Para alguns, o símbolo mais profundo da maçã da Apple é o "conhecimento", porque a maçã está no imaginário popular como a fruta que teria caído na cabeça de Isaac Newton e o levou a descobrir a gravidade. Para outros, a ideia do conhecimento vem da narrativa da árvore da qual Adão e Eva colheram o fruto; há ainda o boato de que Alan Turing, pai da computação, teria se suicidado ao comer uma maçã envenenada; ou mesmo um trocadilho com

---

20 Vide algumas hipóteses em DICIONÁRIO DE SÍMBOLOS. "Logo da Apple: você sabe como surgiu o símbolo da maçã mordida?" Disponível em: www.dicionariodesimbolos.com.br/logo-apple-voce-sabe-
-como-surgiu-simbolo-da-maca-mordida. Acesso em: 29 set. 2022.

as palavras inglesas "Byte" (unidade de informação) e "bite" (morder). Independentemente de qual seja a interpretação correta, fica a percepção da potência da maçã como um símbolo não apenas nas mitologias e na arte, mas também na publicidade contemporânea. Mas observe como funciona a questão simbólica, os sentidos primeiro e segundo: o sentido direto do símbolo é a maçã como fruta, o objeto desenhado; mas esse não é o símbolo representado: o símbolo profundo, o sentido segundo, é o conhecimento produtor da tecnologia que a empresa comercializa.

Por que tais marcas eventualmente são capazes de promover reconhecimento e até mesmo engajamento? Entre algumas características, está a questão da representação. O treinamento do *designer* requer a capacidade de representar uma imagem qualquer do mundo real de forma abstrata. Isso significa eliminar elementos irrelevantes da figura original para deixar apenas aquilo que é essencial. Daí que a abstração, para um símbolo de marca, requer uma simplificação radical, reduzindo seus detalhes ao mínimo irredutível. "Para ser eficaz, um símbolo não deve apenas ser visto e reconhecido; deve também ser lembrado, e mesmo reproduzido."[21] Quanto mais simples e mais abstrato for o símbolo, embora mantendo seus traços fundamentais, maior será a penetração na mente do público e maior a capacidade de esse símbolo ser lembrado e interiorizado. Quanto mais representativa for a referência, mais específica a informação; quanto mais abstrata, mais geral e aberta à interpretação.[22] Citei o caso da Apple, basicamente uma maçã. No caso do símbolo da Nike — o *Swoosh* —, há uma síntese e uma abstração muito maiores, remetendo a *velocidade* e *ação*. Niké é a deusa grega da vitória, representada como uma mulher alada. Note também que o símbolo em si, sua abstração ou representação, remete instintivamente a algo mais profundo e associado a uma ideia. Esse é o campo simbólico atuando inconscientemente.

---

21 DONDIS, Donis A. *Sintaxe da linguagem visual*. 2. ed. São Paulo: Martins Fontes, 1997. p. 91.
22 DONDIS, 1997, p. 92-95.

CAPÍTULO 2: A HERMENÊUTICA

As marcas do mercado capitalista são um bom exemplo do valor do símbolo na cultura humana. Marcas são extremamente valorizadas justamente por sua capacidade de síntese dos valores comunicados por determinada empresa nos produtos que vende. Disso decorre também o maior investimento do *marketing* recente. Em meio a uma absurda multiplicidade de ofertas de produtos e serviços, e a uma ruidosa atmosfera de publicidade e informações, os marqueteiros defendem que o caminho do sucesso das empresas reside na força de suas marcas, na comunicação de algo que faça sentido às pessoas, atingindo-as na esfera sensitiva e intuitiva da emoção. Ou seja, as pessoas escolhem marcas pela confiança transmitida.[23] Desenvolvedores de marcas buscam gatilhos que abram janelas emocionais nos consumidores, promovendo não mais as qualidades técnicas ou racionais dos produtos, mas as experiências. As alavancas emocionais são utilizadas, então, para promover determinada empresa e chegar à tão sonhada fidelidade do consumidor.[24]

Por essa razão, hoje é possível assistir a uma propaganda e se admirar com a beleza estética e o apelo emocional para, ao final, ver a assinatura de um banco prometendo a "realização de sonhos", em vez de um simples empréstimo financeiro. Por isso as marcas não são mais compreendidas apenas pelo logotipo da empresa, por sua identidade visual corporativa ou por seu produto, mas, sim, pelo conjunto de intuições e sentimentos que seu público nutre em torno delas.[25] O mercado tem compreendido a experiência simbólica humana e procura captar seu sentido mais profundo para, basicamente, vender.

+ + +

---

23 BENDER, Arthur. *Paixão e significado da marca*. São Paulo: Integrare, 2012. p. 214-215. É interessante como livros de marketing, como este de Bender, são repletos de pequenas narrativas não apenas para ilustrar, mas para produzir emoção e engajamento.

24 BENDER, 2012, p. 247-269.

25 Sobre esse tipo de posicionamento estratégico, veja NEUMEIER, Marty. *The brand gap:* how to bridge the distance between business strategy and design. Ed. rev. Berkeley: New Riders, 2006.

Vamos resumir o que foi dito do caráter simbólico da experiência humana. O universo simbólico é vasto: ele está constituído na própria linguagem, alcança manifestações visuais nas religiões e chega mesmo a ter franco uso na economia capitalista. Para o caso que estamos estudando, a Bíblia é uma referência fundamental. Meros símbolos como a maçã mordida da Apple podem traçar uma genealogia que remonta às narrativas de Gênesis. Com esses exemplos em mente, podemos considerar a Bíblia um "atlas iconográfico" e um "estaleiro de símbolos". Como um imenso reservatório de personagens, histórias, eventos naturais e sobrenaturais, a Bíblia é um laboratório de linguagens — razão pela qual veio a ser fonte de uma poderosa comunicação global, presente com suas imagens em filosofia, ciências políticas, psicanálise, literatura, artes, arquitetura, marketing... Enfim, participando da construção do mundo e permitindo sua legibilidade.[26]

O caráter litúrgico da experiência humana

Esta seção é especialmente devedora do filósofo e teólogo James K. A. Smith. Aqui pretendo abordar uma característica importante do simbolismo humano, especialmente em seu sentido coletivo, que é a liturgia. Vejamos por que Smith a considera tão determinante.

Há modelos antropológicos que tentam estabelecer o que é o ser humano. O que define um humano? Alguns seguem René Descartes (1596-1650) no entendimento da pessoa humana como um ser que pensa. É o "penso, logo existo". Outros, mais vinculados à tradição cristã, entendem o humano como um ser que crê, conforme defendem os filósofos Alvin Plantinga e Nicholas Wolterstorff. Em um caso, o caráter humano é cerebral por sua racionalidade; no outro também é cerebral, mas por sua crença. Ou seja, o ser humano é entendido basicamente como uma mente lendo o mundo.

---

26 MENDONÇA, 2015, p. 58.

CAPÍTULO 2: A HERMENÊUTICA

Para James K. A. Smith, ambos são reducionistas ao colocarem a primazia no aspecto racional do humano. A riqueza da experiência humana, então, é reduzida, por ignorar as dimensões corporal e temporal. A pessoa humana não está inserida no mundo apenas como pensadora ou crente, mas como alguém que sente o ambiente à sua volta, orientada não apenas pela cabeça, mas também pelas mãos e pelo coração.[27]

O ser humano como ser que ama

Seres humanos não são recipientes estáticos de ideias e crenças, mas seres intencionais. Ou seja, eles vivem tendo alguma coisa como "alvo". Estão envolvidos na realidade do mundo como atores. A existência é um mar no qual navegamos, e não apenas um quadro a contemplar como observadores. Portanto, o centro da pessoa não está em seu aspecto cognitivo, mas, sim, nas regiões afetivas.[28] Na verdade, as pessoas são dirigidas antes pelos afetos do que pela razão. Não é assim que funciona com as decisões mais importantes de nossas vidas? Nosso casamento, nossos filhos, nossa conversão a Jesus? Embora o pensamento racional faça parte do processo, não é ele quem dá o pontapé decisivo no jogo dessas escolhas.

Para Heidegger, é o cuidado (ou a preocupação) o motor principal da intencionalidade humana. James Smith, por sua vez, inspira-se em Agostinho. O bispo de Hipona considera a pessoa humana um ser que deseja sobretudo no modo do amor. "Você é o que você ama" — certamente você já ouviu essa expressão ou algo parecido. Como seres que amam, mulheres e homens são criaturas teleológicas, pois seu amor está voltado a determinados fins. Pouco importa qual é o objeto desejado; o objetivo final é uma boa vida, uma imagem vívida de prosperidade ou felicidade. O desejo humano visa a algo que trará satisfação. Esse *telos* para o qual o amor está direcionado não é uma lista de ideias, doutrinas ou valores abstratos

---

27 SMITH, James K. A. *Desejando o reino*: culto, cosmovisão e formação cultural. São Paulo: Vida Nova, 2018, p. 46-47.
28 SMITH, 2018, p. 47-49.

típica do "ser que pensa", mas uma imagem afetiva moldada pela imaginação. A expectativa de nosso desejo cria em nós uma imagem do que seria viver bem e feliz. Então, vem a seguinte questão: Como eu imagino uma vida feliz? De onde procedem tais ideias ou imagens? Não é por meio de argumentações lógicas em dissertações acadêmicas, mas, sim, pelos mitos, livros, filmes e histórias.[29] A imaginação social é fundamental:

> Um imaginário social não é o modo de *pensarmos* sobre o mundo, mas de como *imaginamos* o mundo antes mesmo de pensarmos nele; portanto, o imaginário social é constituído das coisas que abastecem a imaginação — histórias, mitos, imagens, narrativas. Além disso, tais histórias são sempre comunitárias e tradicionais. Não há histórias privadas: toda narrativa recorre a histórias que foram repassadas (*traditio*). Portanto, o imaginário é social sob dois aspectos: de um lado, é um fenômeno recebido de outros e com outros compartilhado; por outro lado, trata-se de uma visão *da* vida social e *para* a vida social — uma visão daquilo que conta como prosperidade humana, do que conta como relações importantes, do que conta como famílias "boas" etc.[30]

Portanto, para Smith, o imaginário social não é uma compreensão cognitiva do mundo, mas afetiva. Seu motor não é a racionalidade, mas a emoção. Essa condição emocional é alimentada pela imaginação, forjada com histórias, mitos e ícones que proporcionam estruturas de significado por meio das quais as pessoas interpretam o mundo. Com base nesse conjunto de histórias vivenciadas, os indivíduos têm uma compreensão precognitiva da realidade do mundo.[31] Em outras palavras, vivemos em um mundo do qual já temos uma compreensão prévia, criada pelo conjunto de comunicações que recebemos, principalmente as histórias que nos foram contadas ao longo da vida. As histórias que agregamos à nossa experiência moldam nossas emoções e, portanto, nossos desejos.

---

29 SMITH, 2018, p. 50-53.
30 SMITH, 2018, p. 67. Smith trabalha o conceito de "imaginário social" com base em Charles Taylor, que se refere à maneira que as pessoas comuns imaginam seu entorno social por meio de imagens, histórias e lendas, sem se expressarem teoricamente. Daí a proximidade desse imaginário com o afetivo, e não com o cognitivo. SMITH, 2018, p. 66.
31 SMITH, 2018, p. 68-69.

O desejo humano moldado pelas liturgias

Como as histórias carregadas de símbolos são capazes de nos influenciar individualmente e de moldar nosso comportamento antes mesmo de passarem pelo crivo do cérebro? Para entender o processo, James Smith buscou os estudos de Pierre Bourdieu (1930-2002). O conceito fundamental da tese de Bourdieu é o *habitus*, que ele considera um sistema de "disposições estruturadas e estruturantes" para construir o mundo de determinadas maneiras. O *habitus* é a prática cotidiana das pessoas, uma disposição comunitária e política que acaba gravada nos indivíduos como uma tradição que se transforma em jeito herdado de ser. Ele inclina as pessoas a constituir seu mundo de determinadas maneiras, condicionadas a partir de seu caráter comunitário. Além de ser um hábito que liga os indivíduos ao coletivo, é um ato inconsciente justamente por ser herdado. A pessoa participa sem pensar, como uma disposição automática.[32] Essa compreensão da realidade comum a indivíduos e coletivos, praticada de forma automática e irrefletida, acontece por meios bem triviais e rituais, como explica Smith:

> Portanto, uma ordem social ou um corpo social me arrolam ao alistar meu corpo valendo-se dos meios mais triviais: pela atitude física, palavras repetidas, cadências ritualizadas. O corpo como entidade coletiva implanta em mim um *habitus* ao me fazer submergir em uma série de momentos tangíveis e rotinas que efetivamente "depositam" em mim uma orientação interna. Essa é a mecânica da iniciação e da incorporação: incorporar corpos no corpo social e inscrever um *habitus* em comum em nosso corpo de tal modo que "sintamos" isso de maneiras que não sabemos. [...] Em outras palavras, o ritual não é um fim em si mesmo ou meramente um roteiro para um "compartimento" de uma vida. Uma vez que ele implanta efetivamente um *habitus* no corpo, esse *habitus* começa a governar a ação ao longo da vida do indivíduo.[33]

Aquilo que repetimos constantemente acaba produzindo em nós determinados hábitos e governando nossas ações. Lembro-me, por exemplo, do tempo em que eu estudava no então chamado primeiro grau. Toda terça-feira, hasteávamos a bandeira do Brasil e

---

32 SMITH, James K. A. *Imaginando o reino:* a dinâmica do culto. São Paulo: Vida Nova, 2019. p. 102-105.
33 SMITH, 2019, p. 117.

cantávamos o hino nacional. Essa liturgia criou em nós um sentido de pertencimento à nação brasileira muito antes de estudarmos a história do Brasil ou disciplinas como Educação Moral e Cívica. O mesmo se dá na igreja: participar de cultos e atos de adoração em que a história da salvação é celebrada toda semana produz em nós uma percepção da realidade do mundo e de Deus antes mesmo de nos debruçarmos sobre a doutrina. Por isso James Smith denomina a pessoa humana como *homo liturgicus*.[34]

Enfim, os seres humanos têm corpos inseridos no tempo — ou seja, na história — e em um espaço no qual o poder estético das narrativas e das poesias domina a imaginação humana. Isso toca em nossos sentimentos mais profundos. Trata-se de uma sintonia corporal mais estética que dedutiva governando o "ser no mundo". Remetendo ao filósofo Alasdair MacIntyre, Smith observa que não se pode responder à pergunta "O que devo fazer?" sem responder antes à questão "De qual história faço parte?". As histórias que vivemos ou que nos contaram fornecem o mapa no qual nos situamos no universo. Elas nos proporcionam uma percepção da realidade e de seu significado. Logo, a imaginação pré-consciente torna-se o cerne da ação humana, razão pela qual as narrativas ocupam lugar central em nossas vidas.[35]

Disso decorre a primazia da metáfora na compreensão do mundo, o que liga o *homo liturgicus* à questão do *homo symbolicus*, abordada no início deste capítulo. "A metáfora é um tipo de associação ou analogia por meio da qual entendemos uma coisa com base na outra."[36] A metáfora produz sentidos a partir de um excesso de sentidos que a pessoa capta sem ser capaz de expressar. Por isso, a soma metafórica é maior do que as partes analíticas. Como a metáfora não é clara, ela se presta especialmente à estética e, muito particularmente, à arte.[37] Associando essas ideias, James Smith afirma que as pessoas não escolhem seus desejos; eles

---

34 SMITH, 2018, p. 39.
35 SMITH, 2019, p. 130-131.
36 SMITH, 2019, p. 140.
37 SMITH, 2019, p. 140-141.

CAPÍTULO 2: A HERMENÊUTICA

são formados como hábitos, o que as faz imaginarem seu lugar no mundo — imaginação que é mediada pelo corpo. As pessoas vivem pelo que é produzido em sua imaginação, constituída de histórias, imagens e metáforas. O ser humano é um "animal historiado", que age no mundo como personagem, e não como um observador frio e impassível da realidade.[38]

Não somos seres espirituais desencarnados que apenas observam o mundo. Nossos cérebros não estão pairando na transcendência, livres de seu próprio contexto e de sua experiência de vida. Pelo contrário, estamos cravados na história — e em uma história própria de cada um, inserida no todo da cidade, do estado e do país em que cada um vive.

Desse entendimento, emerge a relação do pensamento de Smith com Paul Ricoeur. Este associou a metáfora à narrativa para alcançar o cerne imaginativo da existência humana. Para Ricoeur, resolver o mistério da existência encarnada significa adotar o ritmo de um drama (abordaremos isso na próxima seção). Não apenas no nível da linguagem, pois Ricoeur entende a própria existência em sentido metafórico e poético. Por isso, citando a escritora Joan Didion (1934-2021), Smith lembra que "contamos histórias a nós mesmos para viver". A pessoa humana é feita para a narrativa, alimentada por histórias, pois compreende o mundo de modo narrativo. Por isso, "não posso responder à indagação 'O que amo?' sem (pelo menos implicitamente) responder à questão 'Em que história creio?'. Contamos histórias a nós mesmos para viver".[39]

A partir do entendimento de que o ser humano é historiado, forjado por narrativas que produzem um hábito individual e coletivo, entende-se a importância das liturgias — sagradas, cívicas ou sociais. As liturgias são rituais de preocupação suprema, que formam identidade e inculcam visões da boa vida. As práticas humanas sociais mais densas, coletivamente comemoradas, têm o objetivo de formar identidades e modelar o desejo das pessoas.

---

38 SMITH, 2019, p. 149-150.
39 SMITH, 2019, p. 152-154.

É o que acontece, por exemplo, nas comemorações da pátria, nos rituais pré-jogo das partidas de futebol, nas cerimônias de formatura de uma universidade — enfim, todo um universo simbólico exaustivamente explorado pelas variadas instituições de uma sociedade, do governo nacional à escola do bairro. Isso ocorre porque o que se deseja é alvo de lealdade e devoção. Os rituais ensinam o que se deve venerar e como exercer a devoção na forma de hábito corporal. Como Smith afirma, "as liturgias são práticas rituais que funcionam como pedagogias do desejo supremo".[40]

+ + +

Vamos resumir o que abordamos a respeito do caráter litúrgico da experiência humana. Os seres humanos são marcados mais por afetos do que por racionalidade. Isso significa que somos seres que amam, e esse amor está direcionado a algo relacionado ao "bem viver". Como seres que amam, temos uma ideia do que é ser feliz, e essa ideia já vem impressa em nós como uma pré-compreensão do mundo, que é coletiva e construída por narrativas, as quais, por sua vez, são constituídas de mitos e símbolos. Tais narrativas são transmitidas por meio de liturgias, cívicas, sociais ou religiosas. As liturgias operadas em igrejas, instituições educacionais, empresas ou Estados nacionais, para citar alguns exemplos, contribuem para articular o universo simbólico em torno de narrativas, produzindo desejo em seus participantes.

O caráter narrativo da experiência humana

Na seção anterior, apenas toquei na questão narrativa; agora vamos aprofundar esse tema.

A experiência humana na temporalidade do mundo é confusa. Os acontecimentos de nossa vida são esparsos e destituídos de sentido próprio. Como compreender os fatos de uma existência? Como explicar certos sofrimentos e pesares que afligem nosso coti-

---

40 SMITH, 2018, p. 88.

CAPÍTULO 2: A HERMENÊUTICA   69

diano? Alguém pode ter uma vida estável, uma família estruturada e ser realizado no trabalho até o dia em que sai de férias, sofre um acidente e perde os familiares. Tudo vira de cabeça para baixo. Mas pensemos em algo menos dramático. Se olharmos para o passado, para todas as encruzilhadas pelas quais passamos, para as decisões tomadas, os erros e acertos, vemos um mar de caminhos que nos trouxe até o ponto em que nos encontramos. E onde entra o acaso? Se você conheceu seu cônjuge em uma viagem de ônibus, já parou para pensar em que medida o acaso definiu sua família? Como articular esses acontecimentos?

Para Paul Ricoeur, o texto é o veículo da reflexão humana para responder a essa crise. O filósofo refletiu sobre o texto e suas potencialidades tomando emprestado o conceito de *intriga* (*mythos*) da *Poética*, de Aristóteles (384-322 a.C.). Segundo Ricoeur, a intriga é central como obra de "síntese do heterogêneo": ela "toma conjuntamente"; em uma história completa, ela integra acontecimentos múltiplos e dispersos, esquematizando uma significação inteligível vinculada à narrativa como um todo.[41] Isso significa que, quando escrevemos uma história, quando narramos algo, organizamos os acontecimentos individuais e damos sentido a cada um deles dentro de um conjunto maior. Lembre-se de que esse também é o primeiro significado de "mito", abordado no capítulo anterior: uma narrativa com início, meio e fim.

Em Ricoeur, o espaço da vivência humana (ou seja, o tempo) é o centro do problema. A tese permanente de Ricoeur é que a especulação filosófica sobre o tempo é uma "ruminação inconclusiva" cuja única possibilidade de réplica ou solução é a atividade narrativa.[42] O ato de narrar organiza o caos da experiência humana no tempo porque é apenas na composição poética de um texto que se torna possível configurar começo, meio e fim. Quando contamos uma história, o começo não é marcado pela ausência de um precedente

---

41 RICOEUR, Paul. *Tempo e narrativa:* a intriga e a narrativa histórica. São Paulo: WMF Martins Fontes, 2010, v. 1, p. 2
42 RICOEUR, 2010, v. 1, p. 16.

(ou seja, de algo que aconteceu antes), mas pela ausência da necessidade de uma sucessão (ou seja, o que aconteceu antes não precisa ser contado para entender a história). O mesmo vale para o final. Diferente daquilo que experimentamos em nossa vida, na intriga a ação tem limite. O autor de um romance tem de começar em algum momento e terminar em outro. Isso significa que o tempo narrado é o tempo da obra, e não o tempo dos acontecimentos do mundo. Esses continuam independentes da obra, sendo incontáveis tanto para o passado como para o futuro. Então, em um texto, a dinâmica do tempo "para trás ou para frente" é excluída, pois a unidade dramática de uma narrativa se caracteriza por ser uma ação una.[43] Como conclui Ricoeur, "compor intriga já é fazer surgir o inteligível do acidental, o universal do singular, o necessário ou o verossímil do episódico".[44]

Organizamos o caos humano da existência ao contarmos uma história, dando-lhe um começo, meio e fim — ou seja, atribuindo-lhe um sentido. Por isso, "o tempo torna-se tempo humano na medida em que está articulado de modo narrativo, e a narrativa alcança sua significação plenária quando se torna uma condição da existência temporal", afirma Ricoeur.[45] Ou seja, os seres humanos organizam o caos dos acontecimentos da vida ao contarem histórias e darem um sentido ao que não parece ter sentido diretamente observável na realidade.

Deixe-me dar um exemplo pessoal. Participei de muitos retiros e congressos, tanto da igreja como da academia ou de natureza social. Esses encontros estão mergulhados no caos da existência e não têm um significado em si. Estão lá para ser eventualmente resgatados da minha memória. Entretanto, se eu contar a história da minha vida com Cristo, tenho de demarcar um início. Nesse caso, o marco inicial seria um retiro de adolescentes em janeiro de 1985, quando me converti, seguindo o apelo do preletor. Para

---

43 RICOEUR, 2010, v. 1, p. 70-71.
44 RICOEUR, 2010, v. 1, p. 74.
45 RICOEUR, 2010, v. 1, p. 93.

CAPÍTULO 2: A HERMENÊUTICA   71

contar a história da minha conversão, extraí um retiro do caos dos
acontecimentos da minha vida e dei a ele uma função narrativa em
uma história maior, a história da minha vida cristã. Por outro lado,
se a pauta for outra história, aquele retiro deixa de ser um marco.
Ele volta para o caos. Se eu contar a história do meu casamento, o
início seria um retiro da minha igreja, em outubro de 2000, no qual
conheci a Eliana, com quem me casaria quatro anos depois. Nesse
exemplo, outro retiro marca o início da minha narrativa, porque a
história a ser contada não é mais a mesma — agora falo da família
que constituí com minha esposa. É dessa forma que as narrativas
organizam o caos.

Mas, afinal de contas, por que tenho de contar essas histórias?
Porque a própria experiência da vida demanda narrativas. Cotidianamente, falamos de "histórias ainda não contadas". O psicólogo
procura fazer com que seu paciente conte suas histórias vividas,
seus sonhos e frustrações. Por isso a prática psicanalítica consiste,
justamente, em trazer à luz as histórias não narradas, fazendo uma
espécie de organização do pensamento na direção de histórias efe-
tivas, as quais o sujeito pode assumir e fazer com que constituam
sua identidade pessoal. Essa busca de identidade pessoal garante
a continuidade entre a "história potencial" e a história expressa
por meio de palavras. E, uma vez organizada na mente, a pessoa
pode responsabilizar-se por si mesma.[46] Posso tomar as rédeas da
minha vida se conseguir compreender minhas histórias — saber,
por exemplo, por que reajo de determinada maneira, ou entender
como meu passado constituiu aquilo que sou hoje. Como Ricoeur
conclui:

> Contamos histórias porque, afinal, as vidas humanas precisam e merecem ser
> contadas. Essa observação ganha toda a sua força quando evocamos a neces-
> sidade de salvar a história dos vencidos e dos perdedores. Toda a história do
> sofrimento clama por vingança e pede narração.[47]

---

46 RICOEUR, 2010, v. 1, p. 128.
47 RICOEUR, 2010, v. 1, p. 129.

Os seres humanos necessitam contar histórias e conhecer histórias, razão pela qual a experiência literária nunca é exclusivamente individual. Trata-se de uma construção coletiva que atravessa o espaço e o tempo, pois os leitores não precisam conhecer nem estar próximos dos autores dos textos, cujas obras poderão ser lidas séculos e até milênios depois de sua composição.

A tripla mímesis

De que forma ocorre a articulação narrativa que organiza o tempo humano? Como um autor concebe seu texto e como ele é recebido pelo leitor? Para explicar essa relação, Paul Ricoeur toma o conceito de *mímesis*, que Aristóteles descreve em sua *Poética*. Mímesis é a arte de imitação da realidade executada pelos poetas em suas obras literárias, como a epopeia, a tragédia e a poesia.[48] Entretanto, não se engane com a palavra "imitação", que nos soa como algo inferior. A mímesis é uma imitação de uma *práxis*, tendo, por isso, o sentido tanto de simulação como de emulação. Como emulação, ela segue um referencial, mas em um processo de aperfeiçoamento. É como o mestre que tem um aluno que, um dia, provavelmente o superará. Ou seja, a mímesis funciona como "uma reprodução do real capaz de superá-lo e, nessa superação, modificá-lo e recriá-lo".[49] Assim, partindo do conceito inicial do filósofo grego, Ricoeur observa que a mediação entre realidade e aquilo que narramos acontece em três momentos de "imitação", os quais ele denomina de mímesis I, mímesis II e mímesis III.

A *mímesis I* é a pré-compreensão do mundo. Por mais inovador que seja o ato da escrita, toda intriga está enraizada na pré-compreensão do mundo da ação: suas estruturas inteligíveis, seus recursos simbólicos e seu caráter temporal procedem do mundo real.[50] Para imitar ou representar uma ação, o autor de um texto

---

48 ARISTÓTELES. *Poética*. Livro I, 2.
49 Marcelo Saldanha elaborou esse conceito a partir do desenvolvimento de Augusto Boal. SALDANHA, Marcelo Ramos. "Um teatro 'não espetacular': para além da catarse colonial". Estudos teológicos, v. 58, n. 2. p. 356-369, jul./dez. 2018,. Disponível em: periodicos.est.edu.br/index.php/estudos_teologicos/article/view/3403. Acesso em: 29 set. 2022, p. 359.
50 RICOEUR, 2010, v. 1, p. 96.

CAPÍTULO 2: A HERMENÊUTICA   73

necessita entender o agir humano, sua semântica, seu simbolismo e sua temporalidade. Tanto poetas como leitores entendem o funcionamento do mundo de determinada maneira. É por meio dessas compreensões prévias que uma intriga será construída. Citando o crítico literário Wolfgang Iser, Ricoeur afirma que, "a despeito do corte que institui, a literatura seria para sempre incompreensível se não viesse a configurar o que, na ação humana, já faz figura".[51] Ou seja, uma intriga (a história narrada) somente pode ser escrita se houver uma compreensão a respeito do mundo, da linguagem, dos símbolos e da noção de tempo comuns à comunidade que narra. Isso é basicamente o que abordamos poucas páginas atrás, ao falar do ser humano como litúrgico, moldado pelo *habitus* coletivo. Então, o primeiro estágio da mímesis reside no entendimento da realidade que o autor e seu próprio contexto têm antes da escrita do texto. Eu não tenho como escrever qualquer história sem antes contar com um conjunto de saberes que me permitam entender o mundo e replicar em forma de texto algo que aconteceu.

A *mímesis II* é o texto propriamente dito, a intriga. Seu caráter fundamental é estabelecer uma função mediadora.[52] A intriga é mediadora em três sentidos: 1) Estabelece uma ponte entre os acontecimentos individuais da realidade e uma história mais ampla, tomando acontecimentos diversos e extraindo deles uma história sensata; ela transforma a simples sucessão de acontecimentos em uma configuração; 2) A intriga une elementos heterogêneos como agentes, objetivos, meios, interações e resultados, e inclui muitos acontecimentos dignos de piedade, peripécias e reconhecimentos, dando um ponto-final ao que, na realidade, não tem fim; 3) Por sua característica temporal própria, a intriga pode ser chamada de "síntese do heterogêneo".[53] Assim, no texto propriamente dito, a realidade é, por assim dizer, "reorganizada" em um fio narrativo, com

---

51 RICOEUR, 2010, v. 1, p. 112.
52 RICOEUR, 2010, v. 1, p. 112. Ricoeur evita o uso da palavra "ficção" para a configuração do texto porque a reservou para abordar a diferença entre a narrativa ficcional e a narrativa histórica. Ele prefere tratar de "composição" ou "configuração", sem colocar em jogo a questão da verdade. O sentido da intriga é o mythos aristotélico, o "agenciamento dos fatos". RICOEUR, 2010, v. 1, p. 113.
53 RICOEUR, 2010, v. 1, p. 114-115.

início, meio e fim coerentes. Ao escrever qualquer história, tomo diversos elementos que não têm relação direta entre si, e os organizo em um texto que faça sentido para mim e para o leitor.

A *mímesis III* é a interseção entre o mundo configurado no texto e o mundo da ação do leitor ou do ouvinte. É a recepção do texto no ato da leitura. Quando o leitor toma o texto para ler, também realiza uma operação de "imitação da realidade", ao interpretar aquilo que está escrito à luz de sua própria compreensão de mundo. O círculo hermenêutico se completa no leitor. Mas isso não significa uma estagnação, como se a mímesis III fosse uma repetição da mímesis I, uma simples reativação da compreensão original do mundo; trata-se de uma espiral sem-fim que faz a mediação passar várias vezes pelo mesmo ponto, mas em uma atitude diferente.[54] Ou seja, a leitura de um texto, principalmente o texto de um passado remoto, retorna constantemente ao mundo original, passando pelo texto fixado, mas a partir de novas circunstâncias e contextos, atualizando sempre seu sentido. Por essa razão, também se estuda a história da leitura e da recepção da obra. Esse é precisamente o tema que abordaremos nas partes dois e três deste livro, ao analisar as hermenêuticas judaica e cristã a partir do texto fundante de ambas as culturas religiosas, a Bíblia hebraica.

A mímesis III, portanto, é fundamentalmente a recepção do texto no ato da leitura. Isso significa que ela opera uma simbiose entre três realidades: a do passado, a do texto e a do leitor. Nenhum texto é apenas expressão poética do passado, mas uma ponte entre o acontecido e o presente construído no ato da leitura. O leitor entra em relação dialética com o texto, conhecendo a história do passado, sendo influenciado por ela e, ao mesmo tempo, influenciando o conteúdo que lê, a partir de sua própria percepção. Acontece, então, que o leitor cria uma realidade baseada na leitura do texto do passado.[55]

---

54 RICOEUR, 2010, v. 1, p. 122-124.
55 ZABATIERO; LEONEL, 2011, p. 22.

CAPÍTULO 2: A HERMENÊUTICA   75

Para exemplificar a relação do texto com a vida dos leitores, tomemos o que C. S. Lewis (1898-1963) afirmou a respeito dos literatos, pessoas habituadas e dedicadas à leitura, e que o fazem com
prazer. A experiência de leitura do literato é tão marcante que pode
ser comparada à vivência do amor, da religião e do luto. "Toda a experiência deles é mudada. Eles já não são mais os mesmos."[56] Você
não tem essa sensação? Depois de ler um livro excelente, parece
que sua percepção do mundo foi ampliada? Isso significa que seu
mundo mudou.

Aplico, a seguir, uma tabela que sintetiza de que forma ocorrem
as três "imitações da realidade" no ato de escrita e leitura de qualquer texto.[57]

mímesis I	mímesis II	mímesis III
Prefiguração narrativa	*Configuração literária*	*Refiguração narrativa*
A pré-compreensão da narrativa da vida e de sua experiência temporal	Composição da intriga narrativa em um *mythos* criador, o texto	Apropriação da intriga pelo leitor, que a aplica à intriga de sua existência

Portanto, em todo texto há três momentos de mediação entre a
realidade e o narrado, ou três mímesis: a primeira ocorre na percepção, ou pré-compreensão, do autor sobre a realidade antes de
escrever, compreensão que nunca é apenas individual (como o *habitus*, visto acima); a segunda é o próprio texto escrito em sua estrutura literária; e a terceira está na recepção, ou seja, na maneira
de o leitor inserir a leitura em sua própria realidade. Tome-se como
exemplo a Bíblia: o primeiro momento está na maneira que o escritor enxergou o mundo e entendeu a ação de Deus, que alguns
chamariam de "cosmovisão"; o segundo está na própria escrita do
texto, marcada pelo uso de recursos literários para compor a intriga, produzindo uma história sensata (como expliquei ao abordar
o caráter literário da Bíblia); e o terceiro acontece quando o leitor

---

56 LEWIS, Clive Staples. *Um experimento em crítica literária*. Rio de Janeiro: Thomas Nelson, 2019. p. 11.
57 Tabela baseada em GRONDIN, 2015, p. 96.

toma o texto bíblico em mãos e o interpreta no contexto e na realidade para aplicar à própria existência.

O entrecruzamento de narrativas históricas e ficcionais

O processo de leitura é um ato um tanto "democrático", por assim dizer. As pessoas não leem apenas romances, contos e outros gêneros ficcionais. Elas também consomem obras produzidas pela historiografia — ou seja, textos que têm a pretensão de descrever fatos do passado. Tanto obras de ficção como aquelas produzidas pela ciência dos historiadores fazem parte do universo de experiência dos leitores, entrecruzando seus conteúdos na mímesis III. Em outras palavras: na prática, os romances inventados, bem como os textos historicamente comprovados, fazem parte da experiência literária. A Grécia Antiga entrou em minha vida por meio da ficção *Ilíada*, de Homero, e também pela obra historiográfica *As origens do pensamento grego*, de Vernant.

Entretanto, não é apenas no momento final da recepção que ocorre a integração entre texto ficcional e texto historiográfico. Existe um entrecruzamento anterior, na própria configuração literária (mímesis II), que ocorre em ambos:

> Por entrecruzamento entre história e ficção, entendemos a estrutura fundamental, tanto ontológica como epistemológica, em virtude da qual a história e a ficção só concretizam suas respectivas intencionalidades tomando de empréstimo a intencionalidade da outra.[58]

Como bem aponta Ricoeur, os autores de história e os de ficção tomam emprestadas técnicas uns dos outros na escrita de seus próprios textos. Isso significa que a organização de fatos em um enredo, bem como a tripla mímesis, ocorre nos textos históricos e ficcionais. A narrativa historiográfica também começa na pré-compreensão da realidade (mímesis I), configura uma narrativa (mímesis II) e conclui seu sentido quando o leitor lê a obra (mí-

---

58 RICOEUR, Paul. *Tempo e narrativa: O tempo narrado*. São Paulo: WMF Martins Fontes, 2010, v. 3. p. 311.

CAPÍTULO 2: A HERMENÊUTICA   77

mesis III).[59] Enfim, os acontecimentos históricos não diferem radicalmente daqueles organizados em qualquer intriga, mesmo que
ficcional.[60] Tanto as configurações das narrativas históricas como as
de ficção são rigorosamente paralelas, vertentes da mesma arte de
compor intrigas.[61]

Isso significa que a narrativa da história passa por um processo
de "ficcionalização" ao estabelecer uma intriga. Isso acontece quando os historiadores criam instrumentos conectores entre o tempo
vivido e o universal, demonstrando a função poética da história na
solução das aporias do tempo.[62] Trata-se do princípio que abordei
anteriormente: uma vez que os acontecimentos do cotidiano estão
mergulhados no caos, os historiadores os resgatam e os inserem em
uma narrativa que faça sentido, que tenha início, meio e fim. Eles
fazem isso basicamente por meio de três "conectores do tempo".
Primeiro, inventando *calendários*, imaginando um "ponto zero"
para contar sua história. Os cristãos fizeram isso, por exemplo, ao
contarem o tempo a partir do nascimento de Cristo; os historiadores o fazem para delimitar sua narrativa, que, de outro modo,
seria infinita. Segundo, os historiadores elaboram *sequências de
gerações*, a ideia de que as gerações mais antigas trabalharam em
prol das mais recentes, originando o "progresso" de povos e nações. Isso acontece em toda história que se conta sobre um país. E
terceiro, criaram a *noção de vestígio*, ou seja, tomam documentos e
resquícios antigos como prova da narrativa que apresentam sobre
o passado.[63] Interessante é que, na verdade, o vestígio é mudo; o
historiador é quem o "faz falar" em sua análise.[64] Além disso, os
historiadores também imitam as técnicas de escrita dos autores de
ficção. Grandes obras históricas vieram a ser clássicas não tanto por
suas propriedades científicas, mas pela adequação à arte retórica.

---

59 RICOEUR, 2010, v. 1, p. 153.
60 RICOEUR, 2010, v. 1, p. 342.
61 RICOEUR, 2010, v. 2, p. 271.
62 RICOEUR, 2010, v. 3, p. 176.
63 RICOEUR, 2010, v. 3, 181-212.
64 Como bem demonstra PROST, Antoine. *Doze lições sobre a história*. Belo Horizonte: Autêntica, 2008.
p. 75-6.

Afinal, uma obra pode ser, ao mesmo tempo, um livro de história e um romance admirável.[65]

Note bem: Ricoeur não está afirmando que os historiadores simplesmente inventam a história, mas que usam recursos da ficção para construir suas narrativas, a fim de contar aquilo que descobriram ter ocorrido.

Vamos prosseguir com outros elementos de ficção que aparecem no texto dos historiadores. Os recursos ficcionais também são acionados quando uma comunidade considera determinado acontecimento marcante e vê nele a origem de algo. Esses acontecimentos são usados para construir a identidade do grupo e de seus membros. Em geral, o historiador não deve nutrir vínculos emocionais com seu objeto de estudo, mas, em acontecimentos próximos, a neutralidade ética não se torna nem possível nem desejável. O exemplo máximo dessa atitude está na maneira em que o Holocausto judaico foi tratado desde o final da Segunda Guerra Mundial. Há acontecimentos tão terríveis que nunca devem ser esquecidos — o horror vivido deve ser tornado incomparável, único. É o que acontece na memória do Holocausto. Como a ficção individualiza o horror? Pela capacidade de trazer a ilusão da presença, dando olhos horrorizados ao narrador, olhos para ver e chorar. Não basta ao historiador narrar aquele episódio de maneira neutra; ele deve mostrar a monstruosidade que foi. Esse empenho pode ser visto amplamente na literatura do Holocausto e até mesmo nos monumentos, que nos colocam dentro de Auschwitz, por exemplo, e na contagem de mortos. Afinal, foram executados seis milhões de judeus. A ficção está a serviço do inesquecível, permitindo que a historiografia se iguale à memória.[66] Mais adiante, abordaremos a importância narrativa do Holocausto no Estado de Israel, tão relevante para seu nacionalismo quanto as narrativas bíblicas.

Os autores de ficção, por sua vez, também adotam recursos das narrativas históricas para construir seus textos. Para Ricoeur, nar-

---

65 RICOEUR, 2010, v. 3, p. 318-319.
66 RICOEUR, 2010, v. 3, p. 319-323.

CAPÍTULO 2: A HERMENÊUTICA   79

rar qualquer coisa é narrar como se a intriga tivesse sido realizada no passado. Primeiro na ordem gramatical, pois as narrativas são contadas em um tempo passado, como no "era uma vez...". Entretanto, mesmo quando os autores de ficção não usam o tempo verbal do passado, os acontecimentos relatados em uma narrativa ficcional são fatos passados para a voz narrativa, pois ela conta o que para ela aconteceu. Esse é um elemento de característica histórica tomado por empréstimo pela ficção.[67] Eu mesmo já escrevi muitos contos futuristas distópicos. Eram totalmente imaginários: personagens, locais, acontecimentos. Mas, antes de escrever, imaginei o enredo e contei a história com total conhecimento dela. A narrativa pode ser composta pelo tempo verbal passado, presente ou mesmo futuro, mas ela já aconteceu em minha mente e eu a conto sob a perspectiva que me foi passada.

O "como se passado" é importantíssimo na construção da ficção porque é a regra de ouro da composição da intriga em Aristóteles: o narrado tem de ser provável ou necessário. A história cuida do passado efetivo (o que, de fato, ocorreu), enquanto a poesia — ou a ficção — encarrega-se do possível (coisas que não aconteceram, mas que fariam sentido se tivessem acontecido). Ora, a probabilidade tem relação com esse "quase passado", que poderia ter acontecido, mas não aconteceu. O possível é persuasivo porque o provável deve ter verossimilhança com o "ter-sido". O caráter "quase histórico" da ficção pode exercer função libertadora porque detém os possíveis escondidos no passado efetivo. O "poderia ter acontecido" abarca tanto as potencialidades do passado real como os possíveis irreais da ficção. Mas não pense que o autor de ficção seja absolutamente livre para inventar; a ficção, embora não precise apresentar uma prova documental como a história, está presa no quase passado pela imposição do verossímil.[68] Tanto a narrativa histórica como a de ficção estão limitadas: a história, pela necessidade de apresentar o real com uma prova; a ficção, pela verossimilhança do que poderia ou não acontecer.

---

67 RICOEUR, 2010, v. 3, p. 323-325.
68 RICOEUR, 2010, v. 3, p. 326-327.

Quando o imaginário reformula o mundo

A análise do teórico literário Wolfgang Iser (1926-2007) é útil para pensar a relação da ficção com a realidade histórica. Ele define tal relação a partir de uma composição tríade que envolve real, fictício e imaginário. Para ele, o texto ficcional não é totalmente baseado na realidade, tampouco uma invenção completa. Isso seria impossível. A ficção apresenta muita realidade, tanto de ordem social como sentimental e emocional — afinal, os autores determinam contextos e selecionam materiais para escrever, e isso não sai do vazio. Entretanto, um texto ficcional se refere à realidade sem se esgotar nela, realizando um "ato de fingir" que a extrapola, fazendo emergir um imaginário que não estava presente na realidade representada. Com isso, o ato de fingir do texto (que Ricoeur chama de mímesis II) ganha características próprias, pois realiza uma repetição da realidade, ao mesmo tempo que oferece ao imaginário uma configuração concreta, em que a realidade repetida se transforma em signo, e o imaginário, em efeito do referido. Em outras palavras, o imaginário ganha uma determinação e uma concretude que, na realidade, não tem. Assim, os limites são ultrapassados: a realidade é transgredida ao ter seus dados desvinculados da referência original, enquanto o imaginário é transgredido ao ganhar existência na forma de um texto. Essa operação tem resultados significativos, pois cria condições para que o mundo seja reformulado, compreendido e experimentado de maneiras diferentes das anteriores. [69]

A transgressão de limites entre o real e o imaginário, realizada pela ficção, possibilita que o mundo seja compreendido de forma diferente pelo leitor, trazendo outras possibilidades para a realidade. Com isso, desaparece a simples oposição entre ficcional e real. A própria ficção pode estimular ou produzir uma situação antes ausente. Lembre-se de que tratamos de algo semelhante no primeiro capítulo, quando pensamos na Bíblia como fonte de uma imaginação alternativa . Como aponta o teólogo Claude Geffré,

---

69 ISER, A. Wolfgang. *O fictício e o imaginário:* perspectivas de uma antropologia literária. Rio de Janeiro: EdUERJ, 1996. p. 14-16.

CAPÍTULO 2: A HERMENÊUTICA

> a ficção não deixa de ter referência com o real, pois, graças aos recursos da metáfora e do símbolo, ela transfigura a realidade cotidiana e desperta possibilidades inéditas quanto à experiência humana comum. Portanto, não se pode dizer que o relato de ficção não tem relação com a experiência do real. De certa maneira, o relato de ficção é mais real do que a história anedótica comum dos indivíduos, pois ele nos faz penetrar mais profundamente no enigma da existência humana.[70]

Por isso, tanto relatos de história como de ficção remetem a um mundo textual cuja apropriação conduz o leitor a uma nova compreensão de si mesmo. Isso pode significar que tanto história real como fictícia são verdadeiras, pois "abrem novos possíveis do ser humano".[71]

Ricoeur afirma que a ficção possibilita, no cotidiano, novas formas de "ser no mundo", visando ao ser na modalidade do "poder--ser", pois são as variações imaginativas da literatura que operam as metamorfoses na realidade.[72] O leitor de um texto está fundamentalmente "distante" do autor e de seu contexto. Essa distância entre autor e leitor, intermediada pelo texto, é própria a qualquer situação narrativa envolvendo leitura. Por isso, ao ler obras de ficção, os leitores se apropriam de uma proposta do mundo que não está *atrás do texto*, ou seja, no mundo do autor que originou o texto, mas *diante do texto*, como algo que a obra descobre no mundo do leitor. Disso, deriva que o leitor se expõe ao texto e recebe dele um "eu mais vasto".[73] Por isso, os textos não permanecem reclusos em uma experiência puramente mental. Tudo o que lemos nos impacta de alguma maneira. Segundo Wolfgang Iser, há uma interação dinâmica entre o texto e o leitor durante o processo de leitura, pois signos e estruturas textuais têm a "capacidade de estimular atos no decorrer dos quais o texto se traduz na consciência do leitor".[74] Quantas vezes você não ficou impactado ao terminar um bom livro ou filme? Não ficou meditando em algo que o emocionou, ou

---

70 GEFFRÉ, 2004, p. 58.
71 GEFFRÉ, 2004, p. 59.
72 RICOEUR, Paul. *Del texto a la acción*: ensayos de hermenéutica II. México: Fondo de Cultura Económica, 2002. p. 108.
73 RICOEUR, 2002, p. 109.
74 ISER, Wolfgang. *O ato da leitura*: uma teoria do efeito estético. São Paulo: Editora 34, 1999, v. 2. p. 10.

provocou aquele novo entendimento que abriu sua mente a novas ideias?

Portanto, em se tratando de textos, minha prioridade não está em procurar determinar em cada texto o que é realidade ou ficção, separando rigidamente tais esferas, mas em traçar relações entre elas, ou seja, em saber como elas se fecundam mutuamente. Voltando a Ricoeur:

> Para concluir, o *entrecruzamento* entre história e ficção na refiguração do tempo repousa, em última análise, nessa sobreposição recíproca, com o momento quase histórico da ficção trocando de lugar com o momento quase fictício da história. Desse entrecruzamento, dessa sobreposição recíproca, dessa troca de lugares, procede o que se convencionou chamar o *tempo humano*, onde se conjugam a *representância* do passado pela história e as variações imaginativas da ficção, tendo como pano de fundo as aporias da fenomenologia do tempo.[75]

Nossa vida não é composta apenas pelo que acontece conosco. Ela também é composta — e bastante determinada — por aquilo que aprendemos e, muito especialmente, pelo que lemos. Tenha em mente a insistência da tradição cristã na leitura da Bíblia. Essa leitura, especialmente se meditada, acaba resultando em atos. Trataremos isso com mais profundidade nos próximos capítulos. Em relação ao tema analisado aqui, tanto os livros de história, que pretendem operar essencialmente na realidade, como os de ficção, que estão relacionados ao caráter imaginativo da produção humana, compõem nossa experiência no tempo, o que Ricoeur chama de "tempo humano". Os personagens ficcionais estimulam nossas ações tanto quanto os reais porque tratam da realidade essencial de nós mesmos.

---

75 RICOEUR, 2010, v. 3, p. 328.

Resumindo a contribuição da hermenêutica filosófica

Vamos relembrar o que vimos a respeito da hermenêutica filosófica, a qual nos auxiliará a compreender o processo de formação das culturas judaica e cristã. Primeiro, vimos como a experiência humana é marcada por seu caráter simbólico, seja na profundidade da linguagem textual, seja no universo de comunicação visual. Segundo, observamos como a experiência humana é também marcada pelo caráter litúrgico, pois somos regidos muito mais pelos afetos e pelo que foi forjado em nós por meio das liturgias coletivas do que pela racionalidade. E terceiro, analisamos o caráter narrativo da experiência humana, pois contamos histórias (reais ou ficcionais) para entender quem somos. A conclusão disso tudo, o corolário dessas características, é a emergência de identidades narrativas, assunto do próximo capítulo.

Capítulo 3

A IDENTIDADE

A Bíblia é marcada pela diversidade. Talvez por isso mesmo ela transcenda o tempo. Os autores do Novo Testamento leram e interpretaram a Bíblia hebraica ao produzir seus documentos — segundo a tradição cristã, esse processo foi orientado pelo Espírito Santo. O apóstolo Paulo, por exemplo, explorou os textos mais antigos de acordo com as experiências de seu próprio momento e contexto. Por isso, o teólogo John Goldingay acredita que é melhor entender a Bíblia como tendo um significado ligado à origem, mas também contando com um "vasto *potencial de sentido* fora desse contexto quando é lida e usada".[1] Retornamos, portanto, ao tema da grande capacidade de ressonância da Bíblia, abordado no primeiro capítulo.

Voltemos a Ricoeur. Segundo o filósofo, os textos são uma *identidade dinâmica* — ou seja, estão abertos à transformação. Isso acontece por algumas razões: 1) Porque escrever uma intriga é fazer uma síntese do heterogêneo, tirando uma história compreensível a partir de dados variados, tais como acontecimentos, circunstâncias, atores, meios etc.; 2) Porque a capacidade de compreender

---

1   GOLDINGAY, 2020, p. 143.

uma narrativa está mais associada à sabedoria prática ou ao julgamento moral do que à razão teórica; 3) Porque os escritores seguem tradições narrativas que contam com regras fixas, mas que, ao mesmo tempo, estão sujeitas a processos de inovação, o que significa que a identidade de uma obra se equilibra entre a sedimentação e a inovação das técnicas de escrita; 4) Porque a identidade do texto narrativo não se limita ao próprio texto, mas surge na interseção entre o mundo do texto e o mundo do leitor, quando a experiência registrada no texto é atualizada na leitura. Assim, o mundo do texto, que traz um horizonte de experiência possível aos leitores, encontra o mundo do leitor, no qual a ação real acontece. Então, o texto comunica, além do seu significado interno, um mundo projetado e um horizonte constituído.[2]

Os textos ganham novos sentidos à medida que avançam para outras épocas e outros contextos. Essa identidade dinâmica de um texto (ou potencial de sentido produzido) implica a pluralidade da interpretação. Não há como controlar a maneira de um texto ser compreendido. Em termos teóricos, consideramos a ideia de pluralismo muito bonita e, eventualmente, defendemos que há formas diferentes de compreender um texto — mesmo em nossas igrejas. Entretanto, quando a pluralidade acontece na prática, acabamos fazendo sérias ressalvas. Alguma compreensão mútua, ou seja, alguma interpretação semelhante da Bíblia, deve acontecer para manter a unidade de nossas comunidades. Há aspectos indesejáveis da dispersão de sentido rumo ao infinito. Procuramos evitar tal dispersão, razão pela qual nossas tradições fixaram limites de interpretação, criados pelos credos e sistemas doutrinários. Como afirma Ricoeur:

> Nunca escondi minha convicção de que um pluralismo de interpretação não constitui um defeito, mas uma riqueza para a hermenêutica bíblica. O caráter inesgotável da mensagem bíblica encontra sua verificação nas ramificações da interpretação. É o momento de lembrar as palavras de Gregório Magno: "A Escritura crê com seus leitores". As barreiras à disseminação encontram-

---

2   RICOEUR, 2006, 117-129.

CAPÍTULO 3: A IDENTIDADE   87

-se nesse papel estruturante exercido pela vida comunitária eclesial. Que não
tem equivalente em filosofia: uma comunidade histórica interpreta-se a si
mesma interpretando o tesouro de sua Escritura. É dessa maneira que as comunidades de leitura e de interpretação se constituem: sem ser redutíveis a
uma unidade, não correm o perigo de uma dispersão infinita.[3]

Ou seja, o que impede que o texto bíblico seja disperso em interpretações sem-fim e incoerentes entre si são as próprias comunidades que se reúnem e se debruçam sobre esse texto, vivendo a fé
derivada do ouvir a Palavra de Deus. Assim, o texto bíblico emerge
como a base fundante de incontáveis comunidades interpretativas. Elas absorvem suas narrativas, interpretam-nas e dão sentidos
muito específicos de acordo com suas próprias experiências.

Isso significa que as "comunidades de sentido" delimitam a interpretação, que pode ser bastante diferente da leitura de outra comunidade, mesmo que ambas tenham origem em bases completamente bíblicas. Vejamos dois temas caros à tradição cristã: batismo
e milênio. No caso do batismo, os mesmos textos bíblicos condu-
zem a interpretações bastante diferentes, pois temos igrejas que batizam bebês, enquanto outras batizam apenas adultos (ou pelo menos pessoas que tenham consciência da decisão tomada). O modo
do batismo também varia, seja por imersão, seja por aspersão. As
justificativas de cada interpretação estão sempre comprometidas
com a Bíblia, mas, ao mesmo tempo, decidindo o que os textos sig-
nificam para as próprias comunidades. Em relação ao milênio, as
opiniões se dividem radicalmente entre os sistemas literais ou simbólicos. Também nesse caso, as comunidades interpretam os textos
de forma criativa, trazendo sentidos diferentes, validados em razão
de suas próprias histórias.[4]

Tal variedade interpretativa do texto não acontece apenas por
diferença intelectual. Especialmente ao se tratar de texto bíblico, é
uma questão existencial. As comunidades interpretativas constroem ou reforçam suas próprias identidades por meio da narrativa.

---

3   RICOEUR, 2006, p. 99.
4   Essas interpretações de sentido podem ser verificadas em KLEIN, William W.; HUBBARD JR., Robert
L.; BLOMBERG, Craig L. *Introdução à interpretação bíblica*. Rio de Janeiro: Thomas Nelson Brasil, 2017. p.
335-347.

A configuração de identidades narrativas individuais e coletivas

Segundo a cientista política Hannah Arendt (1906-1975), quando se quer conhecer alguém recém-chegado, pergunta-se: "Quem és?". Esse "quem" está implícito tanto nas ações como no discurso, manifesto em palavras. A ação não funciona sozinha; ela deixa de ser ação se estiver desprovida de discurso, pois não teria um ator. Embora qualquer ato possa ser percebido apenas como manifestação física, ganha sentido apenas por meio da palavra dita pelo ator, que identifica, anuncia o que fez, faz e pretende fazer. Por isso, as pessoas mostram quem são e revelam suas identidades pessoais por meio de atos do corpo e do som da voz. Essa revelação do "quem" — diferente de "o que" alguém é, aferido por seus dons, talentos e defeitos — está implícita em tudo o que se diz ou faz.[5] Ou seja, você será identificado não apenas pelo que faz, mas também pelo que diz a respeito do que faz. Esse me parece ser exatamente o ponto da pregação cristã: nós temos uma forma de agir que demonstra sermos cristãos, mas isso apenas se completa no momento em que proclamamos com a própria voz nossa fé. A enunciação completa o círculo que caracteriza uma identidade: os atos estão intimamente ligados aos discursos. Daí também ser necessária a compatibilidade entre ato e discurso — eles não podem se contradizer, o que levaria à acusação de hipocrisia.

Essa percepção de Arendt foi determinante para Paul Ricoeur elaborar sua tese das identidades narrativas nas conclusões de *Tempo e narrativa*. A atividade mimética da narrativa acaba por "inventar" um tempo com uma dialética própria, baseada não apenas na história ou apenas na ficção, mas no entrecruzamento de ambas, como afirmamos no capítulo anterior.[6] Dada essa peculiaridade, Ricoeur afirma:

---

5   ARENDT, Hannah. *A condição humana*. 10. ed. Rio de Janeiro: Forense Universitária, 2007. p. 191-192.
6   RICOEUR, 2010, v. 3, p. 417.

CAPÍTULO 3: A IDENTIDADE   89

> O rebento frágil proveniente da união da história e da ficção é a *atribuição* a um indivíduo ou uma comunidade de uma identidade específica que podemos denominar sua *identidade narrativa*. "Identidade" é tomado aqui no sentido de uma categoria da prática. Dizer a identidade de um indivíduo ou de uma comunidade é responder à pergunta: *quem* fez tal ação? *Quem* é seu agente, seu autor? Para começar, responde-se a essa pergunta nomeando alguém, isto é, designando-o por um nome próprio. Mas qual é o suporte da permanência do nome próprio? O que justifica que se considere que o sujeito da ação, assim designado por seu nome, é o mesmo ao longo de toda uma vida que se estende do nascimento até a morte? A resposta tem que ser narrativa. Responder à pergunta "quem?", como disse claramente Hannah Arendt, é contar a história de uma vida. A história contada diz o quem da ação. *Portanto, a identidade do quem não é mais que uma identidade narrativa.*[7]

Dizer o "quem" de um ato é contar sua história. Se alguém me perguntar "Quem é você?", não basta responder que sou André Reinke. Vou contar que estudei *design*, história e teologia. Só isso desperta uma curiosidade. "Como assim? Como aconteceu essa mistura? Trocou de área? Somou as áreas?" Enfim, não há como explicar quem eu sou apenas citando profissões. Tenho de narrar de que forma cheguei a essa condição, ou seja, tenho de contar histórias.

Isso também significa que esse "quem" está em processo de construção. O André que estudou *design* em Santa Maria quando era rapaz não é o mesmo André que está criando filhos pequenos aos 50 anos. A história da vida de uma pessoa não cessa de se reconfigurar. E o mais interessante nesse processo de construção identitária é que ela não acontece apenas por meio dos acontecimentos (ou fatos históricos), mas também das histórias inventadas (as ficções). Eu construo a mim mesmo tanto por meio de histórias verdadeiras como pelas ficcionais, porque sou impactado pelo que vivi e também pelos filmes a que assisti ou pelos livros que li. Se chorei em um filme ficcional, é porque ele me impactou concretamente e algo mudou em mim.

---

7   RICOEUR, 2010, v. 3, p. 418.

A identidade narrativa e Israel

A própria vida é uma rede de histórias narradas. Isso vale tanto para o sujeito individual como para as comunidades. Ambos recebem as narrativas que se constituem sua história efetiva, o que significa uma aplicação tanto na subjetividade individual como na história das culturas. Um sujeito se reconhece a partir da história que conta a respeito de si mesmo. É isso que acontece com as pessoas em uma sessão de psicanálise, quando elas contam ao psicólogo histórias a respeito de si mesmas, reconhecendo-se a partir delas. No caso de coletivos sociais, por exemplo, quem faz esse trabalho é o historiador, quando toma o trabalho de seus predecessores e corrige eventuais falhas ou amplia entendimentos. Acho notável que Ricoeur tenha tomado justamente o Israel bíblico como exemplo máximo da constituição de uma identidade narrativa.[8] Segundo ele, nenhum povo foi tão apaixonado pelas histórias que contou sobre si mesmo quanto Israel. As narrativas que vieram a ser canonizadas na Bíblia hebraica exprimem o caráter do povo que produziu os enredos dos patriarcas, do êxodo, das monarquias, do exílio e do retorno:

> pode-se dizer que foi contando narrativas consideradas testemunhos dos acontecimentos fundadores de sua própria história que o Israel bíblico se tornou a comunidade histórica que leva esse nome. É uma relação circular: a comunidade histórica que se chama povo judeu tirou sua identidade da própria *recepção* dos textos que ela *produziu*.[9]

Israel é um exemplo notável de como um povo constitui uma identidade a partir dos próprios textos que escreve. Demonstrarei esse fato nos próximos três capítulos. No caso de Israel, temos um exemplo de como acontece a relação circular entre os dois polos: o primeiro marcando o caráter; e o segundo, as narrativas que moldam esse caráter. O exemplo ilustra o círculo da tripla mímesis que apresentei na seção anterior, ao tratar da relação entre narrativa e prática. A mímesis III retorna à mímesis I através da mímesis II.

---

8   RICOEUR, 2010, v. 3, p. 419-420.
9   RICOEUR, 2010, v. 3, p. 421.

Ou seja, ao longo do tempo, Israel passou a retocar ou reconfigurar seu entendimento da realidade, de sua identidade e de si mesmo, retomando o texto bíblico escrito pelo próprio povo. Segundo Ricoeur, esse é um círculo saudável: a primeira relação mimética (mímesis I) remete à demanda do desejo humano, pois está na fase pré-narrativa; a terceira (mímesis III) se define pela identidade narrativa de um indivíduo ou de uma comunidade, e essa identidade emergiu justamente na retificação sem fim da narrativa anterior (mímesis II), buscando uma narrativa aprimorada. A identidade narrativa é, portanto, a resolução poética do círculo hermenêutico.[10]

Segundo Ricoeur, é uma solução bela, mas que tem seus limites: 1) a identidade narrativa não é estável, pois sempre se pode tratar a própria vida como um produto de intrigas opostas, o que potencialmente é tanto um problema como uma solução; e 2) a identidade narrativa não esgota a questão da *ipseidade* do sujeito, pois a prática narrativa o leva a exercitar a morada em mundos estranhos a ele.[11] Ou seja, a identidade narrativa nunca esgotará tudo o que um sujeito é, individual ou coletivamente. Somos mais do que aquilo que narramos a respeito de nós mesmos, além de eventualmente produzirmos enganos.

A identidade relacionada ao futuro

Há outro fator importante a lembrar quando falamos de comunidades interpretativas judaicas e cristãs. A identidade de um sujeito (seja individual, seja coletiva) não é constituída apenas por seu passado ou presente, mas também a partir das perspectivas de futuro. Cassirer lembra que todo o desenvolvimento da vida das ideias não deriva tanto das lembranças do passado, mas também das expectativas dirigidas ao futuro. Vive-se muito mais nas dúvidas e nos temores em relação ao futuro do que nas recordações e experiências imediatas.[12] Ricoeur concorda:

---

10 RICOEUR, 2010, v. 3, p. 421.
11 RICOEUR, 2010, v. 3, p. 422.
12 CASSIRER, 1972, p. 92.

Os símbolos que regulam nossa identidade não provêm somente de nosso presente e de nosso passado, mas também de nossas expectativas em relação ao futuro. Abrir-se aos imprevistos, aos novos encontros, faz parte de nossa identidade. A "identidade" de uma comunidade ou de um indivíduo é também uma identidade prospectiva. A identidade está em suspenso. Dela, por conseguinte, o elemento utópico é uma componente fundamental. O que denominamos "nós mesmos" é também aquilo que esperamos e aquilo que ainda não somos.[13]

A identidade de uma pessoa ou mesmo de um povo está vinculada à imaginação e até mesmo à utopia. Isso não significa necessariamente uma forma de escapismo. É claro que a utopia pode produzir algo negativo, que é a patologia da fuga. Mas seu aspecto positivo é a capacidade de constituir algo novo.[14] A imaginação é capaz de aproximar ideologia e utopia através do passado, do presente e do futuro, operando por meio de símbolos. Não se trata de uma passagem simples e direta do passado para o futuro, mas de uma verdadeira expectativa relacionada àquilo que não há no presente. As coisas boas que imaginamos podem fazer parte de nossa realidade, mas ainda não existem. A identidade prospectiva, portanto, está aberta a surpresas e novos encontros, a utopias que transcendem a realidade vivida.[15]

Podemos afirmar que o texto bíblico está repleto de utopias, as quais são chamadas de "profecias" ou "promessas" no contexto da fé judaica e cristã. Como tal, a Bíblia é fonte de identidades construídas sobre projetos de esperança, de olhares para o futuro. Isso é especialmente possível porque o significado de um texto não está confinado ao interior desse texto, mas reside na interseção dele com o mundo dos leitores. É quando a intriga se transfigura e a experiência por ela narrada é atualizada. As narrações bíblicas intensificam os traços das narrações em geral e, como outras narrações religiosas, constituem a identidade da comunidade que não cessa

---

13 RICOEUR, 2017, p. 363.
14 RICOEUR, 2017, p. 34.
15 TAYLOR, George. "Identidade prospectiva", p. 127-148. In.: NASCIMENTO, Fernando; SALLES, Walter. *Paul Ricoeur*: ética, identidade e reconhecimento. São Paulo: Loyola; Rio de Janeiro: PUC-Rio, 2013. p. 129-130.

CAPÍTULO 3: A IDENTIDADE

de contar e recontar seus textos. Então, a Bíblia constrói a identidade narrativa das comunidades que a escrutinam. Lembre-se de que os textos mais importantes da Bíblia são narrativas, o que torna a cristandade uma comunidade de contadores de histórias.[16]

Contamos e recontamos constantemente as histórias fundadoras de nossa fé. A cada Natal e a cada Páscoa, relembramos as narrativas mais importantes do cristianismo: o nascimento de Jesus e sua morte e ressurreição. Isso sem contar as confissões que seguem os calendários litúrgicos durante todo o ano. Em cada data reservada, um acontecimento é celebrado, ou seja, uma história é contada. Essas histórias constituem nossa própria identidade como cristãos.

A identidade a partir do texto bíblico

A título de conclusão de nossa reflexão sobre as identidades narrativas, especialmente as oriundas do texto bíblico, vou tomar emprestado o conceito de story do teólogo Dietrich Ritschl (1929-2018). Ritschl observa que esse termo, na língua inglesa, significa muito mais do que as palavras alemãs *Geschichte* (que é a história como acontecimento) ou *Historie* (a história como ciência). A palavra *story*, em inglês, é uma descrição, verdadeira ou imaginária, de uma sequência de eventos, tendo sentido tão amplo que se pode falar da *story* da física moderna ou da *story* de um país. A mesma palavra pode ser usada para falar de uma experiência do passado contada pela avó aos seus netos, de um conto folclórico totalmente imaginado, de um sonho ou mesmo para designar a opinião de alguém. O que traduzimos como "reportagem", por exemplo, é o que os jornalistas chamam de *story* em inglês, mesmo quando se trata de fato ocorrido e noticiado. Essas *stories* com características tão amplas aparecem na Bíblia com papel importantíssimo.[17]

As *stories*, segundo Ritschl, são figuras linguísticas muito frequentes no texto bíblico. Elas podem ser longas, curtas ou sintetizadoras. Se você pensar em narrativas como o êxodo e o exílio,

---

16 RICOEUR, 2006, p. 290-291.
17 RITSCHL, Dietrich. *Fundamentos da teologia cristã*. São Leopoldo: Sinodal/EST, 2012. p. 24.

94 NÓS E A BÍBLIA

além dos evangelhos, perceberá que as stories podem ser recontadas ou reproduzidas com outras palavras. É o caso dos Evangelhos, por exemplo, que recontam o êxodo na experiência de Jesus Cristo, proclamado na tipologia, que vimos no capítulo 1. Essa característica é poderosa e está atrelada ao conceito de ressonância do texto bíblico, mas não está livre de defeitos, pois pode resultar em distorções, abreviações ou deslocamentos de conteúdo. Por isso, as *stories* também podem ser sumarizadas em expressões como "Jesus crucificado pelos pecados do mundo", que somente são compreensíveis por quem conhece toda a narrativa de vida, morte e ressurreição de Jesus. As *stories* podem ter até mesmo um sumário do sumário, isso é, uma redução ao mínimo sentido possível. É o que acontece quando mencionamos apenas "o sangue de Jesus". Nesse caso, a narrativa inteira está resumida no mínimo de palavras. As *stories* podem também produzir derivações de derivações, como os símbolos da cruz ou do crucificado, que resumem visualmente toda a narrativa. Isso significa que também pode haver derivações fantasiosas, como mostrar a cruz a um endemoninhado, um gesto tão popular no cinema de terror, mas absolutamente deslocado da narrativa bíblica.[18]

As narrativas bíblicas expressam experiências formadoras de identidade — ou seja, o próprio texto bíblico nos revela como a identidade do povo de Israel foi construída (esse é o tema do meu livro *Aqueles da Bíblia*). Entretanto, depois de fixada, a Bíblia continuou influenciando a vida de indivíduos, assim como o próprio Israel e as igrejas cristãs. As narrativas bíblicas não fornecem apenas identidade, mas uma opção de encenação que pode ser realizada por imitação na própria vida. O mimetismo liga o texto bíblico com a realidade biográfica tanto de pessoas como de comunidades. As experiências com Deus testemunhadas pelos autores bíblicos são replicadas como experiências com Deus na vida de indivíduos e da igreja. Assim, a história da interpretação da Bíblia vai além dos

---

18 RITSCHL, 2012, p. 25.

círculos teológicos, mas se estende como história bíblica na vida atual.[19]

Sendo crentes em Jesus e tendo a Bíblia como livro fundamental, tendemos a compreender nossa própria vida como parte do grande drama narrado nas Escrituras. Vemos a nós mesmos caminhando em um grande êxodo, imaginamos nossas peripécias à luz daquelas vividas pelos personagens bíblicos. Lemos os salmos chorando os pecados de Davi, como se fossem nossos. Mulheres estéreis tomam figuras como Sara, Ana e Raquel como irmãs de angústia. Voltamos, portanto, à potencialidade imaginativa da Bíblia. Ela fornece exemplos a serem vividos por comunidades muito distantes do contexto de sua escrita, mas que encontram nela referências para compartilhar a dor ou buscar o bem-viver.

A configuração de identidades narrativas nacionais

Uma vez compreendida a forma em que são constituídas as identidades narrativas, tanto em termos individuais como coletivos, vamos agora analisar mais acuradamente como ocorre a formação de identidades narrativas da perspectiva dos coletivos nacionais. A função narrativa é fundamental nos discursos das nações e do nacionalismo.

Segundo o historiador Benedict Anderson (1936-2015), as nações (como as entendemos) surgiram no final do século XVIII. Desde então, o modelo criado foi capaz de ser replicado nas mais diversas experiências políticas e ideológicas do mundo, tornando-se tão presente em nossa realidade que acreditamos ser assim que o mundo funciona desde sempre. Entretanto, embora as nações contemporâneas sejam relativamente recentes, cada nacionalista acredita que sua nação é bastante antiga, muitas vezes remetendo à Antiguidade. É o caso dos italianos, por exemplo, que vinculam seu

---

19 KÖRTNER, 2009, p. 159-160.

mito fundador à Roma antiga, ou dos alemães, autoidentificados com os germanos e com o Sacro Império Romano-Germânico. Por isso, Anderson define nação como uma comunidade política imaginada, limitada e soberana. Ela é *comunidade* porque se vê como uma camaradagem entre seus membros, apesar de, internamente, haver classes sociais e severas disputas; ela é *imaginada* porque seus membros jamais encontrarão todos os outros participantes dessa comunhão, mas nem por isso deixam de considerar cada um dos milhões de desconhecidos membros do mesmo corpo; é *limitada* porque apresenta fronteiras físicas, delimitando um território chamado de pátria; e também é *soberana* porque sua legitimidade está assentada em um Estado governante.[20] É dessa forma que compreendemos qualquer país hoje.

Mas não é fácil manter milhões de pessoas acreditando que fazem parte da mesma coletividade. Então, toda nação necessita de uma base ideológica que integre, na mesma identidade coletiva, a imensa pluralidade de indivíduos que a compõem. Essa função cabe ao nacionalismo. Para o antropólogo Ernst Gellner (1925-1995), há um aspecto subjetivo, cultural e voluntarista no nacionalismo, uma vez que dois indivíduos se constituem membros de uma nação quando compartilham a cultura e se reconhecem como pertencentes à mesma nação. Por isso, a nação se constitui a partir de convicções, fidelidade e solidariedade, baseada em pessoas que se reconhecem com direitos e deveres mútuos.[21] Ela conta, portanto, com uma base concreta plantada na cultura. A ideologia nacionalista toma os elementos culturais e empresta aos indivíduos de uma nação o sentimento de pertencimento a tal coletividade imaginada.

Esse sentimento não necessita ter uma base étnica ou biológica, principalmente em países como Brasil ou Estados Unidos, embora, eventualmente, alguns nacionalismos invoquem tal requisito, como os alemães ou japoneses fizeram no passado recente. Então,

---

20 ANDERSON, Benedict R. *Comunidades imaginadas*: reflexões sobre a origem e a difusão do nacionalismo. São Paulo: Companhia das Letras, 2008. p. 28-34.
21 GELLNER, Ernest. *Naciones y nacionalismo*. Madri, Espanha: Alianza, 2001. p. 20.

CAPÍTULO 3: A IDENTIDADE   97

como é possível forjar em um povo a curiosa ideia de que fazem
parte de um todo nacional, maior do que a cidade ou a vila em que
residem? Entra em cena a liturgia, cujo valor abordamos no capítulo anterior.

A função da liturgia no nacionalismo moderno

A nação é produto de uma construção narrativa que necessita da
emoção para ser consolidada. A religião cristã produziu, ao longo
de dois mil anos, vínculos afetivos de sucesso. Os cristãos se reconhecem como parte de uma mesma comunidade mundial — claro,
hoje fragmentada em diversas denominações, mas, ainda assim,
sustentando a ideia de que todos os crentes "verdadeiros" fazem
parte do Corpo de Cristo. Como esse vínculo foi produzido? Por
meio do mito e do rito, ou seja, por meio das narrativas de origem
e de essência (baseadas na Bíblia) sustentadas emocionalmente por
meio da liturgia (o culto que manifesta nossa unidade em adorar).

Quando emergiu o conceito moderno de nação no século XVIII,
o grande exemplo mundial de vínculo institucional movido pelo
afeto era a Igreja Católica Romana, rica em simbolismos e rituais,
tornando católicos do mundo inteiro parte da mesma comunidade.
A igreja era o exemplo perfeito para os políticos. Como bem aponta
o historiador Fernando Catroga, a constituição da fidelidade nacionalista fez ressurgir uma espécie de fórmula religiosa no interior da
secularidade, manifestando novas formas de sacralidade na política, por meio dos mitos e ritos nacionais.[22] Imitando a tradição cristã, os nacionalistas criaram festas civis em espaços públicos para
construir gradativamente um sentido coletivo voltado aos indivíduos da nação. Ao mesmo tempo, reforçaram a ideia de vínculo por
meio da educação pública. Na escola, ensinam-se os ritos cívicos e
se conta a história gloriosa da emergência do país.[23] Foi na escola
que aprendi a cantar o hino nacional e conheci todas as narrativas

---

22 CATROGA, Fernando. *Entre deuses e césares:* secularização, laicidade e religião civil. Uma perspectiva histórica. Coimbra: Almedina, 2006. p. 96-97.
23 CATROGA, 2006, p. 132-133.

da independência, da proclamação da República e dos heróis de tamanha façanha. Ou seja, o sentimento nacionalista brasileiro foi forjado em mim por meio da liturgia.

Vejamos os exemplos dos Estados Unidos, da França e do Brasil. No primeiro, a imaginação nacional se deu em torno da ideia de "povo escolhido de Deus", *One nation under God* [Uma nação sob Deus]. Mas observe: o Deus bíblico é adaptado para funcionar como Unificador Nacional, o protetor do país em uma religião civil que se manifesta em ritos e símbolos. Esses ritos podem ser exemplificados no culto cívico aos mortos de guerra, como você certamente já viu em filmes americanos, quando as viúvas recebem a bandeira dobrada do herói e uma cruz é plantada no campo dos tombados pela pátria. Esse caráter religioso também aparece na noção de Destino Manifesto, a ideia de que a providência deu aos Estados Unidos o destino de liderar as nações.[24]

Na França, o processo foi bem diferente, pois a República nasceu da ruptura entre Igreja Católica e Revolução Francesa. Então, em vez de considerar a divindade a "consorte da pátria", como no caso americano, os franceses imaginaram uma pátria no lugar de Deus, à qual foram dedicados os hinos e a devoção. Assim, os revolucionários criaram a força simbólica de *Marianne*, uma figura feminina representativa da República, mas ilustrada como Maria, de quem imita a venerabilidade. Também promoveram funerais nacionais com grande pompa, exaltando os que haviam tombado na Revolução, canonizando um panteão de heróis nacionais, petrificados ao erigirem imensos monumentos de verdadeiros "santos cívicos".[25] Esse é o objetivo da imensa quantidade de estatuária cívica encontrada em países como a França e imitada em outras partes do globo.

No Brasil, a criação de um nacionalismo foi bastante precária durante o tempo do Império. Os símbolos estavam todos vinculados à família imperial, derivados da coroa portuguesa. A simbo-

---

24 CATROGA, 2006, p. 168-171.
25 CATROGA, 2006, p. 262.

CAPÍTULO 3: A IDENTIDADE

logia brasileira foi realmente construída a partir da Proclamação da República. A tarefa de construção de símbolos nacionais coube especialmente aos positivistas, que se dedicaram à tarefa com a "energia de apóstolos" — como afirma o historiador José Murilo de Carvalho —, colocando até mesmo na bandeira nacional o lema positivista "o amor por princípio, a ordem por base e o progresso por fim", resumido no enunciado Ordem e Progresso. Escolher heróis da pátria para criar um panteão de santos cívicos foi um problema, já que o imperador, filho do proclamador da independência, foi expulso do país. Então, a solução foi inventar um herói na figura de certo Tiradentes, um mártir do passado, da época imperial, que havia sonhado com a República. Tiradentes foi incansavelmente reproduzido na pintura e na poesia como o mártir que derrama seu sangue para a salvação do povo brasileiro. Não por acaso, sua imagem foi intencionalmente retratada como Jesus Cristo.[26]

Enfim, o Estado-nação contemporâneo tomou emprestado da religião, especialmente da Igreja Católica, o modelo litúrgico para suas festividades civis. E tais festas apresentam um aspecto exuberante. Como bem lembra James Smith ao tratar do nacionalismo americano, os ritos nacionais, as liturgias encenadas nos estádios e arenas esportivas narram a mitologia nacional de forma espetacular, de maneira semelhante ao que Santo Agostinho observou nas teologias civis fabulosas do Império Romano, cujos rituais públicos eram, basicamente, adoração.[27] Os rituais nacionalistas procuram transformar seus cidadãos em certo tipo de pessoa, alguém leal e produtivo, disposto a se sacrificar pela nação. Essa formação se dá liturgicamente, não didaticamente. O nacionalismo se apossa do desejo e do amor por meio de imagens, rituais, ritmos e experiências viscerais, que inscrevem nas pessoas o desejo por um reino — no caso das nações, o etos nacional.[28]

---

26 A construção do nacionalismo brasileiro é muito bem trabalhada por CARVALHO, José Murilo de. *A formação das almas:* o imaginário da República no Brasil. 2. ed. São Paulo: Companhia das Letras, 2017.
27 Como aponta SMITH, James K. A. *Aguardando o Rei:* reformando a teologia pública. São Paulo: Vida Nova, 2020. p. 43.
28 SMITH, 2018, p. 106-107.

Ou seja, os governantes descobriram, com o surgimento da política de massas, a importância dos elementos "irracionais" para manter a ordem social. Eles acabaram constituindo uma "religião cívica", como bem aponta o historiador Eric Hobsbawm (1917-2012).[29] Essa liturgia alimentadora do etos nacionalista lida com a emoção, instila deslumbramento e reverência, instigando ideais que garantem o sacrifício do patriota caso seja necessário.[30] O interessante é que o etos nacional, uma vez consolidado, não necessita mais apenas do investimento estatal, mas se reproduz em produções voluntárias. Esse é o caso do cinema americano, por exemplo.[31] Quando isso acontece (o que é bem mais raro no caso brasileiro), o nacionalismo ou patriotismo acaba se tornando *habitus* do povo que compõe a nação.

O mito e o retorno à pureza original

A liturgia é o grande motor do nacionalismo. Mas os ritos por ela invocados devem remeter a um mito fundador. O rito transforma a crença original do mito em gestos e veneração. Mircea Eliade explorou a questão do "mito do eterno retorno", segundo o qual as sociedades arcaicas sustentam rituais de regeneração do tempo em festividades como o Ano Novo e outras celebrações. Isso se dá porque tais sociedades acreditavam originar-se de um ato primordial, de uma ontologia primeira. A obra humana posterior, então, se torna real apenas quando participa da realidade transcendental e original. Então, festas como as do Ano Novo repetem o ato primordial, imitando o arquétipo celestial e participando do simbolismo do centro do mundo.[32] É por essa razão que Eliade classifica o ser humano arcaico como *homo religiosus*, o homem que se sente parte de um mundo maior, transcendente, sagrado. O humano moderno, em contrapartida, rejeitou o passado religioso e se constituiu em oposição a ele, em um esforço para abandonar toda religiosida-

---

29 HOBSBAWM, Eric. *A invenção das tradições*. 12. ed. Rio de Janeiro: Paz e Terra, 2018. p. 339-40.
30 SMITH, 2018, p. 109.
31 SMITH, 2018, p. 112.
32 ELIADE, 1984, p. 18-20.

CAPÍTULO 3: A IDENTIDADE   101

de. Mas não escapou de sua genética cultural; acabou conservando
vestígios do comportamento religioso, como no caso dos rituais
(mesmo que laicizados) de Ano Novo, festas de formatura, casamento, nascimento de filhos, entre outros.[33]

Entre os resquícios religiosos atuais, está a crença no momento originário, uma espécie de mito de eterno retorno, que respinga
em diversas esferas da vida cotidiana e nacional. Como aponta o
historiador David Lowenthal, as sociedades modernas têm valorizado o passado por diversas razões — entre elas, sua antiguidade.
A antiguidade invocada pode ter quatro noções diferentes: 1) a
precedência (ou seja, ser o primeiro); 2) o afastamento temporal
da situação presente; 3) a existência como fonte primordial; e 4)
a primitividade, no sentido de estar intocado pela modernidade.
Disso decorrem as buscas pelas linhagens perdidas, seja de línguas
antigas, fósseis, seja de qualquer elemento considerado anterior ao
usado ou praticado hoje.[34] Os pais da igreja, por exemplo, usavam
a antiguidade de Moisés para reivindicar a confiabilidade e a superioridade de sua crença sobre outros deuses e oráculos gregos.[35]

Assim, para Lowenthal, nossas sociedades buscam um passado
perdido. Tal procura se manifesta em duas tentativas fundamentais
de recuperação, ambas reconstituindo algo do passado: a tentativa
de restaurar ou de reencenar. A restauração tenta trazer de volta a
condição anterior intocada, pura e verdadeira, e por isso melhor
e mais autêntica.[36] Dessa tentativa, resulta o esforço em restaurar
monumentos, arquitetura e até a própria natureza. Por outro lado,
os reencenadores também partem da mesma recuperação do passado, mas pela via da representação, tentando chegar o mais próximo possível da realidade passada. Essa reencenação acontece especialmente nos rituais religiosos e políticos, como, por exemplo, nas
comemorações cívicas em que representações teatrais procuram

---

33 ELIADE, Mircea. O sagrado e o profano: a essência das religiões. 2. ed. São Paulo: Martins Fontes,
2008. p. 165-167.
34 LOWENTHAL, David. The past is a foreign country – revisited. Cambridge: Cambridge University Press,
2015. p. 111.
35 LOWENTHAL, 2015, p. 113.
36 LOWENTHAL, 2015, p. 464-465.

apresentar um evento do passado.[37] O que está em jogo em todas essas representações — que podem estar vinculadas a museus ou mesmo à escola de nossos filhos — é o entendimento de que há um passado que deve sempre ser resgatado para nos manter ligados à essência supostamente original. Por isso você verá uma representação do cotidiano bíblico quando visitar Nazaré, ou uma maquete de como era a igreja do aldeamento jesuíta nas ruínas de São Miguel das Missões, RS. Precisamos do teatro para melhor entrar naquele tempo.

A busca do passado original puro atua profundamente na forma de mito político. Ele aparece a cada eleição, e isso se torna ainda mais evidente no contexto brasileiro. O historiador Raoul Girardet (1917-2013) identificou pelo menos quatro conjuntos mitológicos orbitando as aspirações políticas populares: a Conspiração, a Idade do Ouro, o Salvador e a Unidade.[38] O conjunto que interessa aqui é o da Idade do Ouro, a ideia do "tempo de antes", melhor e brilhante. É um passado inventado, produzido a partir de muitos esquecimentos e rejeições, assim como de outro tanto de fidelidades e devoções, mas sempre com muita emoção e fervor. O "tempo de antigamente" é idealizado na mente de pessoas decepcionadas com o presente, surgindo, então, o mito fundador — ao mesmo tempo uma ficção e uma mensagem de mobilização.[39] Assim, olhar para um passado distante ou perdido, uma Era de Ouro em que as coisas supostamente funcionavam, torna-se parte importante das narrativas identitárias da política nacionalista.

Enfim, é por tais razões que as celebrações nacionalistas invocam um mito fundador, um tempo de heróis que venceram as vicissitudes de seu tempo e trouxeram uma era brilhante — a qual, em tempos dificultosos, também se perdeu e precisa ser recuperada.

---

37 LOWENTHAL, 2015, p. 477.
38 GIRARDET, Raoul. *Mitos e mitologias políticas*. São Paulo: Companhia das Letras, 1987. p. 12. "Conspiração" é a ideia de que forças malignas estão operando para destruir a nação. "Idade do Ouro" foi tratada anteriormente neste capítulo. "Salvador" é o herói que aparece para restaurar a ordem anterior, atacada pelos conspiradores. "Unidade" é o discurso do povo unido que deve extirpar aqueles que não cooperam para o bem da nação. Esses elementos fazem parte do mito político moderno, e você já deve tê-los visto em vários discursos políticos.
39 GIRARDET, 1987, p. 98.

Nessa situação, os nacionalismos emergem com força, funcionando como cimento social, ao invocarem uma identidade. Trata-se da mais absoluta narrativa.

Resumindo o conceito de identidades narrativas

Vamos resumir o que tratamos a respeito das identidades narrativas. A maneira de nos identificarmos está diretamente vinculada às narrativas que contamos sobre nós mesmos. A pergunta "Quem sou?" implica contar uma história. Isso significa que nossa identidade é basicamente narrativa, sempre em construção, vinculada às formas de reagirmos aos fatos do passado e do presente, mas também em relação às nossas expectativas do futuro. As implicações são tanto individuais como coletivas. Em termos individuais, significa que as pessoas necessitam contar histórias para definir a si mesmas perante as outras. Em termos coletivos, significa que as comunidades se compreendem a partir da maneira de assimilarem as narrativas escritas sobre si mesmas — tanto por pessoas de fora como pelas de dentro. Isso é especialmente relevante no caso das comunidades religiosas que orbitam em torno da Bíblia. A formação de uma identidade coletiva ocorre mesmo em nível nacional, o que, no caso bíblico, está diretamente relacionado ao caso de Israel — o que será explicado na Parte III.

Conclusão:
BÍBLIA E IDENTIDADE

As tradições das sociedades humanas são basicamente narrativas. Isso é bastante evidente na experiência do Israel bíblico, que integrou diversas tradições em uma linha contínua. Assim, na Bíblia hebraica, a narrativa é o principal veículo da confissão de fé. Ao modo narrativo, foram integrados até mesmo alguns aspectos legislativos: até mesmo a doação da Torá foi descrita como um acontecimento singular no monte Sinai.[40] A lei foi apresentada como uma narrativa: Moisés subiu ao monte, Deus falou com ele e ordenou: "Escreve tudo o que eu te disser".

É interessante constatar como na Bíblia hebraica até mesmo as antecipações do futuro podem ser compreendidas como "retrospecções antecipadas". É o caso da profecia. A voz dos profetas antecipa a ameaça do futuro caindo sobre o presente, ameaça que é narrada como coisa já acontecida. Os profetas anunciam como evento passado tanto o julgamento divino como a utopia do que Deus fará, transformando o presente em uma história que será um dia contada.[41]

---

40 RICOEUR, 2010, v. 3, p. 439.
41 RICOEUR, 2010, v. 3, p. 439-440.

Poderíamos acrescentar: o profeta bíblico apresenta o começo de incontáveis histórias que um dia serão contadas. Infinitas narrativas foram construídas a partir do texto bíblico. Israel talvez seja o único Estado moderno a ter seu mito fundador baseado em um livro, o que reverberou, até mesmo, em outras comunidades, como as igrejas cristãs ao longo dos milênios e as denominações evangélicas no Brasil. Por isso apresentei, nesses três capítulos, as questões postas pelo potencial ressonante da Bíblia e pelo entendimento que a hermenêutica filosófica pode nos oferecer para a análise desse processo complexo.

Refleti sobre a Bíblia no primeiro capítulo e analisei basicamente três de suas características. Primeiro, por ser uma obra literária plena de significados, é capaz de envolver o leitor na trama narrada e levá-lo a atualizar a mensagem no presente. Segundo, pela estrutura de indeterminação e polifonia de seus textos, convida à interpretação permanente. Terceiro, pela ressonância, seus textos são capazes de adquirir significado universal, e sua potência imaginativa forneceu um repertório de metáforas a serem resgatadas pelos leitores de todos os tempos.

Acredito que o segundo capítulo seja o mais difícil deste livro, pois tentei apresentar alguns conceitos da hermenêutica filosófica. Descrevi o ser humano como um ser simbólico, marcado por uma linguagem ancorada em metáforas e símbolos, cujos múltiplos significados "dão o que pensar". A segunda característica humana que levantei foi o caráter litúrgico, considerando o ser humano como um agente no mundo na qualidade de ator, moldado em seus sentimentos pelas histórias, imagens e metáforas, forjadas nele como hábito coletivo. A terceira é o caráter narrativo de indivíduos e coletivos, que tentam resolver o caos de sua existência por meio da organização narrativa, utilizando tanto os referenciais históricos como os ficcionais para constituir o tempo da vivência humana.

A construção narrativa do tempo humano resulta no que Ricoeur chama de "identidade narrativa", assunto do terceiro capítulo. As identidades narrativas podem ser verificadas individual e coletivamente ao se pensar em grupos religiosos, entre outros, e também no coletivo nacionalista, que entrecruzam narrativas do passado com o presente para constituir seus mitos fundadores, invocando essências ou identidades em forma de sofisticadas narrações e liturgias.

A capacidade ressonante da Bíblia, cruzada com o aspecto simbólico, litúrgico e narrativo da experiência humana, produziu duas gigantescas culturas religiosas que analisarei de maneira mais detalhada nas próximas duas partes deste livro. O mundo linguístico judaico e cristão derivou da Bíblia e também está tecido a partir de suas metáforas e potenciais de sentido, situando-se em sistemas com feitios próprios. Ao revisar as metáforas, judeus e cristãos desenvolveram teologias e, apesar de partirem de um mesmo sistema semiótico, esse "todo" subdividiu-se em muitos sistemas individuais. No caso cristão, foi produzido o maior sistema simbólico da humanidade. Tal monumento cultural está registrado em milhões de páginas e em atos de amor, martírio e bondade, poesia e música, mas também em ações repletas de arrogância e violência, baseadas em interpretações equivocadas de seu texto sagrado.[42]

Vamos, então, dar uma espiada no imenso colosso cultural judaico e cristão, cujas identidades são produto da Bíblia.

---

42 RITSCHL, 2012, p. 30-34.

PARTE II

DE ISRAEL PARA A BÍBLIA, DA BÍBLIA PARA ISRAEL

Inúmeros sentimentos vêm à tona quando se trata de Israel. A simples menção a esse pequeno país situado no Oriente Médio suscita as mais diversas reações, tanto em relação à história recente como às narrativas do passado. Por isso, refletir sobre Israel nunca se trata apenas de uma questão política, sociológica ou exclusivamente religiosa. Há um entrecruzamento de experiências em torno dessa nação que demandam atenção.

Veja a complexidade do termo "Israel". Mesmo no texto bíblico, há diversos significados para esse substantivo. A primeira referência é ao novo nome de Jacó (Gênesis 32:28); depois, o termo é usado para designar seus descendentes (Êxodo 32:4); a palavra ainda deu nome às montanhas centrais de Canaã e aos seus habitantes, os "filhos de Israel" (1Samuel 7:7,13); também ao povo governado por Saul (1Samuel 13:1); após, designa uma parte da monarquia de Davi e Salomão (2Samuel 5:5) e o Reino do norte, após o cisma hebraico (1Reis 12:16); significou o território do norte assimilado pelos assírios, no entorno de Samaria até Betel (2Crônicas 34:7), até que finalmente veio a ser um termo étnico-religioso apropriado pelos judeus depois do exílio para fazerem referência a si mesmos (Esdras 9:1).[1] A essas expressões bíblicas, podemos acrescentar o moderno Estado de Israel, além do termo espiritual de "verdadeiro Israel", invocado por cristãos e islâmicos para definirem suas próprias trajetórias.

---

1   Verbete "Israel". DAVIS, John. *Dicionário da Bíblia*. São Paulo: Hagnos, 2005. p. 608-609.

Tamanha pluralidade de significados em torno do mesmo substantivo, "Israel", demonstra que o povo descrito pela Bíblia passou por uma longa construção identitária. Do relacionamento com impérios dominantes e povos vizinhos, assimilando e confrontando seus elementos culturais, emergiram as características daquela que viria a ser a identidade judaica fundamental.[2] Trabalhei a construção dessa identidade no meu livro *Aqueles da Bíblia*. Agora, pretendo explorar como Israel produziu a Bíblia na qualidade de reflexão. Enfim, os antigos israelitas pensaram e interpretaram o mundo e a si mesmos por meio de seus textos, construindo a realidade a respeito da própria experiência.[3]

Os escritos judaicos registraram a emergência de símbolos relacionados à experiência desse povo com seu Deus. Tais símbolos foram fundamentais para a consolidação da identidade judaica. Não apenas o judaísmo pós-bíblico foi moldado por seus próprios textos, exaustivamente relidos e reexaminados, mas também a própria emergência do atual Estado de Israel deve à Bíblia seu mito fundador e seu nacionalismo. De modo constante, a experiência de Israel, da Antiguidade aos dias de hoje, está permeada pelo relacionamento com textos.

---

2   ZABATIERO, Júlio Paulo Tavares. *Uma história cultural de Israel*. São Paulo: Paulus, 2013. p. 7.
3   ZABATIERO, 2013, p. 22.

Capítulo 4
O ISRAEL ANTIGO

Israel tem uma história que, assim como o Egito, a Etiópia ou a Grécia, remete ao mundo antigo. Mas talvez nenhum outro povo apresente uma narrativa com tantas informações sobre seu passado e, ao mesmo tempo, tantos questionamentos a esses mesmos dados. Os textos que os judeus escreveram na Antiguidade testemunham a respeito de suas experiências com seu Deus com a mesma ênfase que dedicam à memória do passado e ao seu destino na história. Desse caldo de fatos e reflexões, emergiu a Bíblia hebraica. Como mencionei em outro momento, o povo judeu construiu sua identidade na própria recepção dos textos que ele mesmo escreveu.[1]

História e narrativa do antigo Israel

Os conservadores — e eu me incluo entre eles — normalmente apresentam a história do antigo Israel nas linhas gerais da narrativa bíblica: uma origem em ancestrais comuns, chamados patriarcas; depois a escravização sob o Egito e a libertação do êxodo (por volta do século XIII a.C.); os primeiros assentamentos em Canaã e um período pré-estatal sob a liderança eventual de juízes (c. 1200-1050 a.C.);

---
1   RICOEUR, 2010, v. 3, p. 421.

114   NÓS E A BÍBLIA

a instauração de uma monarquia unida e sua posterior divisão em dois reinos, Israel e Judá (c. 1050-931 a.C.); o período das duas monarquias até a destruição de Samaria, capital de Israel (721 a.C.), e de Jerusalém, capital de Judá (586 a.C.); o exílio e o retorno apenas de Judá (538 a.C.), com a reconstrução do templo e das muralhas pouco mais de um século depois. Nesse ponto, termina a narrativa canônica da Bíblia hebraica. Mas o final da narrativa bíblica não significou o final da história dos judeus na Antiguidade. Eles continuaram habitando a Judeia sob o domínio do Império Persa (538 a 332 a.C.) e depois dos impérios helenistas (332 a 143 a.C.), contando com um período de independência sob o reino dos asmoneus (143 a 67 a.C.) para, finalmente, caírem sob o domínio do Império Romano. Sua permanência na Terra Santa perdurou até as rebeliões e destruições de Jerusalém (70 e 135 d.C.).[2]

Esse quadro é um esquema básico e convencional da história do antigo Israel. Até o retorno do exílio, nossa principal fonte é a Bíblia hebraica, além da arqueologia; mas, depois do exílio, também há uma série de documentos e vestígios arqueológicos que resgatam a possível história desse povo na Antiguidade. Vamos refletir um pouco sobre a tensão entre os fatos ocorridos no passado e as narrativas que se estabelecem sobre eles.

Os debates sobre a historicidade da Bíblia hebraica

O problema da história tradicional de Israel começa quando invocamos a pesquisa historiográfica contemporânea. A arqueologia não tem confirmado determinadas informações dos textos bíblicos canônicos. O caso emblemático é o êxodo, cuja historicidade tem sido questionada pela ausência de evidências extrabíblicas ou de rastros arqueológicos de uma multidão saída do Egito.[3]

---

2   Essa linha tradicional pode ser vista em uma tabela cronológica em MAZZINGHI, Luca. *História de Israel das origens ao período romano*. Petrópolis: Vozes, 2017. p. 197-201.
3   BERLESI, Josué. *História, arqueologia e cronologia do êxodo*: historiografia e problematizações. São Leopoldo: Sinodal; EST, 2008. p. 70. Para maiores considerações sobre esse tema, veja FINKELSTEIN, Israel; SILBERMAN, Neil Asher. *A Bíblia desenterrada*: a nova visão arqueológica do antigo Israel e das origens dos textos sagrados. Petrópolis: Vozes, 2018.

CAPÍTULO 4: O ISRAEL ANTIGO

Outras informações bíblicas também têm sido relativizadas: Israel Norte tem ganhado maior importância do que o reino de Judá, privilegiado pela narrativa bíblica; a datação dos eventos narrados na Bíblia tem sido questionada; a escrita em Israel e Judá está em análise; e o período persa da Judeia tem sido visto como um "vazio populacional", entre outros temas.[4] Tais questionamentos levaram os historiadores a manterem diferentes critérios quanto ao uso dos textos bíblicos como fonte histórica para o antigo Israel. As posições atuais podem ser classificadas, basicamente, em três: a escola *maximalista*, defendendo o conteúdo bíblico como histórico e digno de crédito, cujos arqueólogos procuram confirmar a veracidade da Bíblia; a escola *minimalista*, descartando por completo a Bíblia e considerando-a inconsistente como fonte para descobrir o fato ocorrido; e a escola *alternativa, moderada* ou *centrista*, considerando a Bíblia escrita tardiamente, mas produzida a partir da tradição oral e de documentos anteriores, propondo uma leitura regressiva de seu conteúdo. Nesse caso, o contexto da escrita é pesquisado para refletir sobre duas histórias: aquela que descreve o acontecimento do passado em si e a outra que aborda a motivação do redator a escrever sobre o assunto tempos depois.[5]

Em outras palavras, os autores bíblicos registraram a história muito tempo depois dos fatos ocorridos. Isso significa que eles não apenas fizeram um registro do passado, mas também *interpretaram* esse passado. Por isso, não vou me preocupar aqui em descortinar o passado de Israel tal como aconteceu, mas tão somente a forma que ele foi assumido pelos antigos judaítas. O que proponho é compreender como o discurso sobre o passado registrado na Bíblia

---

4   Kaefer faz um levantamento das pesquisas atuais em KAEFER, José Ademar. *Arqueologia das terras da Bíblia II.* São Paulo: Paulus, 2016.
5   KAEFER, José Ademar. *A Bíblia, a arqueologia e a história de Israel e Judá.* São Paulo: Paulus, 2015. p. 11-25. Muitas hipóteses sobre a formação de Israel na Antiguidade têm sido levantadas. Algumas podem ser encontradas em: ALT, Albrecht. *Terra prometida:* ensaios sobre a história do povo de Israel. São Leopoldo: Sinodal, 1987. GOTTWALD, Norman K. *As tribos de Iahweh:* uma sociologia da religião de Israel liberto, 1250-1010 a.C. São Paulo: Paulinas, 1986. FINKELSTEIN, Israel. *O reino esquecido:* arqueologia e história de Israel Norte. São Paulo: Paulus, 2015. MENDONÇA, Élcio Valmiro Sales de. *O primeiro Estado de Israel:* redescobertas arqueológicas sobre suas origens. São Paulo: Recriar, 2020. Algumas contraposições que defendem a Bíblia como fonte histórica podem ser verificadas em: PROVAN, Iain; LONG, V. Philips; LONGMAN III, Tremper. *Uma história bíblica de Israel.* São Paulo: Vida Nova, 2016. RICHELLE, Matthieu. *A Bíblia e a arqueologia.* São Paulo: Vida Nova, 2017.

opera na constituição de identidades narrativas ao longo do tempo e até o presente, com perspectivas para o futuro. Seguindo Walter Brueggemann, não estou preocupado com "o que aconteceu", mas com "o que foi dito".[6]

Talvez uma das maiores dificuldades seja o fato de os textos bíblicos não serem obras de cunho historiográfico nem um compêndio de doutrina sistemática. São o registro da experiência dos judaítas com seu Deus. Trata-se de memória da fé, cujo conteúdo pode ser mais bem caracterizado como "testemunho", característica que mencionei ao tratar da polifonia da Bíblia, na Primeira Parte. O testemunho dos antigos israelitas foi a descoberta de uma nova realidade divina, o que os impulsionou a comunicar seu assombro. Por isso, a Bíblia tem caráter de *querigma*: ela proclama uma verdade que tem Deus por conteúdo. Sim, trata-se de uma história, mas de uma história de salvação.[7] A Bíblia é o testemunho dos judaítas sobre a invasão de Deus na história.

Os eventos registrados pelos antigos judaítas foram apresentados a partir da realidade presente de seus escritores. Por trás de seu texto e de sua intenção absolutamente teológica, estava a convicção de que Deus era o agente fundamental, o sujeito de cada acontecimento. Por isso, eles consideraram os fatos de seu passado mais do que um evento comum. Para eles, os fatos tinham um sentido, operavam dentro de uma história da salvação comandada por Deus e, por isso mesmo, representavam algo mais profundo. Diante dessa perspectiva, os próprios eventos vieram a se tornar um símbolo para marcar a identidade judaíta. Foram entendidos como tipos que demandavam realizações futuras, carregados de profunda simbologia, que acompanharia a imaginação do povo ao longo de milênios.

---

6   BRUEGGEMANN, 2014, p. 176.
7   BRAKEMEIER, 2003, p. 23.

CAPÍTULO 4: O ISRAEL ANTIGO

Os símbolos da história da salvação

Os três eventos que trouxeram os mais importantes símbolos para os judaítas antigos e judeus de todas as eras foram as narrativas dos patriarcas, do êxodo e da monarquia. Vamos examinar cada uma dessas narrativas.

Os patriarcas (ou pais, para utilizar o termo empregado pela Bíblia hebraica) trazem em seus eventos a "semente de um povo", a origem de Israel. A narrativa da chamada de Abraão foi compreendida e descrita como o nascimento do povo israelita. O eixo central do ciclo narrativo de Abraão apresenta duas linhas: uma é a eleição graciosa, a escolha divina, independentemente de qualidades morais; a outra é a promessa, a afirmativa de uma descendência que seria bênção a todos os clãs da terra (Gênesis 12:1-3). Abraão foi eleito e recebeu uma promessa para avançar muito além de si mesmo, pois o mundo inteiro estava em perspectiva de sua caminhada de fé.[8] Os descendentes imediatos de Abraão são o tema do restante do corpo literário do Gênesis, cujas narrativas (especialmente no ciclo de Jacó) apresentam as origens das tribos de Israel. Com Jacó, a ideia de graça imerecida foi levada às últimas consequências — afinal, ele foi alvo da promessa divina, apesar de ser um embusteiro.[9]

O primeiro símbolo plantado firmemente nas narrativas dos pais é o conjunto *eleição-promessa*, que forjou nos judeus o ideal de serem um povo escolhido por Deus para um propósito especial. Você certamente já ouviu essa expressão muitas vezes ao se tratar do judaísmo e mesmo do atual Estado de Israel, pois, quando se fala em "povo escolhido", é aos judeus que se refere. Essa é a força simbólica em ação na constituição de uma identidade.

Vamos para o segundo símbolo. A narrativa de *libertação* do livro do Êxodo é a mais importante fonte de símbolos para o povo

---

8   CROATTO, José Severino. *História da salvação:* a experiência religiosa do povo de Deus. 2. ed. São Paulo: Paulinas, 1968. p. 39.
9   SCHREINER, Josef. Abraão, "Isaque e Jacó: a interpretação da época dos patriarcas em Israel". p. 97-112. In.: SCHREINER, Josef (org.). *O Antigo Testamento:* um olhar atento para sua palavra e mensagem. São Paulo: Hagnos, 2012. p. 100.

de Israel. A ação divina salvadora foi o testemunho central da Torá e provavelmente da Bíblia hebraica inteira. Deus é quem "tira" do Egito (Êxodo 13:3), quem "livra" e "faz subir" (Êxodo 3:8), quem "resgata" (Salmos 106:10) e "salva" (Salmos 106:8) o povo. Iahweh é o sujeito de todos os verbos. O testemunho de Israel afirma que Deus se tornou visível por meio dos atos de salvação.[10]

E foram atos miraculosos: dez pragas (Êxodo 7:8—11:10), o mar se abrindo para a passagem do povo (Êxodo 14:15-31), o pão e a carne descendo dos céus (Êxodo 16:1-36) e uma lei entregue no topo de uma montanha fumegante (Êxodo 19:1—20:21). Justamente por estar recheado de atos assombrosos, o mito central da Bíblia é um mito de libertação. Como afirma Walter Brueggemann, o êxodo é a narrativa fundadora da nação de Israel, apresentando sua essência, razão pela qual está presente em todo o restante da Bíblia hebraica. Mesmo eventos anteriores foram recontados com base no testemunho da saída do Egito, como a migração de Abraão, retratado como um homem tirado de Ur para receber uma terra prometida (Gênesis 15:7). Os eventos posteriores ao êxodo também foram retratados com base na mesma estrutura: Josué reencenou a travessia do mar no Jordão (Josué 4:22-23), os inimigos de Israel mencionaram os feitos de Iahweh no Egito (1Samuel 4:7-8) e profetas como Amós usaram o símbolo do êxodo para demonstrar a ação divina de libertação até mesmo em relação a outros povos, como os filisteus e sírios (Amós 9:7).[11]

O êxodo é uma narrativa com início, meio e fim que conta a essência de um povo, autocompreendido como liberto da escravidão por Deus. Essa memória é celebrada também por um rito, a festa da Páscoa, centralizada no evento salvífico desde os tempos antigos até hoje. Temos, então, o símbolo fundamental de libertação fazendo com que esse povo se perceba como livre de uma "terra da escravidão", tendo passado por uma peregrinação até chegar a outro lugar, uma "terra prometida". Você já imaginou a importância desse

---

10   BRUEGGEMANN, 2014, p. 250-253.
11   BRUEGGEMANN, 2014, p. 254-257.

CAPÍTULO 4: O ISRAEL ANTIGO   119

símbolo nos milênios em que os judeus não possuíam uma terra
para chamar de pátria? Quando estavam em estado permanente de
peregrinação e espera?

O terceiro evento que podemos considerar fundante e produtor
de símbolos em Israel foi a realeza. Nas narrativas da monarquia
unida, houve a combinação de uma cidade (Jerusalém) com uma
dinastia (de Davi) e um templo (de Salomão). Dos eventos conta-
dos a respeito desses dois reis, emergiu o conceito de Cidade Santa,
o lugar em que foi construído o templo de Iahweh — constituindo,
portanto, o local do trono do Altíssimo. O sacerdócio sediado nesse templo uniu as tradições da aliança do Sinai com os princípios
de entronização divina típicos dos cananeus, traduzindo o reinado
espiritual de Iahweh em uma estrutura física de culto (1Reis 8; Salmos 46).[12] A própria monarquia veio a se tornar símbolo: a partir
das narrativas de Davi, criou-se a esperança na vinda de um rei
salvador, um Messias, o monarca transmissor das bênçãos divinas
(2Samuel 7:1-13).[13] O símbolo do Messias viria a ser incrementado
e aprofundado pelo movimento profético no tempo das monarquias divididas, como veremos adiante.

Tenha em mente, portanto, estes três símbolos norteadores da
tradição bíblica e judaica: a ideia do povo escolhido, a libertação
rumo a uma terra prometida e uma realeza transmissora das bênçãos divinas. Em sua soma, você terá o conjunto fundamental da
estrutura simbólica da Bíblia hebraica.

O movimento profético e o drama de Israel e Judá

A Bíblia hebraica apresenta duas monarquias competindo pela
fidelidade das tribos: uma ao norte, o Reino de Israel, e outra ao
sul, o Reino de Judá. Cada uma produziu suas próprias narrativas,
das quais sobreviveram basicamente as de Judá. Ou seja, a perspectiva dos judaítas prevaleceu após a destruição de Samaria. Por isso
o símbolo da realeza está basicamente vinculado a Jerusalém e às

---

12   BRUEGGEMANN, 2014, p. 844-845.
13   CROATTO, 1968, p. 131.

tradições do sul. Grande parte dos textos da Bíblia hebraica tiveram origem ou foram compilados no templo de Jerusalém ou no palácio da monarquia davídica.

Embora seja um texto produzido sob a perspectiva do sul, o registro não é nada elogioso aos próprios atos do passado de Judá, pois seus autores apresentam, em tintas vívidas, tanto os pecados dos nortistas como dos sulistas. Por isso a Bíblia hebraica dá voz à oposição das estruturas de poder das capitais. Essas vozes vinham principalmente dos profetas, os "gênios solitários" de diversas origens e estilos. Os profetas apresentam a decepção com a perversidade dos reis, que deveriam ser um farol da justiça de Iahweh. Mas não: os monarcas de Jerusalém agiam tão ou mais perversamente que os outros reis do mundo. Assim, coube aos profetas incrementar as metáforas do divino, trazendo múltiplas imagens para demonstrar o contínuo interesse de Iahweh por seu povo, como o marido apaixonado e traído pela esposa prostituída (Oseias 3:1) ou o médico tratando das chagas dos doentes (Jeremias 30:17). Os profetas foram parte de um processo interminável de atualização das experiências históricas de Israel e Judá, à luz de sua fé no Deus libertador.[14] Se a realidade presente era sombria, os profetas mostravam que Deus continuava interessado em seu povo e faria algo novo no futuro.

Então, os profetas trouxeram a imaginação de outra realidade possível. Entre tantas imagens de esperança, a que ganhou destaque cada vez maior foi a do rei justo e bondoso, um descendente de Davi, não mais como os monarcas perversos que regiam o povo, mas alguém sobre o qual repousaria o Espírito de Iahweh (Isaías 61:1).[15] Essa esperança ganharia contornos ainda mais dramáticos com a chegada dos babilônios (605 a.C.) e a destruição de Jerusalém (586 a.C.). Profetas como Ezequiel imaginaram um tempo brilhante depois das trevas, quando um bom pastor resgataria as ovelhas perdidas (Ezequiel 34:11-16) e até mesmo uma multidão

---

14 BRUEGGEMANN, 2014, p. 806-812.
15 BRUEGGEMANN, 2014, p. 361-362.

CAPÍTULO 4: O ISRAEL ANTIGO   121

de ossos secos seria preenchida com carne para voltar à vida (Ezequiel 37:1-28).

Se temos uma série de símbolos oriundos do conjunto das narrativas dos patriarcas, destarte a ideia de povo escolhido, do êxodo
com a libertação divina e da realeza como transmissora das bênçãos divinas, há ainda o acréscimo de outras inúmeras imagens vívidas da poesia proveniente do movimento profético — sem falar
naquela desenvolvida na liturgia e manifesta nos salmos. Enfim, os
antigos escritores bíblicos produziram textos carregados de imensa
carga simbólica e metafórica. Interessa aqui que tais imagens auxiliaram a construir a identidade dos judaítas, uma vez que as identidades — sejam individuais, sejam coletivas — também são defi-
nidas pelo que se espera do futuro. E os judaítas estavam repletos
da imaginação, plantada pelos profetas, de outra realidade possível
e amplamente desejada — mesmo quando viviam no desterro de
sua pátria, no exílio entre os povos. Seus textos eram produtores de
esperança; para eles, as lágrimas do presente irrigavam as sementes
da colheita do futuro (Salmos 126:5-6).[16]

Se o maior símbolo da presença divina em Judá, o templo de
Jerusalém, perdeu-se com a destruição da cidade, o Segundo Templo (reconstruído por volta de 520 a.C.) trouxe de volta sua carga
simbólica. Como a população na Judeia era pequena e vivia em
um território relativamente compacto no entorno de Jerusalém, a
nova estrutura conseguiu estabelecer uma centralidade nunca antes alcançada, capaz de impor a exclusividade na adoração de uma
pequena "comunidade de cidadãos do templo", centralidade essa
que foi reforçada pelas reformas de Esdras.[17] Com as narrativas do
retorno do exílio e algumas pinceladas proféticas tardias, concluiu-
-se o testemunho de Israel nos textos que, séculos depois, seriam
reunidos e canonizados na Bíblia hebraica.

---

16   Aqui se trata da construção de uma "identidade prospectiva", sugestão de Paul Ricoeur que mencionei na Primeira Parte.
17   GERSTENBERGER, Erhard S. *Israel no tempo dos persas:* séculos V e IV antes de Cristo. São Paulo:
Loyola, 2014, p. 119. Sobre a importância do período persa na configuração de uma identidade judaica,
vejam-se os artigos publicados em TERRA, Kenner; LELLIS, Nelson. *Judaísmo e período persa:* imaginários, textos e teologias. São Paulo: Recriar, 2021.

O ocaso da pátria da Judeia e a emergência da Bíblia hebraica

Como mencionei no início deste capítulo, não há como ter certeza historiográfica sobre Israel e Judá na Antiguidade. Entretanto, é possível verificar o resultado dessa longa história. Podemos falar de uma identidade judaica bem estabelecida desde o século II a.C., baseada no corpo literário composto ao longo dos séculos e reconhecido como revelação divina. O problema é que não sabemos exatamente quando se deu esse reconhecimento.

Sei que deixo aqui uma perspectiva bastante vaga tanto da história de Israel como da redação e do agrupamento dos textos da Bíblia hebraica. O fato é que não há consenso quanto às autorias e muito menos quanto às datas de escrita da maioria de seus livros. Se há um consenso, é que a Torá, composta pelos cinco primeiros livros do cânon, é seu documento fundamental. A tradição judaico-cristã atribui sua autoria a Moisés, uma afirmação que não se baseia em evidências internas ou externas ao texto, mas como opção teológica. Moisés é o grande personagem do evento fundante da aliança sinaítica, razão pela qual desempenha papel autoritativo sobre a Torá — mesmo que não seja possível estabelecer sua autoria nem uma cronologia de sua composição.[18]

Então, nosso primeiro dado é que a Torá é o pilar fundamental da Bíblia hebraica, sobre o qual todo o restante se sustenta. Uma vez que, da Torá, emergem os dois primeiros e principais símbolos da Bíblia hebraica — a eleição-promessa e a libertação —, darei maior atenção ao texto mosaico nas próximas páginas.

As hipóteses de uma história da redação da Torá

Há diversas hipóteses para a escrita da Torá; não pretendo aqui fazer um levantamento delas. Claro, há defensores da autoria plena de Moisés no século XV ou XIII a.C.; outros defendem a escrita

---

18 WON, Paulo. *E Deus falou na língua dos homens:* uma introdução à Bíblia. Rio de Janeiro: Thomas Nelson Brasil, 2020. p. 154-155.

CAPÍTULO 4: O ISRAEL ANTIGO   123

mosaica, concluída pouco tempo depois por outro autor desconhecido, ou mesmo sofrendo retoques ao longo do tempo. Poderia citar a famosa teoria documental afirmando que a Torá seria uma composição tardia baseada em quatro fontes originais (javista, eloísta, deuteronomista e sacerdotal). Esse tema costuma causar certo estresse entre os mais tradicionais, e considerar Moisés o autor único e pleno da Torá por vezes é item indispensável para provar que é um crente ortodoxo. Mas não deveria ser assim. Mesmo teólogos conservadores concluem que esse fabuloso documento não foi escrito apenas por uma pessoa, mas é "produto de uma comunidade de fiéis ao longo de muitos séculos".[19] Enfim, a discussão é vasta, e apresentarei apenas duas hipóteses para exemplificar a dificuldade do tema.

Parte da historiografia do antigo Israel tem situado o momento redacional ou de composição final da Torá no período pós-exílico. Essa hipótese parte do entendimento de que a política tolerante do Império Persa concedia relativa autonomia aos seus súditos, tanto em termos administrativos como religiosos. Por isso, o teólogo e historiador Haroldo Reimer levantou a tese de que a obra teria sido formatada com autorização dos imperadores aquemênidas, uma vez que Esdras veio a Jerusalém para ensinar a lei de Deus com aval dos reis (Esdras 7:14).[20] Na época de Esdras, ter-se-ia iniciado a seleção de leis e tradições, não inventadas naquele momento, mas formadas ao longo dos séculos e conhecidas do povo judaíta. O ato redacional teria ainda inserido a memória e as esperanças populares no corpo literário da Torá e organizado os elementos importantes do passado de Judá em uma estrutura mítica.[21] Ou seja, esse corpo de leis e narrativas teria sido aglutinado no entorno da grande história da libertação do êxodo, apresentada como se ela inteira tivesse sido doada em um único momento diante do Sinai.

---

19 Veja, por exemplo, a conclusão sobre a data e a composição da Torá em LASOR, William S.; HUBBARD, David A.; BUSH, Frederic W. *Introdução ao Antigo Testamento*. São Paulo: Vida Nova, 1999. p. 14.

20 REIMER, Haroldo. *O antigo Israel*: história, textos e representações. São Paulo: Fonte Editorial, 2017. p. 68-69.

21 REIMER, 2017, p. 74.

Já para o professor de estudos bíblicos William Schniedewind, a escrita da Torá — e até mesmo de alguns livros proféticos — pode ter ocorrido antes, ainda no período monárquico de Judá. Para ele, o fato de um texto sagrado haver surgido em uma sociedade pastoril e de tradição oral foi um "divisor de águas na civilização ocidental".[22] Segundo sua hipótese, a produção textual foi dirigida pela monarquia e por seus descendentes em um processo que durou séculos, tendo continuidade mesmo depois do exílio (por meio de nobres davídicos como Zorobabel). Assim, o conjunto das produções textuais do Israel antigo teria sido concluído por volta do século III a.C. Depois disso, a Bíblia hebraica seria apenas "copiada, traduzida, parafraseada, comentada e embelezada de todas as maneiras possíveis" pelos literatos, os quais se resumiam basicamente aos sacerdotes e levitas controladores do Segundo Templo.[23]

Reimer e Schniedewind são exemplos de duas hipóteses sobre a cronologia da escrita da Torá e do restante da Bíblia hebraica, demonstrando em que medida o tema está aberto. A despeito disso, podemos fazer outra pergunta: Como os judeus depois do exílio vieram a atribuir aos textos do passado um valor de sacralidade ou de "revelação divina"? Os próprios registros bíblicos apontam para algumas pistas.

Quando os textos passaram a ser sagrados?

Moisés é descrito *escrevendo* "estas palavras", as palavras ditas por Deus (Êxodo 34:27-28). Ou seja, o próprio texto menciona alguma escrita de Moisés, embora não se saiba se "estas palavras" são apenas as ditas naquele momento ou se dizem respeito a toda a Torá. Não é esse o ponto que pretendo analisar agora. O dado a considerar é que aquilo que Moisés escreveu, independentemente de qual seja o conteúdo, raras vezes aparece sendo *lido* nas narrativas depois do êxodo. Ou seja, se Moisés escreveu a Torá, ninguém

---

22 SCHNIEDEWIND, William M. *Como a Bíblia tornou-se um livro:* a textualização do antigo Israel. São Paulo: Loyola, 2011. p. 13.
23 SCHNIEDEWIND, 2011, p. 258.

CAPÍTULO 4: O ISRAEL ANTIGO

a leu durante muito tempo — pelo menos não temos notícia disso na própria Bíblia.

A primeira e única menção a uma leitura pública de algo escrito por Moisés ocorreu nas narrativas de reafirmação da aliança em Siquém (Josué 8:30-35), em um corpo literário vinculado diretamente ao êxodo. Depois desse episódio, não temos mais qualquer evento dizendo que alguém abriu a lei de Moisés e fez uma leitura pública — como, por exemplo, Jesus fez na sinagoga em Nazaré, ao abrir o rolo de Isaías (Lucas 4:14-20). Você encontrará pessoas frequentando o Tabernáculo para orar ou realizar sacrifícios, mas nunca há menção a uma leitura ou um rolo sendo aberto. Nem sequer na centralização do culto em Jerusalém promovida por Davi (2Samuel 6:17-19) ou na construção do templo por Salomão (1Reis 8:1-66) há menção à Torá ou à leitura de qualquer livro. O mesmo vazio pode ser constatado em todas as reformas religiosas empreendidas pelos reis de Judá, como em Ezequias (2Crônicas 31:1-21), ocasião em que o rei e o povo destruíram altares de ídolos, mas jamais realizaram leituras públicas.

A primeira referência à leitura de um livro aparece quando os oficiais de Josias encontraram o "livro da lei" durante uma reforma do templo, por volta de 620 a.C. (2Reis 22:1-20). O que impressiona nessa referência é que os próprios sacerdotes pareciam não conhecer e não fazer uso do documento encontrado.[24] A narrativa de Josias se refere a um achado, mas aponta principalmente para o fato de a tradição sacerdotal de Judá desconhecer a Torá. Claro, isso pode apontar para a apostasia total de uma ou duas gerações, mas essa não é uma conclusão muito convincente.

Vejamos, então, a questão que me parece ser fundamental. Não vem ao caso se a Torá ainda não existia como livro concluído ou se simplesmente foi esquecida durante oito séculos. O fato é que, após o exílio, encontramos uma virada. O exílio e a destruição de Jerusalém deram início a um tempo obscuro do qual não há mais

---

24 GABEL, John B.; WHEELER, Charles B. *A Bíblia como literatura:* uma introdução. São Paulo: Loyola, 1993. p. 77.

referências históricas nem bíblicas. Por isso, a narrativa contida no livro de Neemias é notável. Segundo a tradição registrada nesse texto, Esdras chegou em Jerusalém como escriba, embora fosse sacerdote de uma linhagem importante. Mas Esdras não atuou como Samuel, que sacrificava invocando a ação divina nas batalhas contra os inimigos de Israel (1Samuel 12:18); tampouco agiu como o sacerdócio tradicional de Davi e Salomão, com sacrifícios em rituais metódicos (1Reis 8:5). Essa seria precisamente a atribuição de seu ofício, mas Esdras executou uma função completamente diferente ao convidar o povo a ouvir a leitura pública da Torá, explicando o conteúdo da lei (Neemias 8:1-8).[25] Nesse ato, Esdras fundiu a função sacerdotal com a escritural no serviço litúrgico em torno de um livro. Desde então, a comunidade do Segundo Templo também passou a estudar a lei com um caráter público: lendo-a na praça (Neemias 8:1), às margens do rio (Esdras 8:15) ou diante do templo (Esdras 10:1).[26]

Esdras e seus sucessores escribas (os *soferim*) despertaram a exegese baseada no estudo da Torá, traduzindo e dando sentido em um longo processo que viria a dar origem à noção de "Escritura Sagrada".[27] Isso significa que o fenômeno de leitura e releitura foi decisivo para a elaboração do *corpus* bíblico. Os judaítas tomaram consciência espiritual ao identificarem as causas de seu fracasso nacional. Entenderam que a desobediência os levara ao exílio, mas também refletiram sobre como Deus havia demonstrado aos seus ancestrais um plano eterno. O passado, então, ganhou estatuto de profecia. Muitos textos exílicos não foram redigidos para arquivar ou registrar o passado, mas porque o passado falava do presente e direcionava para o futuro. E, principalmente, "fala também de um ato de poder de Deus, que transcende toda a memória, que se põe à frente do tempo e se torna, por isso, objeto de esperança", como

---

25 SCARDELAI, Donizete. *O escriba Esdras e o judaísmo:* um estudo sobre Esdras na tradição judaica. São Paulo: Paulus, 2012. p. 82-83.
26 SCARDELAI, 2012, p. 87-88.
27 SCARDELAI, 2012, p. 255.

CAPÍTULO 4: O ISRAEL ANTIGO

127

afirma Pelletier.[28] O passado de Israel foi analisado e compreendido à luz do que Deus pretendia fazer com seu povo, ganhando sentido e produzindo uma identidade para o amanhã.

Assim, o período pós-exílico mostra uma espécie de "renascimento" de Israel: se antes os heróis eram protagonistas dos milagrosos feitos divinos, como Moisés abrindo o mar, Sansão matando mil inimigos com uma queixada de jumento ou Elias invocando fogo do céu na manifestação de Iahweh, desde Esdras e Neemias ganharam destaque a leitura do texto e o engajamento comunitário para a reconstrução nacional. Nesses textos tardios, não mais o mar se abre pela ação divina, mas o livro sagrado é aberto no ato de leitura. A autoridade gradativamente migrou do rei, do sacerdote ou do profeta para as Escrituras.[29] Disso deriva que, depois desse tempo, cessou o profetismo (como lamenta a passagem em Salmos 74:9).[30] Desde então, não mais se dizia "ouçam a voz de Deus" (Isaías 1:10), mas "leiam na Escritura" (Isaías 34:16).[31]

Ou seja, em Esdras e Neemias houve a emergência de um texto consultado como Escritura Sagrada. A confiança para com os textos creditados a Moisés foi gradativamente ampliada para os outros escritos históricos, proféticos e sapienciais, cuja leitura pública levou à substituição dos sacrifícios pelo culto baseado na leitura da Palavra revelada. O que definiria o culto não era mais tanto o sacrifício, mas o estudo do texto sagrado. Esse seria o princípio básico para a emergência das sinagogas.[32]

O surgimento do judaísmo

Às dúvidas que temos sobre os fatos históricos do passado de Israel, podemos acrescentar o desconhecimento a respeito da origem das sinagogas. Não sabemos exatamente quando surgiram; foi

---

28 PELLETIER, 2006, p. 111.
29 SCARDELAI, 2012, p. 21-23.
30 ARENHOEVEL, Diego. "A era pós-exílica: época do anonimato", p. 314-329. In.: SCHREINER, Josef. *O Antigo Testamento*: um olhar atento para sua palavra e mensagem. São Paulo: Hagnos, 2012. p. 319.
31 DONNER, Herbert. *História de Israel e dos povos vizinhos*: da época da divisão do reino até Alexandre Magno. São Leopoldo: Sinodal; Petrópolis: Vozes, 1997, v. 2. p. 494-495.
32 DONNER, 1997, p. 495.

dentro de um longo vácuo histórico destituído de registros escritos que remonta, inicialmente, ao século V a.C. até o século II a.C.[33] Elas aparecem aqui e ali até se tornarem o principal lugar de encontro dos descendentes de Judá. Esses séculos foram de intensas transformações, quando a terra de origem dos exilados mudou até mesmo de nomenclatura: não era chamada mais *Judá* (do hebraico *Yehudah*), mas *Judeia* (do aramaico *Yehud* e do grego *Ioudaía*).[34] O mesmo se deu com seus habitantes: eles passaram a ser denominados *judeus* (do aramaico *yehudim*), termo que seria utilizado por toda a diáspora.[35]

Como já mencionei, o processo de sacralização da Torá e dos demais livros é um mistério. Os textos que se tornaram o cânon da Bíblia hebraica eram basicamente toda a literatura hebraica clássica, considerada autoridade religiosa no período pós-exílico. A tradicional divisão tripartite (Torá, Profetas e Escritos) aparece mencionada em documentos dos Manuscritos do Mar Morto e em textos do Novo Testamento, o que indica que, talvez um século antes da época de Cristo, havia um cânon hebraico usado com valor autoritativo, tendo a Torá primazia sobre os demais textos.[36] Os antigos exilados de Judá assumiram as tradições pregressas, até mesmo das demais tribos de Israel. Identificaram-se com aqueles textos e, por meio de leitura e exegese, deram origem ao "judaísmo". Esse termo foi registrado pela primeira vez por volta de 120 a.C. (em 2Macabeus 2:21; 14:38), sendo usado para denominar um povo espalhado pelo mundo antigo com características étnicas e religiosas comuns.[37] Note: não podemos falar de um "judaísmo" antes de os textos da Bíblia hebraica terem sido finalizados e considerados autoritativos. O estudo de seus textos deu origem a essa comunidade. Mas, mesmo nesse tempo, ainda não há um "cânon fechado", uma ideia de Bíblia segundo a qual não possa haver

---

33 DONNER, 1997, p. 490-491.
34 PAUL, André. *O judaísmo tardio*: história política. São Paulo: Paulinas, 1983. p. 94-95.
35 KESSLER, Rainer. *História social do antigo Israel*. São Paulo: Paulinas, 2009. p. 211.
36 WON, 2020, p. 56-63.
37 SCARDELAI, Donizete. *Da religião bíblica ao judaísmo rabínico*: origens da religião de Israel e seus desdobramentos na história do povo judeu. São Paulo: Paulus, 2008. p. 77.

CAPÍTULO 4: O ISRAEL ANTIGO   129

nenhum livro a mais ou a menos. Isso somente aconteceria depois de Cristo.

Assim como essa autoridade dos textos antigos não significou um cânon fechado, também o judaísmo desse tempo não significou um mesmo grupo monolítico e idêntico em cada canto do mundo. Podemos tratar de diversos judaísmos, com estilos e crenças diferentes. Algumas características prevaleceram, podendo ser compreendidas como um "judaísmo geral": a fé monoteísta em Iahweh; o povo de Israel conforme a tradição; o templo de Jerusalém como o centro da fé; e a Torá como palavra divina revelada.[38] Essa tradição, constituída a partir do texto atribuído a Moisés, funcionou como base identitária. Tal identidade conferiu a unidade necessária ao movimento piedoso dos macabeus durante o domínio helenista sobre a Judeia, quando a família do sacerdote Matatias desencadeou uma rebelião contra a helenização forçada que Antíoco Epifânio (175-164 a.C.) promoveu.[39] Ou seja, no caso concreto da Revolta dos Macabeus, podemos verificar como o texto produzido por Israel passou a definir quem Israel era, dando àquele povo uma base identitária de caráter "nacional", combustível para sua revolução.

A literatura judaica do Segundo Templo

O tempo dos macabeus e de seus descendentes asmoneus — bem como o século seguinte da história conflituosa do Segundo Templo — foi de intensa produção textual, tanto em hebraico e aramaico como em grego. Os livros aí produzidos podem ser sumariados em três grandes categorias: os apócrifos ou deuterocanônicos (livros não considerados canônicos, escritos entre 200 a.C. e 100 d.C.); os pseudepígrafos (textos falsamente atribuídos a uma personalidade respeitada do passado); e os textos da comunidade de Qumran.[40]

---

38 CAMPBELL, Jonathan G. *Deciphering the Dead Sea Scrolls*. 2. ed. Oxford: Blackwell, 2002. p. 113-115.
39 MAZZINGHI, 2017, p. 141-145.
40 Para uma visão geral da variedade dos escritos do período, veja NASCIMENTO, José Roberto do. "Apócrifos e pseudepígrafos do Antigo Testamento e sua importância para uma adequada compreensão do cristianismo primitivo e do Novo Testamento", *Reflexus*, v. 12, n. 20, 2018. p. 627-50. Disponível em: revista.fuv.edu.br/index.php/reflexus/article/view/627/736. Acesso em: 29 set. 2022.

130   NÓS E A BÍBLIA

A tendência apocalíptica desse período foi a radicalização de diversos pequenos grupos do judaísmo, os quais aguardavam uma catástrofe seguida do juízo divino e a recriação de um novo mundo. Tais profecias escatológicas apareceram por vezes acompanhadas de intenso messianismo.[41]

Emergiu também nesse tempo uma forma de interpretação das profecias registrada nos textos da comunidade de Qumran. O Mestre da Justiça, líder da comunidade (que afirmava ser portador de uma inspiração especial de Deus), entendia os acontecimentos de seu tempo como cumprimento das profecias mais antigas. E, a partir dessa leitura da realidade à luz dos textos antigos, os judeus de Qumran praticaram um método que veio a ser chamado de *pesher*. De acordo com esse método, era possível promover ementas nos textos sagrados, criar variantes combinando a interpretação e atualizar as profecias para o próprio tempo ou para o futuro imediato. A título de exemplo, a profecia de Habacuque sobre os babilônios vindo a Jerusalém (Habacuque 1:6) foi interpretada como a vinda dos romanos contra a comunidade de Qumran.[42] Enfim, nenhum desses textos tardios veio a ser aceito no cânon da Bíblia hebraica, mas demonstram em que medida os textos mais antigos eram capazes de ser relidos, reinterpretados e inspirar novos textos recheados de lamento e esperança. Cabe lembrar aqui a ressonância da Bíblia, assunto abordado em outro capítulo.

Enfim, os acontecimentos históricos dramáticos vividos por cada geração foram interpretados a partir das referências anteriores. O caráter tipológico é típico da forma judaica de compreender a realidade. Por isso, a chegada dos romanos à Judeia, quando Pompeu entrou, de forma ousada, no Santo dos Santos em pleno sábado, marcou profundamente a mentalidade dos judeus mais piedosos. Seu ato repetia, com uma dramaticidade ainda maior, a chegada do poder tenebroso e opressor de Antíoco Epifânio. A situação dos judeus sob o domínio romano invocava as narrativas recentes do

---

41 ARENHOEVEL, 2012, p. 326-327.
42 KLEIN; HUBBARD; BLOMBERG, 2017, p. 87-88.

CAPÍTULO 4: O ISRAEL ANTIGO   131

heroísmo macabeu sob a opressão helenista. Assim, os macabeus foram transformados em símbolo da resistência contra as potências estrangeiras.[43] Isso demostra de que forma a identidade dos judeus seguia em plena formação, ampliada e atualizada, mas sempre fundamentada nos símbolos já constituídos no passado.

Assim, o tempo do domínio romano foi ambíguo, marcado por profunda piedade judaica, alicerçada nas múltiplas esperanças produzidas pelos textos sagrados da Torá, dos Profetas e dos Escritos, mas vivendo o paradoxo de permanecer sob a tirania de um império estrangeiro opressor como o de Roma. Foi nesse período que Jesus viveu, pregou e, segundo a proclamação cristã, foi crucificado, sob a acusação de ser o "Rei dos Judeus" (Marcos 15:26). A narrativa cristã emerge nesse universo simbólico messiânico de decepção e expectativa, o que analisarei na terceira parte deste livro.

O fim da história antiga de Israel

A Judeia do primeiro século viu a eclosão de rebeliões motivadas pela mesma esperança messiânica que se manifestara no movimento de Jesus. Duas delas resultaram em guerras contra Roma. A primeira foi registrada por Josefo com o título de *Guerra dos judeus* (66-70 d.C.), uma rebelião generalizada tendo como principal protagonista o autoproclamado messias Simão bar Giora, a qual culminou com a destruição de Jerusalém e do templo.[44] A segunda rebelião na Judeia (132-135 d.C.) ocorreu como resposta à decisão do imperador Adriano de transformar Jerusalém em uma cidade romana e construir ali um templo a Júpiter. Nessa ocasião, emergiu outro líder messiânico, Simão bar Kochba, cuja aventura terminou com a devastação de toda a província e da Cidade Santa. Simbolicamente, Adriano determinou o fim da pátria judaica ao mudar o nome da Judeia para *Palestina* e de Jerusalém para *Aelia*

---

43 MAIER, Johann. *Entre os dois Testamentos:* história e religião na época do Segundo Templo. São Paulo: Loyola, 2005. p. 174.
44 KOESTER, Helmut. *Introdução ao Novo Testamento:* história, cultura e religião do período helenístico. São Paulo: Paulus, 2005, v. 1. p. 402.

Capitolina.[45] A mudança dos nomes foi um duro ataque do imperador romano aos símbolos judaicos: atacava, ao mesmo tempo, a terra prometida e a realeza vinculada a Jerusalém.

O fim da Judeia como terra pátria dos judeus foi imediatamente anterior à definitiva canonização dos textos por eles produzidos. Segundo a tradição judaica, os *tanaim* (herdeiros dos sábios escribas e fariseus) fundaram a Academia de Jâmnia, na Galileia, onde os mestres Akiva ben Jossef e Gamaliel II, após liderarem um longo debate, encerraram o cânon dos livros reconhecidos como sagrados e atribuíram oficialidade à Bíblia hebraica. Esse encontro teria ocorrido por volta de 90 d.C.[46] Bem, essa é a versão tradicional da história. Para o professor Julio Trebolle Barrera, a questão é bem mais complexa. Na opinião dele, a fixação aconteceu pouco a pouco pela necessidade prática das sinagogas em suas liturgias, e não pela simples decisão de um grupo de sábios. Embora não tenha sido um processo isento de contestações, ao final do primeiro século havia algum consenso entre os mestres judeus, cuja motivação pode ter sido impedir que membros de suas sinagogas considerassem sagrados os textos produzidos pelos nazarenos — os documentos que dariam origem ao Novo Testamento.[47]

De toda forma, qualquer que tenha sido o processo, os textos escritos pelos antigos judeus ganharam estatuto sagrado na forma de um livro fechado — um cânon. Como bem aponta Northrop Frye, os judeus não foram hábeis na manufatura nem na arquitetura. As construções mencionadas na Bíblia eram bem modestas em comparação a outras obras da Antiguidade. Sua estatuária era praticamente inexistente, dada a aversão às imagens de escultura. Mas, enquanto os impérios construíam palácios, os judeus produziram a Bíblia. Os palácios viraram pó e ruínas, enquanto o Livro

---

45 BORGER, Hans. *Uma história do povo judeu:* de Canaã à Espanha. 5. ed. São Paulo: Sêfer, 2015. p. 246-248.
46 BORGER, 2015, p. 232, 244-245. Nesse tempo, também temos a circulação de documentos judaicos escritos por judeus convertidos a Jesus Cristo, os quais dariam origem ao Novo Testamento. Esse assunto será tratado na Parte III.
47 TREBOLLE BARRERA, Julio. *A Bíblia hebraica e a Bíblia cristã:* introdução à história da Bíblia. Petrópolis: Vozes, 1995. p. 197-198.

CAPÍTULO 4: O ISRAEL ANTIGO 133

permanece até hoje, demonstrando a supremacia da palavra sobre o monumento. Assim,

> a supremacia do verbal sobre o monumental parece ter em si algo da supremacia da vida sobre a morte. Qualquer forma individual de vida pode ser aniquilada pelo menor acidente, mas a vida como conjunto tem um poder de sobrevivência que é maior do que o de qualquer coleção de pedras.[48]

Esse poder de sobrevivência da palavra foi capaz de manter a cultura judaica viva e pujante até a atualidade. O grande mistério da formação do cânon bíblico só é comparável ao mistério da própria história do antigo Israel. Mas podemos concluir, com certeza, que o texto produzido se tornou o produtor de uma nação. E esse fundamento se manteria na história dos judeus como uma das marcas de sua identidade até os dias de hoje.

---

48 FRYE, 2004, p. 238.

Capítulo 5
O JUDAÍSMO

Os séculos depois da destruição de Jerusalém assistiram ao desenvolvimento contínuo de comunidades judaicas na diáspora, cuja experiência histórica construiu novas identidades e continuou produzindo judaísmos adaptados aos locais em que as famílias judaicas se estabeleciam. Entretanto, permanecia o fio condutor em torno do Livro. Neste capítulo, abordarei a configuração dos judaísmos ao longo dos séculos, sua relação com a Bíblia e o desenvolvimento de novos símbolos derivados do mesmo referencial do passado.

Os judaísmos na diáspora

A diáspora judaica mantinha um vínculo estreito com a Terra Santa durante o tempo de escrita e fixação do cânon bíblico, uma vez que Jerusalém e o templo ainda existiam e viviam até mesmo certo protagonismo regional. Naquele tempo, muitos judeus peregrinavam para Jerusalém, provenientes do mundo inteiro, especialmente por ocasião da celebração de festas como o Pentecostes, conforme descrito no livro cristão de Atos. Entretanto, tal vínculo desapareceu nas revoltas de 70 e 135 d.C., quando a Judeia deixou de existir como terra pátria dos judeus e passou a ser denominada Palestina. A ligação religiosa com a Terra Santa permanecia pelos textos bíblicos, mas foi despolitizada. O santuário de Sião estava perdido, motivo de lamento, mas permaneceu como alvo de esperança no futuro — esperança não baseada nas possibilidades do povo judeu, mas em Deus e em suas promessas de restauração.[1] Entretanto, apesar da destruição da Judeia e de Jerusalém, nenhum império (romano, cristão ou muçulmano) impediu o desenvolvimento de um judaísmo mundial, composto por comunidades judaicas vinculadas entre si por uma religião com bases étnicas. Desde então, não se pode mais falar de uma história de Israel, Judá ou Judeia, mas de uma história do judaísmo.[2]

A maior parte das correntes sectárias judaicas do primeiro século, como os saduceus e os essênios, desapareceu com a destruição do Segundo Templo. Para o teólogo Donizete Scardelai, os que sobreviveram foram os fariseus, dando origem ao judaísmo rabínico.[3] Já para o historiador Martin Goodman, os fariseus eram um grupo diferente dos sábios (*hakham*), e esses sábios teriam dado origem ao rabinato. Fariseus e sábios tinham afinidades interpretativas da Torá, sendo por isso associados uns aos outros pela tradição cristã (de forma equivocada, segundo Goodman).[4] Os sábios eram o movimento de rabis do primeiro século, que afirmavam preservar uma cadeia de ensinamentos orais desde Moisés, conhecida como tradição *mishnaica*.[5] Sua tradição, portanto, afirma remontar também a Moisés, mas pela via da tradição oral, diferente de outros grupos, como os saduceus, que dependiam exclusivamente da tradição escrita da Torá. Os grupos de rabis desenvolveram paixão pelo debate em "fraternidades nas quais o estudo da Torá era valorizado por si

---

1 GUNNEWEG, Antonius H. J. *História de Israel:* dos primórdios até Bar Kochba e de Theodor Herzl até os nossos dias. São Paulo: Teológica; Loyola, 2005. p. 305-306.
2 GUNNEWEG, 2005, p. 308.
3 SCARDELAI, 2008, p. 161-162.
4 GOODMAN, Martin. *A história do judaísmo.* São Paulo: Planeta, 2020. p. 152-53.
5 GOODMAN, 2020, p. 196-197.

CAPÍTULO 5: O JUDAÍSMO   137

só".[6] Então, o judaísmo rabínico, seja derivado dos fariseus, seja dos sábios, foi o fio condutor mais "oficial" da tradição do judaísmo desde o ocaso de Jerusalém na Antiguidade.

O espalhamento dos judeus pelo mundo não tem uma história detalhada. Eventualmente, encontram-se vestígios de comunidades judaicas estabelecidas neste ou naquele lugar, mas sem o registro de como lá chegaram. Esse fato pode ser constatado especialmente no Extremo Oriente, em países como Índia, China e Mongólia, locais em que, em geral, parece ter ocorrido grande assimilação junto às culturas locais. Outra situação peculiar pode ser encontrada no centro da África, onde emergiram rumores sobre as "tribos perdidas de Israel", como os *falashas* da Etiópia. Talvez o mais famoso caso de judeus da periferia dos impérios tenha sido o dos *kasares*, povo turco estabelecido no Cáucaso do século VI em diante e convertido ao judaísmo no século VIII.[7]

Em outras palavras, houve grande variedade no relacionamento local dos judeus da diáspora. Se, no final do tempo bíblico, não se podia falar em um único judaísmo, essa pluralidade aumentou ainda mais. Em alguns casos, houve intensa assimilação cultural pelas comunidades judaicas; em outros, houve a conversão de não judeus, ampliando e reconfigurando as características do que é ser judeu em cada lugar do mundo; em outros ainda, as situações de isolamento foram a tônica, especialmente por parte dos grupos mais devotos da tradição.

O isolamento judaico entre os povos

Grande parte das comunidades judaicas da diáspora habitou os territórios dominados por impérios cristãos e muçulmanos. Os judeus piedosos, que assumiram as leis restritivas da Torá, viveram um tanto afastados de seus vizinhos e não se mostravam muito simpáticos a eles. Pelo menos é como avalia o rabino Roy Rosenberg. Tal situação viria a se agravar pelo fato de as religiões cristã e

---

6   GOODMAN, 2020, p. 200.
7   LANGE, Nicholas. *Povo judeu:* grandes civilizações do passado. Barcelona: Folio, 2007. p. 42-43.

muçulmana se afirmarem o "verdadeiro povo de Deus". As comunidades judaicas responderam a cristãos e muçulmanos que a fidelidade à Torá e às interpretações rabínicas demonstraria, no final dos tempos e pela ressurreição dos mortos, que os judeus eram o povo especial de Deus. Isso significaria a destruição dos que negavam tal fato. Então, os judeus acabaram se caracterizando ainda mais como um "povo que habita à parte", especialmente em relação às comunidades das igrejas e mesquitas que liam e interpretavam de forma diferente os textos da Bíblia hebraica.[8]

Se, de alguma forma, parte do judaísmo desejava manter certa reserva entre outros povos, o fato é que o contrário foi ainda mais intenso. Muitas comunidades judaicas sofreram com políticas de isolamento e desgaste econômico, especialmente nos reinos cristãos.[9] Em alguns momentos, houve perseguição direta. Por exemplo, sob o domínio dos visigodos, no início do século VII, na Espanha, o judaísmo foi degredado, ocasião em que muitos judeus deixaram o país, enquanto outros permaneceram e aceitaram a conversão ao cristianismo. Essa experiência de conversão forçada produziu uma espécie de judaísmo clandestino, dando origem ao *marranismo*, um fenômeno típico da Península Ibérica, segundo o qual os judeus cristianizados mantinham práticas judaicas de forma secreta.[10] Já no contexto muçulmano de expansão imperial, no qual provavelmente viviam cerca de 90% de todos os judeus do mundo, não houve esse tipo de imposição de crença. Como apenas os muçulmanos tinham a cidadania completa, os membros de outras religiões — como judeus, cristãos e zoroastristas — eram considerados povos subordinados, submetidos a impostos e restrições especiais. Essas restrições poderiam variar de brandas a severas, de acordo com o local e a época.[11]

As experiências das comunidades judaicas da diáspora foram, portanto, bem variadas. Apesar disso, aquela que poderia ser cha-

---

8 ROSENBERG, Roy. *Guia conciso do judaísmo*: história, prática, fé. Rio de Janeiro: Imago, 1992. p. 15-18.
9 LANGE, 2007, p. 34.
10 BORGER, 2015, p. 308.
11 LANGE, 2007, p. 38-39.

CAPÍTULO 5: O JUDAÍSMO   139

mada de linha mestra do judaísmo, mantendo os elementos do "judaísmo geral" mencionado no capítulo anterior, foi profundamente impactada pelos rabis, que vieram a se tornar um estrato social bem estabelecido até por volta do ano 1000 d.C. A preeminência de tais líderes, porém, não significou a unificação institucional do judaísmo.[12] Nunca houve uma estrutura centralizadora e hierárquica no judaísmo, como aconteceu, por exemplo, com a Igreja Ortodoxa no Oriente ou a Igreja Católica Romana no Ocidente europeu.

Sefarditas e asquenazes

Os séculos XI e XII foram de florescimento do judaísmo na Espanha, pouco depois da independência do califado de Córdoba. Nesse tempo, emergiu uma cultura judaico-árabe espanhola com grandes filósofos, poetas, astrônomos, além do desenvolvimento da exegese da Torá. As comunidades espanholas contaram com uma liderança judaica significativa, não tão ligada à hereditariedade ou à sabedoria talmúdica, mas à força econômica e à influência social.[13] Os judeus espanhóis viriam a ser conhecidos como *sefarditas*, provavelmente uma referência a *Sefarad*, termo hebraico para se referir à Espanha.[14] Os séculos "dourados" na Espanha terminaram em 1391, e daí em diante, quando um massacre de judeus em Sevilha, depois em Córdoba e dezenas de outras cidades espanholas, deu início à diáspora sefardita. Os judeus que fugiram da Espanha se estabeleceram nos países vizinhos e depois passaram a viver também na Itália, no norte da África, na Turquia e na Palestina.[15] A perseguição a judeus encontraria seu ápice em 1492, quando os reis católicos Fernando e Isabel assinaram o edito de expulsão dos judeus da Espanha — provavelmente o evento mais traumático da história judaica desde Bar Kochba, somente superado por Auschwitz.[16]

---

12   GOODMAN, 2020, p. 339.
13   BORGER, 2015, p. 363-364.
14   BORGER, Hans. *Uma história do povo judeu: das margens do Reno ao Jordão*. São Paulo: Sêfer, 2002, v. 2. p. 15.
15   BORGER, 2015, p. 426, 433.
16   BORGER, 2015, p. 449.

Enquanto terminava a jornada sefardita entre os ibéricos, os judeus habitantes do norte da Itália, da França, da Alemanha e do leste europeu desenvolviam outro grande centro cultural, que seria chamado de *asquenaze*, termo ambíguo e de difícil definição etimológica. Asquenazes e sefarditas desenvolveram idiomas próprios, o *ídiche oriental* (pelos asquenazes) e o *ladino* (pelos sefarditas). As duas vertentes tiveram ritos, liturgias, pronúncia e escritas hebraicas diferentes. Também os diferenciou o fato de viverem em contextos diversos: a maior parte dos sefarditas habitava em regiões islâmicas, enquanto os asquenazes habitavam os reinos cristãos. A posição geográfica influenciou ainda as academias eruditas de ambas as culturas, desenvolvidas de forma diferente: os sefarditas estavam mais ligados às tradições babilônicas, enquanto os asquenazes, às palestinas.[17]

Tanto entre sefarditas como entre asquenazes, ganhou preeminência a figura do rabi, título honorífico dado aos eruditos da Torá. Eles eram eleitos por academias talmúdicas (explicarei o *Talmude* adiante) e não recebiam salário por esse ofício. Seu sustento, da mesma forma que acontecia com os sábios e fariseus da Antiguidade, vinha do trabalho secular (ou profano). Entretanto, do século XIV em diante, o rabi iniciou a transição para "rabino", quando deixou de ser um intelectual independente para se tornar um funcionário comunitário remunerado a fim de exercer a função de liderança espiritual da sinagoga.[18] Na figura do rabino, ocorreria a profissionalização da atividade de ensino e orientação das comunidades judaicas, começando a desenhar o funcionamento sinagogal moderno.

O mundo judaico era bastante conectado durante o Renascimento. A diáspora sefardita estava assentada ao redor do Mediterrâneo e do norte da Europa, vindo a se fixar ainda nas Américas; e a transferência de asquenazes da Alemanha e da Polônia para a Europa Oriental aumentou durante as guerras religiosas entre os

---

17   BORGER, 2002, p. 15-16.
18   BORGER, 2002, p. 70.

cristãos nos séculos XVI e XVII. Enfim, as migrações de diferentes tradições judaicas provocaram reações entre os próprios judeus: por vezes, os exilados em uma nova terra enfatizavam as diferenças em relação aos judaísmos de origem, mas também aconteciam misturas das tradições por meio de casamentos e outras formas de contato social. Além disso, a adoção da imprensa pela literatura judaica ajudou a disseminar amplamente as ideias religiosas para além da elite rabínica.[19] Enfim, a tecnologia também influenciou a cultura judaica tanto quanto a cristã.

As reações à modernidade

O Iluminismo da segunda metade do século XVIII, que fermentou toda a sociedade europeia, também alcançou os judeus, provocando diferentes reações. Entre as elites intelectuais e econômicas, a tendência foi de aceitação pacífica das mudanças. Essas elites reagiram em dois níveis: no movimento cultural da *Haskalah* e no engajamento sociopolítico da *Emancipação*. A Haskalah partiu de certa assimilação cultural já praticada, propondo a total remodelação da vida judaica, incorporando componentes curriculares modernos nas escolas, atualizando o pensamento e ajustando o modo de vida à sociedade secularizada de seu entorno. Já a Emancipação foi uma ação política para buscar a libertação dos judeus, por meio da conquista de direitos políticos e civis, aproveitando principalmente o espírito da Revolução Francesa e a formação dos Estados nacionais.[20] Esses movimentos do judaísmo buscaram, portanto, assimilação ou integração às comunidades entre as quais a diáspora se estabeleceu, apresentando uma tendência acentuadamente secularizante.

Ao lado das tentativas de secularização judaica, emergiu outro movimento de cunho piedoso, iniciado na Polônia: o *hassidismo*. Partindo de orientações cabalísticas de pensamento, o hassidismo

19 GOODMAN, 2020, p. 422.
20 BORGER, 2002, p. 271-273.

baseava-se na liderança de um *tsadik*, um homem santo e mediador de Deus. O hassidismo não confiava mais em seu homem instruído, o rabino, uma vez que os rabinos estavam ligados às elites polonesas. Por isso, seus grupos promoveram a troca dessa autoridade da sinagoga pelo líder iluminado, de caráter carismático, que conduziria seus seguidores ao Pai Celeste.[21] Foi, portanto, um movimento radical de piedade, que pretendia manter-se fiel aos fundamentos da fé judaica, rebelando-se contra aquilo que eles viam como modernizações indevidas na religião dos antepassados.

Note a importância da figura do rabino para as comunidades judaicas, despertando tanto a submissão como a desconfiança e até mesmo a rebelião. O rabinismo pode ser entendido como a mais permanente influência nos judaísmos. O rabino era o catedrático, o juiz e o guia religioso, ligado à tradição de estudo da Torá baseada no Talmude. Daí também os movimentos de oposição. Outro movimento interno a fazer forte oposição ao rabinato foi o caraísmo, iniciado no século X. A vigorosa difamação dos caraítas aos rabinos, por causa do uso da *Mishná*, causou forte reação da comunidade rabínica, levando-a a consolidar o entendimento da *Torá dual* e expandindo a *Halachá* nos séculos X e XI.[22] Além da oposição caraíta, os rabinos do século XIII trataram da admissão da filosofia aristotélica e tentaram reduzir a influência do cabalismo e, no século XVIII, lutaram fortemente contra o hassidismo.[23] Os rabinos se consolidaram, portanto, como a autoridade fundamental dos judaísmos em todo o mundo, confirmando uma tradição construída nos mil primeiros anos da diáspora judaica.

O fato de os rabinos serem os pilares da interpretação da Torá não significou um congelamento das tradições, porque o Iluminismo também atingiu seu movimento. Parte dos rabinos assimilou as ideias modernas, dando origem, no século XIX, ao *judaísmo reformado* ou *reformista* — judaísmo que passou a adotar um método

---

21 BORGER, 2002, p. 302-303. A cabala será tratada na próxima parte deste capítulo.
22 GOODMAN, 2020, p. 367.
23 LANGE, 2007, p. 98-100. O caraísmo e o cabalismo serão tratados na próxima parte deste capítulo.

CAPÍTULO 5: O JUDAÍSMO

histórico-crítico de leitura das Escrituras, abrindo a liturgia para a modernização, eliminando roupas características, restrições dietéticas e a rigidez do *shabbat*. Segundo avalia o rabino Rosenberg, parte dos rabinos reformistas transformou a crença no Messias em uma era de paz e fraternidade universais — ou seja, interpretou a revelação eterna de Moisés a partir de uma fé racional, democrática e monoteísta, entendida como o legado de Israel para todos os povos.[24] Originalmente, os judeus reformistas viam a si mesmos como um movimento dentro do judaísmo em geral, embora seus costumes deixassem perplexos os mais tradicionalistas. Por outro lado, alguns reformistas veem os antigos costumes judaicos como primitivos, um impedimento para a verdadeira religião, redefinindo-se no contexto mais amplo das religiões.[25] Com o tempo, a distância entre ortodoxia e movimento reformista se intensificou, com muitos ortodoxos se recusando a aceitar a validade de seus casamentos e conversões, e não considerando seus membros como judeus segundo a *Halachá* — a lei judaica.[26]

A modernização desse segmento do rabinato provocou outras reações conservadoras ainda mais radicais, que se manifestaram na emergência dos *haredim*, os "ansiosos" por observar os mandamentos divinos. Esse foi o termo usado para definir os judeus ortodoxos nos séculos XIX e início do XX, mas, atualmente, é reservado aos ultraortodoxos, os quais rejeitam qualquer relacionamento com a sociedade contemporânea.[27] Com o tempo, os antigos membros do hassidismo acabaram tornando-se a vanguarda da resistência dos *haredim* pelos valores tradicionais.[28] Os haredim são um grupo bastante visível nas sociedades em que vivem — fisicamente, até, pelas roupas padronizadas e diversas dos hábitos locais. Com isso, angariaram certa antipatia de outras comunidades judaicas da diáspora, talvez pelo fato de pressionarem moralmente outros

24 ROSENBERG, 1992, p. 145-147.
25 GOODMAN, 2020, p. 552.
26 GOODMAN, 2020, p. 554.
27 GOODMAN, 2020, p. 575.
28 GOODMAN, 2020, p. 581.

judeus a adotarem a vida religiosa tradicional, ou pelo constrangimento diante de não judeus, para quem todos os judeus seriam participantes desse radicalismo. A tensão entre os haredim e outros judeus mais secularizados tem crescido desde a última metade do século XX, em especial pelas transformações sociais e culturais e pelo aumento do poder dos haredim, com destaque para o atual Estado de Israel.[29]

A crescente secularização dos judeus tem sido uma dificuldade demográfica para as sociedades da diáspora, já que o casamento com não judeus e a assimilação da cultura local criam um problema para definir quem é ou não judeu. Nos Estados Unidos, tornou-se uma questão de escolha identitária para os filhos dos casamentos "mistos". Muitos judeus mantêm filiação cultural, mas não frequentam sinagogas, embora estejam comprometidos com organizações judaicas seculares. Por isso, é comum alguns praticarem a religião em sociedades multiculturais da mesma forma que muitos cristãos nominais o fazem — ou seja, escolhendo participar ou não da sinagoga.[30] Para esses judeus, frequentar uma sinagoga tem função apenas social, sendo comum o cumprimento de obrigações religiosas com a comunidade apenas duas vezes ao ano, no *Rosh Hashaná* (Ano Novo) e no *Yom Kippur* (Dia do Perdão), mais ou menos como os cristãos não praticantes visitam suas igrejas apenas na Páscoa e no Natal.[31]

Essa secularização é a grande alteração no judaísmo dos últimos séculos, razão pela qual hoje a imensa maioria dos judeus pode ser considerada laica, ou mesmo praticante de outras religiões e espiritualidades que não o judaísmo. Eu mesmo presenciei esse fenômeno. Tendo morado vinte anos em Porto Alegre, onde há uma forte comunidade judaica, conheci talvez dezenas de judeus, como colegas de trabalho e de universidade. Entretanto, nem um único deles era religioso. Havia um filho de italiano com judia, a qual comia

---

29 GOODMAN, 2020, p. 593-594.
30 GOODMAN, 2020, p. 506-508.
31 GOODMAN, 2020, p. 525.

CAPÍTULO 5: O JUDAÍSMO   145

carne de porco; havia um jovem de família conservadora, membro
de sinagoga, que chegou a passar uma temporada em um *kibutz* em
Israel, mas nunca falou hebraico e, vez ou outra, me perguntava o
significado de algumas festas bíblicas; também tive um colega originalmente gentio que se descobriu marrano[32] e entrou em processo
de conversão; e um judeu cristão que não era messiânico — ou seja,
um judeu secular que nunca praticou a Halachá. Enfim, trata-se de
um universo absolutamente plural. Só não conheci pessoalmente
judeus ortodoxos. Isso indica, pelo menos em minha experiência,
que os ortodoxos são minoria no contexto judaico geral.

O fato é que o judaísmo produziu uma imensa variedade cultural desde o início da diáspora, o que se sustentou ao longo de
sua história até hoje. Do radicalismo ao secularismo, tornou-se di-
verso e plural. Entretanto, segundo Goodman, a tolerância foi um
fio consistente. Diferentes escolas frequentavam o mesmo templo
em Jerusalém, comportamento que foi mantido durante dois milênios, uma vez que a literatura rabínica conta com muitos exemplos
de mestres que "concordavam em discordar" sobre as Escrituras.
Algumas comunidades locais tiveram seu direito de identidade reconhecido, e a variedade tem sido acolhida e considerada até mesmo desejável.[33] O judaísmo tornou-se uma amálgama de cultura
e religião de caráter internacional, por vezes religioso, por vezes
laico, cuja herança bíblica produziu uma rica constelação de textos
e símbolos, que passo a abordar agora.

Bíblia hebraica e hermenêutica judaica

O judaísmo rabínico não promoveu qualquer mudança teológica em relação à Antiguidade, mantendo o compromisso com a
Torá. O cumprimento dos mandamentos, para esse movimento,
significaria a bênção divina no longo prazo, cujo resultado seria

---

32 Marranos são os *bnei anussim*, judeus convertidos à força ao catolicismo ibérico do século XIV que
vieram a compor parte da população brasileira.
33 GOODMAN, 2020, p. 611-612.

a mudança de seu destino como nação judaica.[34] A devoção às Escrituras, cuja origem costuma remeter a Esdras, consolidou-se nos séculos e milênios seguintes. Os judeus desenvolveram tamanha reverência pelo texto bíblico que o trataram até mesmo como objeto sagrado, uma atitude comparável à forma devota com que os pagãos lidam com as estátuas de seus deuses. Dessa devoção, derivou a criação de regras para a cópia de seus textos, cada vez mais complexas, desde o seu estabelecimento, no século III desta era.[35]

Por outro lado, a destruição do templo em 70 d.C., acompanhada do fim das esperanças messiânicas, levou o judaísmo a desenvolver uma "linha meta-histórica com acento no eterno e imutável da vida, regulamentada pela Torá, de acordo com a exegese rabínica". Em outras palavras, a Torá passou a ser a linha fundamental do pensamento e da hermenêutica judaicos, deixando a direção anterior, mais messiânica, para ser desenvolvida pelo cristianismo.[36] Talvez seja uma resposta à própria destruição e à expulsão da Terra Santa, provocadas pelos movimentos messiânicos e apoiadas por rabinos importantes daquele tempo. A emergência dessa tradição interpretativa da elite intelectual judaica em torno da Torá teve características muito próprias.

O princípio hermenêutico do judaísmo

Os copistas da Bíblia hebraica impuseram regras bastante severas com o propósito de garantir a qualidade da reprodução de seus textos. Isso não significou, entretanto, enrijecimento interpretativo. A liberdade permaneceu sendo a tônica judaica, pois a interpretação não surgiu apenas com o fechamento do cânon. A própria tradição bíblica abriga o processo hermenêutico em sua estrutura, uma vez que houve interpretações entre os próprios autores bíblicos em relação a seus predecessores. É possível observar textos mais antigos sendo atualizados e reinterpretados em livros posteriores — como, por exemplo, a releitura do Deuteronômio a

---

34 GOODMAN, 2020, p. 286.
35 GOODMAN, 2020, p. 53.
36 TREBOLLE BARRERA, 1995, p. 562.

CAPÍTULO 5: O JUDAÍSMO

147

partir dos demais livros da Torá, ou a forma em que os autores de Crônicas recontaram as narrativas de Reis. Exemplo típico também pode ser visto nas relações entre os profetas: se Jeremias profetizou a deportação durante 70 anos (Jeremias 25:11), o profeta Daniel reinterpretou o período em caráter apocalíptico como 70 semanas de anos — 490 anos até a libertação do cativeiro espiritual de Israel (Daniel 9:24).[37]

Assim, seguindo uma tradição originária da própria escrita bíblica, o judaísmo manteve o processo de leitura e interpretação após o fechamento do cânon. Por isso, usa-se a palavra *miqrah* para o texto escrito da Torá; já o modo de pesquisa que produz novos textos como leitura e releitura das Escrituras é chamado *midrash*. O midrash não inovou o que já era feito na tradição bíblica, mas seguiu a antiga maneira de interpretar, à luz da Torá oral, a qual era considerada o acompanhamento necessário para inserir o texto sagrado na subjetividade social de cada comunidade e de cada tempo. Era a Torá Oral (a tradição oral) que dava o "sentido verdadeiro" do texto.[38] Em outras palavras, o *midrash* é "uma forma de *exegese* que parte da *Escritura* e está destinada à *comunidade judaica*".[39] Como Anne-Marie Pelletier afirma,

> sabemos que cada novo leitor tem plena liberdade para interpretar de novo, sabendo que o texto é feito para ser atualizado, quer dizer, para ser inserido no presente, para nele exercer seu poder de revelação e de inspiração na vida concreta. O único limite aqui imposto à inovação é que a nova leitura não anule a tradição de interpretação antecedente. Dito de outra maneira, estamos aqui diante de uma lógica de crescimento e de cumulação de sentido, este último não sendo simplesmente uma questão de especulação ou de método, mas de vida individual e coletiva com sua dimensão de subjetividade.[40]

Seguindo uma tradição cumulativa de sentido, a devoção ao estudo da Torá canônica resultou em imensa produção literária comunitária e rabínica. Esse longo processo resultou no surgimento do Talmude.

---

37 KÖRTNER, 2009, p. 103-104.
38 PELLETIER, 2006, p. 87-88.
39 TREBOLLE BARRERA, 1995, p. 573.
40 PELLETIER, 2006, p. 89.

A emergência do Talmude

Concluída a canonização da Bíblia hebraica, os escribas iniciaram a organização e o estudo da Torá Oral — que, segundo a tradição judaica, foi dada por Deus a Moisés no monte Sinai e viria a ser chamada de *Mishná*. Tratava-se de uma imensa quantidade de tradições acumuladas durante séculos, com múltiplas formas e sem uma organização clara.[41] A compilação da *Mishná* aconteceu entre os eruditos do judaísmo chamados *tanaím*, cujos primeiros representantes foram Hilel e Shamai, ainda no início do reinado de Herodes, o Grande. "Taná" significa "aquele que estuda", que aprende e repassa o ensino de seus mestres. A tradição da Torá Oral desenvolveu-se como leis dispostas por temas em associação mnemônica, com grandes criatividade e inovação, produzindo novos métodos de estudo. O período dos tanaím marcou ainda uma transição: se antes os eruditos eram anônimos, doravante eles passaram a ser personalistas, conhecidos por seus nomes e famosos por sua sabedoria.[42]

A vasta quantidade de material oral até então produzida já não permitiria mais a memorização, evidenciando que seria necessário fixar o material e dar-lhe uma redação final.[43] O trabalho geral de classificação já estava em andamento, mas foi o Rabi Judá (c. 135-217) quem o concentrou em uma estrutura concisa e bem formulada, dividindo os temas da *Halachá* em seis grandes categorias (as Seis Ordens da *Mishná*), as quais foram subdivididas em materiais menores. Com a sua morte, houve apenas pequenos ajustes e acréscimos. Rabi Judá conseguiu completar a *Mishná* e lhe dar a forma permanente, encerrando o período dos *tanaím*.[44]

Com a codificação da *Mishná*, começou a era dos *amoraím*, os intérpretes da *Mishná*. Esses sábios já existiam no tempo dos tanaím, eram os que traduziam para o aramaico as palestras em hebraico de seus mestres. Lembre-se de que as comunidades judaicas já

---

41 STEINSALTZ, Adin. *Talmud essencial.* São Paulo: Sêfer, 2019. p. 60.
42 STEINSALTZ, 2019, p. 68-69.
43 STEINSALTZ, 2019, p. 76.
44 STEINSALTZ, 2019, p. 79-81.

CAPÍTULO 5: O JUDAÍSMO

não falavam hebraico desde o exílio; a língua era utilizada apenas na liturgia das sinagogas e no estudo dos eruditos da *Halachá*. Nesse tempo, desde cerca de 200 até 500 d.C., os amoraím acabaram se tornando os mentores do povo, introduzindo, até, inovações haláchicas. Foi quando se desenvolveu um importante centro de estudos na Babilônia.[45] Junto com a *Mishná* (fixada no século III), foi reunida a *Tosefta* (os "acréscimos"), além de muitos comentários exegéticos da Torá. Na Babilônia, ainda foram compilados debates legais, citações éticas, exegese bíblica, regras rituais e litúrgicas, narrativas e homilias dos mestres, resultando em um vasto livro denominado *Talmude babilônico*, em um trabalho que durou do século III ao século V. Também foi compilado outro volume na Palestina, denominado *Talmude palestino*, semelhante ao babilônico, porém menor e bem menos refinado, produzido provavelmente no século IV.[46]

Diferente da *Mishná*, que é basicamente um livro de Halachá, composto de decisões em todas as esferas de legislação oral, o Talmude não está baseado em conclusões haláchicas, mas em métodos de pesquisa e análise cujo objetivo é chegar a determinadas conclusões. O trabalho de editoração do Talmude consistiu em resumir as discussões de cada geração, desde o século V até pelo menos o século XVIII, criando uma complexa estrutura cujo resultado foi um verdadeiro simpósio de opiniões sobre problemas legais. Assim, o Talmude registra os debates, apresentando conclusões, mas também traz soluções alternativas e propostas rejeitadas.[47]

Tal estímulo ao debate e à contraposição de ideias, elaborado ao longo de séculos, aparece na própria estrutura das páginas do Talmude, em suas versões atuais. No topo e no centro de cada página, está o excerto da *Mishná* (que é o comentário da Torá); logo abaixo, ainda no centro da página, está o texto da *Guemará*, que são os comentários dos amoraím sobre a *Mishná*. Esse é o corpo principal.

---

45 STEINSALTZ, 2019, p. 84-85.
46 GOODMAN, 2020, p. 309-310.
47 STEINSALTZ, 2019, p. 98.

Imediatamente ao lado do texto, na coluna lateral interna, estão os comentários do *Rabi Rashi*, importante estudioso do Talmude do século XI. A coluna oposta, do lado externo do bloco da *Mishná* e da *Guemará*, é dedicada aos comentários dos *Tossafót*, um trabalho coletivo de comentários, ao lado dos quais encontram-se comentários de sábios como do *rabi Chananel* (século XI). No topo das margens laterais, em ambos os lados da página, estão os índices de referências chamados *En Mishpat Ner Mitsvá* e *Massorét Hashas* (produzidos por um rabino do século XVI). Finalmente, nas partes inferiores das margens da página, encontram-se conjuntos de correções e emendas ao texto como o *Hagahot HaBach* (de um rabino do século XVII) e o *Hagahot HaGra* (rabino do século XVIII). Essas são anotações que corrigem palavras do texto da *Guemará*, de Rashi e das Tossafót.[48]

Ou seja, partindo da Torá original, o Talmude se desdobra em comentários de comentários, além de sugestões de correções sobre os manuscritos, o que resulta no registro de um debate milenar em torno do texto da Mishná.

Além de temas de cunho legal (a Halachá), o Talmude contém um vasto material chamado *Agadá*, de caráter não legal, tratando de interpretação de passagens bíblicas, história, ética, etiqueta, filosofia, folclore, medicina, sabedoria popular, entre outros temas, correspondendo a quase um terço do conteúdo do Talmude babilônico. A função da Agadá é melhorar a conduta das pessoas, orientando-as sobre os princípios fundamentais da fé mosaica, abordando conteúdos sobre a unidade de Deus, livre-arbítrio, imortalidade da alma, providência divina, profecia, entre outros. Também apresenta temas de aperfeiçoamento pessoal e ética, o que faz dela um importante instrumento de progresso do povo judaico. Um dado curioso é que a Agadá, a exemplo da Mishná, também é creditada a uma revelação divina recebida por Moisés, cuja transmissão oral se teria estendido até o tempo de sua fixação.[49]

---

48 GIGLIO, Auro del. *Iniciação ao Talmud*. São Paulo: Sêfer, 2000. p. 13-17.
49 GIGLIO, 2000, p. 84-85.

CAPÍTULO 5: O JUDAÍSMO 151

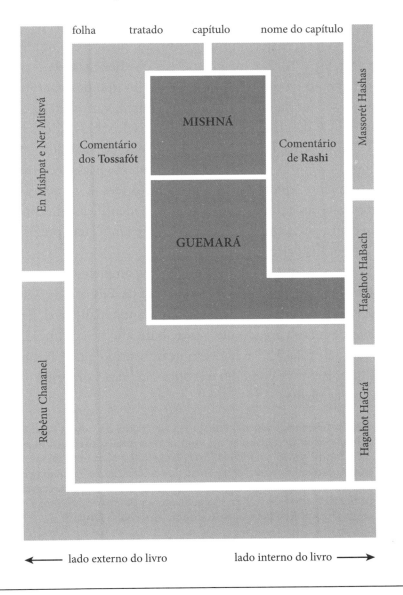

Definitivamente, Moisés é a pedra sobre a qual a tradição é constituída, mesmo em textos tão tardios quanto os da Agadá. Ou seja, os textos são compreendidos e aplicados para além dos limites temporais da história. Como o historiador Hans Borger comenta, o *Midrash* é a imersão na Torá, o prisma pelo qual se vê o mundo e se aprende a vida, imaginando como se teriam comportado Abraão, Moisés, Davi, Hilel ou Akiva nas circunstâncias de quem lê o texto.[50] Observe que o próprio Abraão, situado em um tempo muito anterior à Torá, é imaginado em obediência a ela e com o comportamento de um rabino medieval. Tal tipo de anacronismo é típico da sabedoria judaica. A Agadá contém vários exemplos de figuras bíblicas descritas com características de sábios judeus mishnaicos e talmúdicos. Isso faz parte do método do Talmude: em vez de tentar transportar os ouvintes a um contexto passado, os sábios achavam melhor emprestar às figuras históricas as características das pessoas vivas, a fim de que os alunos se identificassem com elas e buscassem seus exemplos. A compreensão ampla tem preferência sobre o rigor histórico.[51]

Cabe ressaltar que o Talmude nunca foi completado nem declarado oficialmente concluído. Nisso, difere da Bíblia e da *Mishná*, consideradas acabadas e fechadas em um cânon inalterável. É nesse princípio de inacabamento que reside o desafio da continuidade e do trabalho de criação.[52] É também nesse sentido que o Talmude é o mais importante documento da cultura judaica, conforme o rabino Steinsaltz afirma:

> Historicamente falando, o Talmud é o pilar central da cultura judaica. Essa cultura é multifacetada, mas cada um de seus numerosos aspectos está, de certa forma, ligado ao Talmud. Isso não se aplica somente à literatura que trata diretamente da interpretação ou da continuação do Talmud, mas também a todos os outros tipos de criatividade judaica. A literatura haláchica é, naturalmente, toda baseada no Talmud, mas a maior parte da filosofia judaica original também se inspirou nele, de uma ou de outra forma.[53]

---

50 BORGER, 2015, p. 328.
51 STEINSALTZ, 2019, p. 300.
52 STEINSALTZ, 2019, p. 313.
53 STEINSALTZ, 2019, p. 308.

CAPÍTULO 5: O JUDAÍSMO

Ou seja, o Talmude forjou a identidade judaica ao mesmo tempo que era escrito ao longo da Idade Média e para a modernidade adentro. É importante ter isso em mente para compreender a diferença em relação à hermenêutica cristã, desenvolvida também ao longo de milênios.

A exegese judaica

A leitura regular da Torá foi gradativamente ampliada nos círculos das sinagogas. Mil anos de leitura, releitura e cópias resultaram na consolidação do texto bíblico na forma atual. Essa adaptação se deu, até mesmo, na própria escrita do texto, em hebraico. Como era originalmente consonantal, foi acrescida de vogais e padronizada em parágrafos e vocalizações, resultando, no século X, no texto tradicional e oficial determinado pela escola de Tiberíades.[54] Esse texto final, utilizado até hoje nas Bíblias hebraicas, é chamado *massorético* graças ao trabalho milenar dos "massoretas", comentadores que criaram os mecanismos de cópia e transmissão do texto bíblico.[55] A Bíblia hebraica, portanto, chegou à sua forma definitiva apenas no século X de nossa era.

Assim, a Bíblia hebraica ganhou a solidez atual depois de um longo tempo de fixação. Curiosamente, ao mesmo tempo que a Bíblia, e particularmente a Torá, foi e permanece sendo o texto do qual procede a reflexão judaica, acabou por ser deslocada para uma posição quase secundária, ocupando função litúrgica nas sinagogas e no ensino de crianças, funcionando mais como introdução aos estudos mais complexos do Talmude e os *poskim* (os árbitros religiosos).[56] Os judeus normalmente não leem a Bíblia em um momento devocional diário, como alguns evangélicos costumam fazer. A exegese — o estudo aprofundado — está focada no Talmude, e é uma prática dos intelectuais.

---

54 GOODMAN, 2020, p. 293.
55 WON, 2020, p. 90.
56 SHAPIRA, Anita. *Israel:* uma história. Rio de Janeiro; São Paulo: Paz e Terra, 2018. p. 33.

O universo da intelectualidade judaica é rico e variado, baseado em normas interpretativas elaboradas pelos rabinos com fundamento na exegese do Talmude. Essa exegese pode ser entendida por meio de quatro categorias básicas designadas pela expressão "Pardes" (que significava "jardim" ou "pomar" e, mais tarde, "Paraíso"): 1) *Peshat*, o significado simples e por vezes literal, que interpreta o texto bíblico ao pé da letra, em seu sentido objetivo; 2) *Remez*, o significado alusivo ou alegórico, que busca o sentido mais profundo ao lado do literal; 3) *Darash*, o significado simbólico, moral ou antropológico, que faz a análise minuciosa, letra a letra do texto; e 4) *Sod*, o sentido secreto, místico ou analógico, que busca o aspecto oculto, afirmando com audácia que o texto quer dizer outra coisa por esconder seu verdadeiro significado. Assim, o sentido literal trabalha a realidade histórica; o alegórico, o que se deve crer; o moral ensina como agir; e o místico revela a finalidade.[57]

As técnicas e normas interpretativas levaram os judaísmos a formarem uma espécie de escolástica judaica, como aconteceu no cristianismo medieval, por exemplo. Não deixa de haver um aspecto de rigidez intelectual, presente também nas reações a ela.

As reações místicas à racionalização exegética

Tamanha tradição textual, mesmo que derivada da Bíblia, não escapou das críticas dentro do próprio judaísmo — o caso, por exemplo, da oposição dos caraítas aos rabinos. Esse grupo era oriundo do judaísmo no mundo islâmico e rejeitava por completo a tradição rabínica de interpretação da Torá, negando a autoridade do Talmude. Para eles, apenas a Bíblia hebraica poderia ser fonte de autoridade.[58] Durante os séculos X e XI, Jerusalém se tornou o maior centro de teologia caraíta, cujos defensores se denominavam "os enlutados de Sião". Para eles, viver na Terra Santa era obrigação de um judeu verdadeiro. Os caraítas desenvolveram uma vasta lite-

---

57 RAMOS, Marivan Soares. *Por trás das escrituras*: uma introdução à exegese judaica e cristã. São Paulo: Loyola, 2019. p. 43-47.
58 GOODMAN, 2020, p. 353.

CAPÍTULO 5: O JUDAÍSMO

ratura de comentários bíblicos, incluindo uma tradução da Bíblia para o árabe. A ampla liberdade interpretativa, rejeitando a tradição, resultou em certa anarquia e impediu a consolidação de uma hierarquia ou de uma instituição, como o rabinato.[59]

A *Halachá*, marcada pela racionalização filosófica e pelos argumentos escolásticos dos talmudistas, levou também a outra reação: a de judeus que procuravam reencontrar uma experiência direta com o divino. Essa busca por transcendência foi encontrada nas especulações místicas. Surgiu, então, a *cabala* (literalmente, "recepção"), tendência mística medieval dos tratados judaicos que apresentavam doutrinas com dupla concentração: nos textos bíblicos e na natureza do universo. A maioria dos textos afirma ser de autores da Antiguidade (como Moisés), não pretendendo ser inovação, mas redescoberta de autoridades antigas. São, portanto, pseudoepígrafos. Como a cabala não era um argumento lógico sobre o divino, mas a contemplação de significados ocultos da Bíblia, seus adeptos acreditavam na possibilidade de encontrar, nas entrelinhas do texto bíblico, os sentidos escondidos na natureza e em sua relação com Deus.[60]

A mais acabada manifestação da literatura cabalística foi publicada no final do século XIII, com o título *Zohar* (esplendor), uma coleção de duas dezenas de tratados escritos em linguagem exaltada, incorporando ao pensamento judaico uma "teologia mística que considerava as narrativas bíblicas simbólicas do mundo divino e explicava o mundo por meio das qualidades divinas que emanavam do Deus oculto". Segundo o próprio Zohar, sua teologia seria um conhecimento mais elevado do que a *Halachá*, pois viria diretamente da Escritura, pela interpretação do rabi Shimon bar Yohai, do século II, o qual teria escrito sob a inspiração do profeta Elias.[61] Aqui, observe, mais uma vez, o vínculo de uma escrita tardia com personagens muito antigos.

---

59 BORGER, 2015, p. 345.
60 GOODMAN, 2020, p. 403-404.
61 GOODMAN, 2020, p. 400.

A cabala é exemplo da grande capacidade criativa do judaísmo para imaginar e desenvolver símbolos a partir do original bíblico. Para os cabalistas, há quatro linguagens que permitem contato com o Criador: a linguagem da *Tanach* (a Bíblia hebraica), a linguagem das leis, a linguagem das lendas e a linguagem da Cabala. Todas essas linguagens permitem acessar a Deus, o grande objetivo de cada ser humano.[62] Para o cabalista, existe um vínculo profundo entre a linguagem e a experiência mística com a divindade. Por isso, o Zohar afirma que a língua dos judeus é mais antiga, e suas letras teriam sido utilizadas por Deus para criar o mundo, razão pela qual é dotada de forças espirituais:

> E é por isso que a primeira linguagem dominada pela humanidade foi o hebraico. Porém, como se distanciaram do cumprimento de sua missão, os homens conceberam outras linguagens. Todas as outras línguas do mundo têm também seu significado secreto, mas, como seus alfabetos não nos foram revelados por cabalistas, nós estudamos as forças espirituais descritas no alfabeto hebraico, a origem de todos os outros.[63]

A crença em forças espirituais imanentes nas letras do alfabeto hebraico produziu uma imensa variedade de leituras e interpretações, buscando nos valores numéricos de cada letra os sentidos ocultos nos próprios textos bíblicos, trazendo explicações espirituais de cunho intensamente gnóstico. Trata-se de um fato esclarecedor: apesar de algumas linhas do judaísmo serem avessas às imagens, seus símbolos são dotados de alta carga de significados e, eventualmente, são cridos como fonte literal de poder espiritual.

O universo simbólico material judaico

Não se deve desprezar o aspecto imaginário e construtivo da simbologia judaica. Ela deriva da Bíblia, mas em caminhos muitas vezes indiretos ou com associação tardia. Já mencionei a característica amplamente móvel do símbolo, capaz de ser ligado a diferentes

---

62 LAITMAN, Michael. *O Zohar*. Rio de Janeiro: Imago, 2012. p. 143.
63 LAITMAN, 2012, p. 143.

CAPÍTULO 5: O JUDAÍSMO

sistemas, mesmo em épocas diversas. Ou seja, um símbolo assimilado em dado momento pode ser compreendido por suas comunidades como tendo origem em séculos anteriores, pois trataria da própria essência do grupo ou da crença que representa.

Os símbolos pós-bíblicos

O *Magen David* é exemplar. O termo, que se refere à estrela de seis pontas (o hexagrama), pode ser traduzido como estrela ou escudo de Davi. Esse símbolo simplesmente não existe na Bíblia, nem no Talmude, tampouco deixou rastro em dois mil anos de literatura rabínica. Papiros judaicos da Antiguidade trazem estrelas, mas raramente a de seis pontas. Em geral, são pentagramas, pois representam os cinco livros da Torá. Embora um hexagrama tenha sido encontrado em uma lápide judaica do terceiro século, a mais antiga literatura judaica a utilizá-lo como um amuleto, ao lado de nomes de anjos, foi um texto do século XII.[64]

O hexagrama apareceu em muitas religiões pagãs desde a Mesopotâmia até a Bretanha antes de ter sido usado pelos judeus. Veio a ser chamado de "Selo de Salomão" entre os muçulmanos e se tornou a estrela de Davi no contexto cabalístico a partir do século XIV. O símbolo foi usado em textos mágicos entre os séculos XVI e XVIII, especialmente em Praga, e depois se espalhou entre as comunidades asquenazes. A grande difusão do hexagrama no século XIX em sinagogas e objetos sagrados pode ter sido uma imitação do cristianismo, porque os judeus queriam um sinal simples e marcante que desse ao judaísmo um símbolo tão forte quanto a cruz é para os cristãos.[65] O hexagrama foi adotado pela *American Jewish Publication Society* em 1873 e, em seguida, pelo Congresso Sionista na Basileia, o que seria determinante para sua definitiva popularização entre as comunidades judaicas.[66]

---

64 JACOBS, Joseph; BLAU, Ludwig. "Magen David ('David's shield')". *Jewish Encyclopedia*. Disponível em: www.jewishencyclopedia.com/articles/10257-magen-dawid. Acesso em: 29 set. 2022.
65 JEWISH Virtual Library. "Magen David: Star of David". Disponível em: www.jewishvirtuallibrary.org/magen-david. Acesso em: 29 set. 2022.
66 Conforme a *Enciclopédia Judaica*.

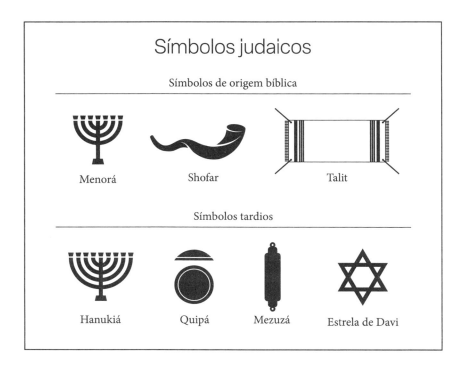

O uso relativamente tardio do *Magen David*, entretanto, não impede que se crie um imaginário que o remeta diretamente à Antiguidade pelo vínculo fictício com o nome de Davi. Eventualmente, elaboram-se hipóteses sobre sua origem, como a ideia de que o rebelde Bar Kochba teria criado o símbolo ao desenvolver uma tecnologia de escudos compostos por triângulos metálicos entrelaçados.[67] Observe, nesse caso, a mesma tentativa de buscar na Antiguidade um referencial para justificar ou explicar o presente. É como funcionam os símbolos, que também podem ser interpretados em diferentes intenções: se, por um lado, o simbolismo do hexagrama é imaginado por entusiastas como remetendo a Davi ou Bar Kochba, por outro lado, as linhas antissemitas também tentam vincular esse símbolo à Antiguidade ao relacioná-lo à idolatria, por meio da estrela do deus Renfã (Amós 5:26), embora igualmente sem prova histórica ou arqueológica.

---

67 CHABAD. "A estrela de Davi". Disponível em: www.chabad.org.br/biblioteca/artigos/EstrelaDavi/home.html. Acesso em: 29 set. 2022.

CAPÍTULO 5: O JUDAÍSMO

Outro exemplo de um símbolo posterior aos tempos bíblicos e incorporado ao judaísmo é o *quipá*. Sua origem está em uma instrução rabínica do século II orientando os homens a cobrirem a cabeça em sinal de temor a Deus. Há quem acredite que esse hábito derive da mitra usada pelo sumo sacerdote na narrativa bíblica (Levítico 8:9), o que tornaria parte da "nação sacerdotal" quem usa uma cobertura na cabeça. Há diversos tipos de chapéus que cumprem essa função, mas o quipá foi o mais popularizado. Inicialmente, seu uso era um ato piedoso opcional, mas hoje é amplamente utilizado em tempo integral pelas comunidades ortodoxas.[68] Como no caso do *Magen David*, há certa intenção discursiva em buscar suas origens no contexto bíblico.

Outro símbolo judaico bastante conhecido é o *mezuzá* (literalmente, "batente da porta"), uma pequena caixa contendo um rolo de pergaminho fixado nas portas das casas judaicas. Essa caixinha é uma tradição material derivada da ordem bíblica de levar a Palavra de Deus na mente e no coração, escrevendo-a no batente da porta (Deuteronômio 6:9). Ou seja, é uma leitura bastante literal do texto bíblico. Embora muitos acreditem que o mezuzá tenha um valor mágico de proteção para os judeus — e alguns de suas comunidades de fato entendem assim —, seu sentido profundo é ser um lembrete da presença divina e dos mandamentos de Deus. Os asquenazes posicionam o mezuzá em ângulo, enquanto os sefarditas o fixam verticalmente.[69]

Os símbolos de origem bíblica

Outros objetos são, de fato, oriundos da Antiguidade, como o *talit*, o manto de oração judaico, embora sua forma atual seja produto de uma evolução milenar bastante posterior à época bíblica. Naquele tempo, provavelmente era uma espécie de cobertor beduíno. Sua referência está na ordem levítica de costurar franjas

---

68 JEWISH Virtual Library. "Jewish Practices & Rituals: Kippah (Yarmulke)". Disponível em: www.jewishvirtuallibrary.org/kippah-yarmulke. Acesso em: 29 set. 2022.
69 JEWISH Virtual Library. "Jewish Practices & Rituals: The Mezuzah". Disponível em: www.jewishvirtuallibrary.org/the-mezuzah. Acesso em: 29 set. 2022.

nas bordas do manto (Números 15:37-41), passando a ser usado para as orações e os estudos da Torá entre os sábios. Atualmente, as dimensões e os materiais de confecção variam de acordo com a cultura judaica local: seja de lã grosseira de cordeiro em Israel (o "talit turco"), seja de lã mais fina na Rússia, seja de seda na Alemanha e nos Estados Unidos.[70] O talit foi grandemente vinculado à identidade judaica porque simboliza a própria Palavra de Deus e é usado nos principais ciclos da vida de um judeu: envolve-o após o nascimento e na cerimônia da circuncisão; é usado no *Bar-Mitzvá*, quando o menino passa a ser considerado maior de idade; cobre o casal durante o casamento; e é sepultado com o piedoso, como sinal de santidade.[71]

Outro elemento que provém diretamente do antigo Israel, mas cuja confecção e cujo uso parecem ter evitado modernizações, é o *shofar*. Trata-se de um instrumento de sopro feito de chifre de cordeiro. A tradição de uso do shofar no contexto judaico provavelmente remete ao sacrifício de Isaque por Abraão (Gênesis 22:13) e ao toque de Deus no tempo da redenção (Zacarias 9:14). Com fundamento nos textos mais antigos, as comunidades judaicas passaram a entender o toque do shofar como representação do despertamento do divino naquele que ouve seu som. Mas não imagine o shofar fazendo parte de uma liturgia de culto na sinagoga; seu uso não é cotidiano, restringindo-se apenas a dias especiais, como a Lua Nova (*Rosh Chodesh*) e o Ano-Novo (*Rosh Hashaná*).[72]

Um símbolo judaico oriundo da Antiguidade é a *menorá*, um candelabro com sete hastes, descrito em detalhes na Torá (Êxodo 25:31-40). Talvez seja o símbolo que melhor define os judeus e o judaísmo. A menorá não foi utilizada por muito tempo depois da destruição do Segundo Templo, uma vez que os judeus compreen-

---

70 JACOBS, Joseph; EISENSTEIN, Judah. "Tallit". *Jewish Encyclopedia*. Disponível em: www.jewishencyclopedia.com/articles/14210-tallit. Acesso em: 29 set. 2022.
71 KLUGE, Charlie. *O talit:* descubra os segredos milenares do manto de oração judaico. Rio de Janeiro: Renova, 2018. p. 32-36.
72 JEWISH Virtual Library. "Rosh HaShanah: The Shofar". Disponível em: www.jewishvirtuallibrary.org/the-shofar. Acesso em: 29 set. 2022.

CAPÍTULO 5: O JUDAÍSMO   161

diam tratar-se de um móvel exclusivo daquele santuário. Por isso, durante séculos usou-se uma menorá de seis hastes. Recentemente, voltou-se à menorá tradicional de sete hastes, pois se concluiu que não seria igual ao do templo por usar luz elétrica em vez de incenso.[73] Outro candelabro judaico, confundido pelos não judeus com a menorá, é o *hanukiá*, utilizado na festa do *Chanucá* (ou a Festa das Luzes, relacionada à festa bíblica tardia do Purim, cuja origem é descrita em Ester 9:26-32). Esse candelabro sustenta nove velas, que são acesas uma por vez a cada noite da festa, da direita para a esquerda, seguindo o sentido de escrita do idioma hebraico.[74]

Talvez o mais importante símbolo da Bíblia hebraica seja a *arca da aliança*. Descrita como símbolo da presença divina entre seu povo (Êxodo 37:1-9), tinha grande centralidade simbólica especialmente pela vinculação ao Primeiro Templo. A arca desapareceu depois das invasões babilônicas, o que é alvo de especulações bem extraordinárias. O fato é que os judeus jamais reconstruíram a arca. O único remanescente simbólico desse objeto sagrado é a *arca sagrada*, local em que os rolos da Torá são guardados nas sinagogas modernas. Embora a arca da aliança não desempenhe nenhum papel na vida judaica contemporânea, continua a ser um poderoso símbolo do passado e da própria esperança messiânica.[75] Entretanto, ela não é usada no contexto judaico piedoso nem como objeto de decoração, pois seria um desrespeito ao mais importante símbolo sagrado de Israel registrado na Bíblia.

+ + +

---

73 JEWISH Virtual Library. "Ancient Jewish History: The Menorah". Disponível em: www.jewishvirtualli-brary.org/the-menorah. Acesso em: 29 set. 2022.

74 JEWISH Virtual Library. "Jewish Holidays: Chanukah". Disponível em: www.jewishvirtuallibrary.org/hannukah. Acesso em: 29 set. 2022.

75 JEWISH Virtual Library. "Ancient Jewish History: The Ark of the Covenant". Disponível em: www.jewishvirtuallibrary.org/the-ark-of-the-convenant. Acesso em: 29 set. 2022.

Resumindo: os judeus produziram inúmeros textos a partir de suas leituras da Bíblia hebraica, consolidando uma imensa tradição hermenêutica regida pelo Talmude. Desses mesmos textos bíblicos, emergiram símbolos, alguns oriundos diretamente das tradições da Antiguidade, outros bem mais tardios, embora procurando seu ponto de apoio autoritativo na Bíblia hebraica ou em seus personagens. Tais desenvolvimentos produziram uma vasta cultura, com diversos desdobramentos, mas, ainda assim, uma cultura marcadamente judaica até os nossos dias.

Capítulo 6
O ESTADO DE ISRAEL

Os judaísmos se configuraram em diversas vertentes ao longo dos séculos, a maioria delas tendo a Bíblia como referencial, compreendida sob camadas interpretativas do Talmude e das tradições rabínicas. Muitas leituras derivaram do mesmo texto fundante, assim como diversos símbolos, o que não impediu a emergência de uma cultura judaica geral e universal. Agora vamos tratar do surgimento do nacionalismo judaico como solução política diante do insistente antissemitismo. Veremos as invocações simbólicas bíblicas desse recente episódio histórico.

O sionismo e o Estado de Israel

A ideia de *nação* está naturalizada no mundo contemporâneo. Cada pessoa se vê cidadã do país em que nasceu e percebe a mesma relação em todos os outros países do mundo. Assim, temos a sensação de que nações são um dado *a priori* nas relações humanas — ou seja, acreditamos que sempre existiram países da maneira que existem hoje, e que essa é a única forma de existir das sociedades humanas. Entretanto, historiadores como Eric Hobsbawm consideram que a nação ocupa um lugar histórico bastante específico e recente.[1] Tratamos dessa questão no Capítulo 3. Esse lugar histórico invoca o conceito de nação que requer um "Estado ou corpo político que reconhece um centro supremo de governo comum" e "o território constituído por esse Estado e seus habitantes, considerados como um todo".[2]

Esse conceito de nação surgiu no discurso político europeu somente depois de 1830, quando as discussões sobre a organização política dos povos cristalizaram o que se entende hoje por nação. Três são os elementos constitutivos irredutíveis: tem de haver um *Estado*, um *povo soberano* e uma *terra* habitada por esse povo.[3] Observe que tais conceitos são recentes e simplesmente excluem, por exemplo, os povos nômades que existem entre sociedades sedentárias desde a Antiguidade. De acordo com esse conceito, um povo nômade não pode ser considerado uma nação porque não detém soberania sobre um território demarcado por fronteiras. Nação, em termos modernos, é a soma de um povo com um território delimitado e um Estado a governar ambos.

Se seguirmos tal definição, não seria possível vincular a história do judaísmo diretamente a uma história de Israel como nação. Durante dois milênios, o povo judeu não cumpriu os atributos nacionais: apesar de se imaginarem uma comunidade, não constituíam um Estado soberano, tampouco habitavam a terra delimitada por fronteiras de um país judaico. Por isso, o historiador Shlomo Sand afirma que, até o século 20, a judeidade era uma civilização rica e variada, sobrevivendo em meio aos gigantes nacionais, mas que, em dado momento, passou a se imaginar como uma nação desenraizada de sua pátria.[4] Para ele, tanto o antigo Israel como a própria noção de povo judeu, enquanto encadeamento genealógico contínuo, são uma invenção do século XIX, no contexto da emergência do sionismo.[5]

---

1   HOBSBAWM, E. J. *Nações e nacionalismo desde 1780:* programa, mito e realidade. Rio de Janeiro: Paz e Terra, 1990. p. 19.
2   HOBSBAWM, 1990, p. 27.
3   HOBSBAWM, 1990, p. 31-32.
4   SAND, Shlomo. *A invenção do povo judeu:* da Bíblia ao sionismo. São Paulo: Benvirá, 2011. p. 136-137.
5   SAND, 2011, p. 40.

O argumento poderia invalidar as pretensões judaicas modernas ao território correspondente ao Israel na Antiguidade. Mas eu não acredito nisso. Como observei no terceiro capítulo, todos os nacionalismos são imaginados, alemão, francês, estadunidense ou brasileiro. E cada um deles teve assegurado o direito à autodeterminação, por mais imaginária que fosse sua pretensão de unidade nacional. Israel não foi diferente; como bem aponta o teólogo Antonius Gunneweg, sua criação aconteceu a partir da percepção dos próprios judeus de serem uma derivação histórica do antigo Israel, apesar da interrupção da continuidade entre povo, soberania e terra pátria durante quase dois mil anos.[6]

O problema do antissemitismo e a solução nacional

Muitos judeus viviam entre os europeus quando estes começaram a assumir identidades nacionais. A opção mais óbvia seria abandonar suas identidades coletivas judaicas para obterem direitos iguais em cada nação. Os judeus ocidentais aceitaram essa igualdade de direitos, integrando-se a sociedades não judaicas. Mas surgiu um paradoxo, ou mesmo uma contradição: em tempos de secularização, os judeus que não pretendiam perder os vínculos com as comunidades judaicas se definiam pela religião, identificando-se como alemães de credo judaico, franceses de credo judaico, espanhóis de credo judaico e assim por diante.[7] Essa solução permitiria a um judeu fazer parte de qualquer nação sem maiores problemas. Afinal, seria como qualquer outra confissão religiosa. Um francês pode ser católico, protestante, budista ou judeu (e até muçulmano, a despeito de opiniões islamofóbicas), assim como um brasileiro pode optar pela religião que preferir.

Mas surgiu um novo problema. Muitos nacionalismos, especialmente os europeus, criaram discursos de base étnica. Simplesmente se imaginavam compostos por um povo com uma matriz genética comum e muito antiga. Esse tipo de ideia desembocaria,

---

6 GUNNEWEG, 2005, p. 309.
7 SHAPIRA, 2018, p. 24.

por exemplo, no arianismo alemão, que tanto horror produziu pela via do nazismo. Isso fez surgir, especialmente a partir do final do século XIX, um novo tipo de antissemitismo, não mais acusando os judeus de terem matado o Filho de Deus, mas de base racista. O problema do judeu não seria mais sua religião, mas sua suposta raça. Isso agravou sensivelmente a situação judaica, pois não havia mais possibilidade de integração. Uma pessoa pode mudar de religião, mas não de raça, mesmo que o conceito racial seja de caráter cultural. Não restava mais a possibilidade de integrarem as nações. Como todos os povos estavam se organizando nesse sistema, a ideia de formar o mesmo tipo de organização política se tornou cada vez mais atrativa.[8]

Portanto, o movimento nacionalista judaico foi uma reação. Não foi algo que surgiu pacificamente da vontade saudosa dos judeus de voltarem à Terra Santa. O sionismo foi consequência do antissemitismo, a resposta política e a única ideologia segundo a qual foi levada a sério a hostilidade do mundo contra os judeus, como aponta Hannah Arendt.[9]

Como foi possível que tal ideia ganhasse corpo entre as comunidades judaicas? Por meio dos intelectuais. No final do século XIX, já existia uma classe judaica erudita, uma nova inteligência de caráter laico, mas que sentiu profundamente a negativa de participar dos nacionalismos locais. Desse grupo, veio o primeiro passo da iniciativa sionista, cujas ideias podiam, então, ser disseminadas pelos meios de comunicação disponíveis. O que antes era visto como "judaísmo" ganhou tonalidades de "consciência nacional" no sentido mais moderno do termo.[10] Mas havia um caminho a trilhar. Os nacionalismos europeus buscaram sua legitimidade em uma genealogia que provava a antiguidade da nação, o direito histórico à soberania, sua tradição e a contribuição para a cultura. Para os judeus, a genealogia era clara: ela estava na Bíblia. E o território

---

8   SHAPIRA, 2018, p. 31-32.
9   ARENDT, Hannah. *Origens do totalitarismo*. São Paulo: Companhia das Letras, 1989. p. 143.
10   SHAPIRA, 2018, p. 32.

CAPÍTULO 6: O ESTADO DE ISRAEL

da nação judaica só poderia ser a Palestina. Para o entendimento evangélico do século XXI, isso parece óbvio. Mas não foi assim para os judeus ao longo de muito tempo.

Até o século XIX, a Bíblia era secundária no judaísmo, focado no Talmude e nas leis orais. Os protestantes é que descobriram a Bíblia e a exaltavam na educação. Por isso, para a historiadora israelense Anita Shapira, a ideia do retorno dos judeus ao seu lar ancestral pode ter vindo dos protestantes ingleses dos anos 1840, que teriam incentivado tal ideia às comunidades judaicas. Podia parecer que os judeus desejassem voltar ao Eretz Israel, pois terminavam cada Pessach orando "o ano que vem em Jerusalém". Entretanto, essa oração pedia uma intervenção divina milagrosa, um evento escatológico que alteraria por completo a ordem mundial. Mas o que surgiu entre os judeus seculares, e mesmo entre alguns religiosos desse tempo, foi algo bem diferente: em vez de aguardar a chegada do Messias, eles mesmos deveriam tomar o destino nas mãos e resolver a questão com atos concretos. Por isso, a ideia de uma nação judaica na Terra Santa, levada a termo por iniciativas políticas, teve tanta oposição dos círculos religiosos mais conservadores. Os judeus ortodoxos viam tal ato como uma afronta aos desígnios divinos.[11]

Apesar da oposição da maior parte do judaísmo ortodoxo, os vanguardistas da ideia de retorno à Terra Santa foram dois rabinos. Eles furaram o bloqueio a tal ideia. O primeiro foi Judah Alkalai, na Sérvia, ao propor a fundação de colônias judaicas na Palestina para viverem de forma autônoma e longe da opressão. Depois dele, o rabino Tzevi Kalischer sugeriu ao banqueiro Amschel Rothschild, em 1836, que comprasse o Eretz Israel, ou pelo menos a cidade de Jerusalém, para fornecer habitação aos judeus. O rabino Kalischer não foi ouvido, mas tanto ele como Alkalai trouxeram uma novidade em relação ao pensamento rabínico pregresso: abandonaram a espera pela redenção milagrosa e escatológica do Messias e

---

11   SHAPIRA, 2018, p. 33-34.

passaram a pensar em realizações práticas.[12] Essa não era a solução derradeira, mas os primeiros sinais de uma possível ação política efetiva. A ideia poderia progredir.

O movimento sionista e o surgimento do Estado de Israel

Ao contrário das expectativas messiânicas tradicionais do judaísmo, o movimento sionista, ou seja, um esforço pelo retorno dos judeus a Sião, foi promovido no contexto secular. As propostas anteriores eram apenas ideias, e por vezes dependentes da boa vontade de algum poder econômico ou político. Por isso, a historiografia entende que o idealizador de um movimento sionista politicamente engajado e realmente viável foi o jornalista judeu austro-húngaro Theodor Herzl (1860-1904). Para ele, um Estado judaico deveria ser plural, dando espaço a judeus religiosos e não religiosos, a ateus, a socialistas e a não socialistas — um típico Estado liberal-democrático. Herzl reuniu, com seu carisma, as mais heterogêneas personalidades e motivações. Durante suas campanhas, Herzl afirmava a necessidade de os judeus decidirem entre duas posições: a assimilação completa entre as nações, deixando de existir como coletivo imaginado; ou a possibilidade de se entenderem e se comportarem de uma vez por todas como nação, com todas as implicações modernas. Nesse caso, em vez de habitar em povoamentos espalhados pelos países, os judeus precisariam constituir um Estado próprio e reconhecido pelo direito internacional.[13]

Cada vez mais judeus decidiam pela segunda posição nas décadas seguintes ao início das campanhas de Herzl. Também iniciaram uma gradativa migração de judeus para a Palestina, chamada de *Aliá*, embora ainda muito tímida durante as décadas entre 1880 e 1910. Mas nascia concretamente a ideia de um futuro país judeu. Três momentos foram fundamentais para a realização desse projeto: a Declaração Balfour (1917), a independência de Israel (1948) e a Guerra dos Seis Dias (1967).

---

12 BORGER, 2002, p. 427-428.
13 GUNNEWEG, 2005, p. 316-317.

CAPÍTULO 6: O ESTADO DE ISRAEL

O primeiro momento está relacionado à Primeira Guerra Mundial (1914-1918), por ocasião do avanço do Império Britânico na Palestina. Determinante foi a aproximação entre Arthur Balfour (1848-1930), um batista devoto e secretário de Relações Exteriores da Grã-Bretanha, e Chaim Weizmann, químico judeu e assessor do governo britânico no desenvolvimento de explosivos. Balfour foi influenciado pelos argumentos sionistas de Weizmann (1874-1952), o que resultou na publicação, em novembro de 1917, da *Declaração Balfour*. Nesse documento, o governo britânico favorecia o estabelecimento de um "lar nacional" para os judeus na Palestina, observando a necessidade de reservar os direitos religiosos e civis dos grupos não judaicos ali residentes.[14] Assim, com o apoio britânico, era incrementada a *Aliá* para o *Eretz Yisrael*, a Terra de Israel.

A migração de judeus para o território palestino foi aumentando gradativamente desde a Declaração Balfour, embora ainda não representasse um movimento em massa. Mas a ampliação crescente da chegada de colonos judeus intensificou os conflitos com os árabes locais, uma vez que as melhores terras eram adquiridas pelas organizações sionistas, além de o crescimento acelerado de cidades e indústrias mudar, de forma significativa, as condições de trabalho e trazer desespero às populações locais.[15] Nesse momento, a pressão dos povos árabes sobre os britânicos, controladores da Palestina, levou a uma mudança drástica da política externa justamente quando os judeus mais precisavam. Em março de 1939, o governo britânico restringiu a imigração judaica para a Palestina em 75 mil pelo período de cinco anos. As portas da Terra Santa eram praticamente fechadas aos judeus justamente quando Hitler dava andamento ao plano do Holocausto.[16]

---

14 SAND, Shlomo. *A invenção da Terra de Israel:* de Terra Santa a terra pátria. São Paulo: Benvirá, 2014. p. 213-216.
15 CROUZET, Maurice. *A época contemporânea:* o desmoronamento dos impérios coloniais; o surto das ciências e técnicas. São Paulo: Difusão Europeia do Livro, 1958, v. 3. p. 95. [História Geral das Civilizações.]
16 WILKINSON, Paul Richard. *For Zion's sake:* Christian Zionism and the role of John Nelson Darby. Milton Keynes: Paternoster, 2007. p. 228.

Então, veio o segundo momento fundamental do sionismo, durante a Segunda Guerra Mundial (1939-1945). Os cinco milhões de judeus residentes nos EUA, antes reticentes com o sionismo, mudaram de opinião e receberam as organizações sionistas que fugiam da Europa. A partir de 1943, judeus americanos começaram a investir e trabalhar pelo resgate de refugiados. Logo depois do término da Segunda Guerra Mundial, quando o governo britânico se recusou a acatar a recomendação de transferir cem mil refugiados judeus da Europa para a Palestina, desencadeou-se uma crise na ONU, cujo comitê recomendou a conclusão do mandato britânico e a formação de dois Estados independentes na Palestina, um judeu e outro árabe. Os países árabes se opuseram à repartição da Palestina, os britânicos se recusaram a efetivar a decisão e os judeus, liderados por David Ben-Gurion (1886-1973), decidiram estabelecer seu próprio Estado, declarando a independência em 14 de maio de 1948.[17] Isso não seria possível sem o apoio de algum gigante nacional, o que veio do grande vitorioso da guerra, os Estados Unidos. O presidente americano Harry Truman, outro batista, reconheceu a soberania do Estado de Israel apenas onze minutos depois da declaração de independência.[18] A iniciativa contou com o apoio entusiasmado de judeus ao redor do mundo, e o novo país ganhou cadeira na ONU em maio de 1949, consolidando, assim, a grande vitória do sionismo.

O terceiro momento fundamental foi resultado da guerra israelense contra o Egito durante a disputa da França e do Reino Unido pelo Canal de Suez, em 1956. As ações militares israelenses naquele conflito fizeram com que o Estado de Israel se aproximasse das potências ocidentais, o que complicou ainda mais seu relacionamento com os países árabes. O resultado de longo prazo foi a Guerra dos Seis Dias (1967), quando uma coalizão árabe liderada pelos egípcios foi vencida por Israel de forma espetacular. Naquela ocasião, os israelenses passaram a controlar Jerusalém e ocupar territórios

17 LANGE, 2007, p. 70-73.
18 WILKINSON, 2007, p. 229.

CAPÍTULO 6: O ESTADO DE ISRAEL   171

antes destinados aos árabes.[19] Embora a península do Sinai tenha sido devolvida no acordo de paz após o conflito, outras áreas ocupadas permanecem sob o controle de Israel, em situação indefinida até hoje, resultando em tensões que você certamente ouve quase diariamente no noticiário internacional.

Para além da questão territorial, os conflitos do novo Estado de Israel com os vizinhos árabes funcionaram como cimento social para o povo judeu. A eleição de um inimigo comum é fator importante para a definição da "essência de um povo", o que pode ser verificado em todos os conflitos bélicos da humanidade. O ataque externo fortifica os laços internos, o que levou ao florescimento de muitos nacionalismos. Esse fenômeno já havia acontecido no movimento sionista de Herzl, quando o inimigo era o antissemitismo, e muitas comunidades se uniram para promover a imigração judaica para a Palestina. No caso do Estado de Israel já consolidado, a hostilidade dos vizinhos árabes obrigou os imigrantes judeus provenientes do mundo inteiro a se unirem contra os ataques externos. Além disso, aumentou o apoio dos judeus da diáspora, ampliando, de forma significativa, a noção de pertencimento dos judeus e do Estado de Israel.[20]

Enfim, o movimento sionista iniciado por Theodor Herzl teve sucesso, atacando o problema do antissemitismo ao dar ao povo judeu um Estado que pudesse proteger seu povo. Desde então, emergiu mais uma identidade entre os judeus, essa absolutamente laica e contemporânea: a identidade do israelense — o cidadão da moderna nação de Israel. Mas isso não significa que todos os problemas tenham sido resolvidos.

As ambiguidades do Estado judeu

O contexto da primeira metade do século XX determinou o surgimento e a consolidação do Estado de Israel como uma nação igual a todas as outras da perspectiva do conceito e do direito

---

19 LANGE, 2007, p. 76.
20 GUNNEWEG, 2005, p. 350.

internacional. Mas a necessidade de organização jurídica demonstrou que havia muitos dilemas a resolver. O primeiro deles evidenciou a situação paradoxal em que os judeus se encontravam: como poderiam manter um "Estado dos judeus" vinculado aos judaísmos milenares e, ao mesmo tempo, ser uma democracia neutra, tanto em confissão religiosa como em ordem social? A solução israelense foi o reconhecimento dos direitos humanos gerais de liberdade, imigração e acolhimento de judeus, da mulher e de cidadania. Na cidadania, houve uma adaptação: criou-se a diferenciação entre uma "pessoa israelense" e uma "pessoa judia", a última pertencente à religião judaica. Por isso, em Israel há tribunais estatais e religiosos.[21] Essa coexistência mesclada vem desde a independência. David Ben Gurion manteve a autoridade de dois rabinos-chefes, um asquenaze e outro sefardita, segundo a tradição criada pelos britânicos desde 1920. Isso garantiu que o *Shabat* e os festivais judaicos fossem considerados feriados públicos, que as instituições públicas servissem apenas comida *kosher* e que questões pessoais dos judeus — como casamento e divórcio — fossem julgadas pelas cortes rabínicas.[22]

O sistema não é isento de críticas, mesmo no contexto israelense. É o caso do historiador Shlomo Sand, que vê em tal distinção uma discriminação de cidadãos de "segunda classe", bem pior no caso dos árabes vivendo nos territórios ocupados e privados de cidadania em sentido mais amplo.[23] Há uma oposição ainda mais severa por parte dos grupos judaicos haredim, que se mostram críticos à própria existência do Estado de Israel. Essa oposição é especialmente dura por parte dos membros da seita *Satmar* de *Satu-Mare* (da Romênia), para os quais o país atrasou a era messiânica. Essa é a posição mais radical, não significando, contudo, que todos os haredim sejam contrários ao nacionalismo judaico. Muitos deles passaram a aceitar o Estado de Israel ao serem incluídos nos programas de migração para a Palestina. Além disso, outros judaísmos

---

21 GUNNEWEG, 2005, p. 349-350.
22 GOODMAN, 2020, p. 522.
23 SAND, 2014, p. 309.

ortodoxos sustentaram um pensamento mais moderado, considerando o retorno de Israel sob a forma secular como um degrau no processo de redenção universal, a ser consumado na verdadeira era messiânica.[24]

Tamanhas ambiguidades e discussões, tanto na cidadania israelense do Estado de Israel como nas comunidades religiosas do judaísmo, revelam em que medida a questão está entremeada de elementos seculares e religiosos. Isso se dá porque a política e a fé se alimentaram mutuamente na construção de uma identidade que está baseada na Bíblia como fonte dos mitos nacionalistas contemporâneos de Israel.

A Bíblia hebraica e o nacionalismo israelense

A Bíblia hebraica, até então um pouco deslocada da cultura erudita, foi popularmente assumida pelas comunidades judaicas a partir da segunda metade do século XIX. Isso se percebe em vários movimentos, tanto na inteligência judaica iluminista como no sionismo e na formação do país. O resgate da Bíblia se revelou fundamental à construção dos mitos nacionalistas do Estado de Israel.

Na primeira parte, apresentamos de que forma as identidades nacionais são basicamente narrativas. Por essa razão, é necessário criar mitos e ritos para estabelecer uma liturgia e vincular os membros da nação uns aos outros. São necessários símbolos para que tal liturgia funcione, e esse conjunto emerge em um processo imaginativo, como esclarece o historiador Eric Hobsbawm. Uma tradição não surge do nada; ela é criada para fins originais. Aqueles que constroem a retórica nacionalista recorrem a um amplo repertório de elementos retirados do passado da própria sociedade, articulando-os em uma linguagem que organiza suas práticas com símbolos.[25] Ou seja, é criada uma narrativa orquestrando os elementos esparsos do passado em uma lógica própria.

---

24 GOODMAN, 2020, p. 582-583.
25 HOBSBAWM, 2018, p. 13.

É impressionante constatar como a ideia de um Estado construído do zero é uma inovação especialmente quando se observa o
caso de Israel. No início do século XIX, ninguém nem sequer imaginava uma pátria nacional judaica no território palestino.[26] Mas,
no século XX, esse novo país tornou-se uma realidade — e uma
realidade rigorosamente conformada ao que se exige de um Estado
moderno. Tudo o que envolve uma nação teve de ser inventado e
executado em Israel: mitos de origem justificando a pátria, território com fronteiras, língua unificada, festas nacionais, bandeira,
brasões — enfim, tudo o que compõe o imaginário simbólico dos
nacionalismos contemporâneos.

Vejamos como os israelenses articularam seu passado retirando
da Bíblia hebraica os elementos para constituir sua tradição nacionalista.

A secularização da Bíblia hebraica no século XIX

O nacionalismo europeu era um movimento secular que exal-
tava a autodeterminação dos povos, mas, ao mesmo tempo, criava símbolos com tonalidades bastante religiosas. A liturgia da pátria em nada deve às liturgias que encontramos em sinagogas ou
igrejas. Abordamos essa temática no capítulo sobre as identidades
narrativas. Mas, no caso de Israel, há algumas peculiaridades que
aproximam os israelenses ainda mais do caráter religioso do empreendimento nacionalista. É porque a própria Bíblia Sagrada está
cravada em seu passado histórico.

Os intelectuais do Iluminismo judaico cimentaram os fundamentos para a emergência das ideias nacionalistas judaicas. Foram
eles que trouxeram a Bíblia hebraica de volta ao cotidiano dos judeus mundo afora. Isso foi possível pelo estudo da gramática hebraica, permitindo a qualquer leitor instruído compreender o texto
bíblico original. As Escrituras ganharam relevância entre a elite judaica da mesma maneira que entre os protestantes, deixando de ser

---

26 HOBSBAWM, 2018, p. 21-22.

CAPÍTULO 6: O ESTADO DE ISRAEL   175

apenas um livro usado em rituais da sinagoga para se tornar uma obra que descreve o passado heroico do povo judeu. Além disso, a Bíblia passou a ser vista não somente como o livro sagrado do judaísmo, mas também como uma obra para a humanidade, portadora dos fundamentos necessários à paz e à fraternidade universais.[27] Note que esse processo retirou a Bíblia de seu contexto religioso para que fosse tratada como documento histórico e de ética secular.

Por outro lado, a forma tradicional do judaísmo estava minada pela modernidade. Com o desenvolvimento da comunicação em massa, jornais publicados em hebraico e em outros idiomas judaicos deram às comunidades locais cada vez mais conhecimento do mundo. Os trens a vapor permitiram deslocamentos muito mais rápidos, diminuindo as distâncias entre os judeus do mundo. Assim, havia a possibilidade de as antigas e tradicionais comunidades escolherem estilos diferentes de vida, conduta, idioma, cultura e identidade — o que enfraqueceu as conexões com os locais em que cada judeu havia nascido. Nesse contexto universalista, surgiram organizações judaicas globais defendendo a proteção aos judeus nos casos de antissemitismo. Assim, embora a modernidade fosse uma força centrífuga de emancipação e integração judaica nos nacionalismos, também permitiu o surgimento de uma comunidade judaica internacional, espalhada pelo mundo em idiomas e grupos diversos.[28]

A obra divisora de águas no processo de simbiose entre passado da Antiguidade e ideia nacionalista contemporânea foi o livro *História dos Judeus*, de Heinrich Graetz (1817-1891), publicado na década de 1850. Foi o primeiro ensaio a apresentar ao povo judeu as narrativas bíblicas do antigo Israel com o mesmo significado atribuído à nação moderna. Como afirma Shlomo Sand:

> Com a grande vitória da ideia de nação em toda a Europa Central e Meridional, a concepção pré-nacionalista de Graetz amadureceu e tomou sua forma definitiva. Só depois de ter resumido a história dos judeus em sua época e

---

27 SHAPIRA, 2018, p. 25-26.
28 SHAPIRA, 2018, p. 27-28.

de ter concluído seu livro com um requisitório doloroso sobre o presente do século XIX, Graetz se deixou levar ao passado através do tempo para reconstituir o nascimento do "povo moral eleito". Nele, o depois determinou o antes, e não é por acaso que o ponto culminante da primeira epopeia histórico-nacional sobre os judeus nunca antes escrita se tornou o período bíblico.[29]

Segundo Sand, a partir de Graetz, passou-se a construir uma narrativa histórica de Israel aplicando ao passado bíblico tanto as realidades do presente judaico como as concepções de nacionalismo contemporâneas. A Bíblia deixou a esfera dos livros teológicos e foi colocada entre as obras históricas, servindo como indicativo da origem comum de um povo plural.[30] Seria esse o processo de "ficcionalização da história", como apontado por Ricoeur, segundo o qual os historiadores criam a conexão entre as gerações? Talvez sim. Nesse caso, imagina-se uma continuidade histórica entre uma sociedade morta do passado, desaparecida há dois mil anos, com os vivos do presente. No caso dos nacionalistas israelenses, essa conexão aconteceu especialmente na ligação direta do presente Estado de Israel com o antigo Reino de Judá descrito pela narrativa bíblica.

Por que alguns historiadores insistem em afirmar que essa conexão é imaginária? Porque, antes do final do século XIX, a ênfase do retorno judaico para Israel baseava-se na promessa divina, entendida como ato exclusivo de Deus. Ou seja, estava inserida no milagre escatológico do fim dos tempos. Mas essa não foi a tônica do movimento sionista. Theodor Herzl não desconhecia os alicerces religiosos de parte de seu movimento sionista. Ele, entretanto, explicitou sua base secular quando tentou persuadir o VI Congresso Sionista (1900) a aceitar a proposta britânica de criação de uma pátria judaica no leste da África.[31] Os congressistas rejeitaram a proposta porque o local era impróprio. Mas a principal lição do episódio foi seu significado simbólico-cultural: o que fez prevalecer a Palestina como sonho dos congressistas foi o poder do mito da Terra de Israel, arraigado na tradição judaica. A Palestina não era

---

29 SAND, 2011, p. 138-139.
30 SAND, 2011, p. 228.
31 GOODMAN, 2020, p. 517.

CAPÍTULO 6: O ESTADO DE ISRAEL   177

apenas um território como outro qualquer. A ideia de voltar à Terra
Prometida dava ao movimento um magnetismo para além de interesses econômicos ou políticos.[32] O poder do símbolo continuava
em ação.

O simbolismo bíblico na identidade nacionalista

Os nacionalistas israelenses construíram sua identidade nacional sobre bases bíblicas. Isso fica evidente ao se observarem os
movimentos de retorno de judeus chamados *Aliá*. Suas ações eram
baseadas no programa socialista denominado "Conquista pelo Trabalho", ou seja, a conquista da terra pelas mãos dos trabalhadores.
Era uma espécie de religião secularizada dentro de uma perspectiva marxista. Essa era a convicção de muitos imigrantes judeus
oriundos do leste europeu, vinculados ao contexto soviético, cujas
teses auxiliaram a fundar os assentamentos coletivistas agrários na
Palestina chamados *kibutz*, *kevutsa* e *moshav*. Na segunda Aliá, por
exemplo, os valores bíblicos que tratam da terra como pertencente
unicamente a Deus (Levítico 25:23) foram modernamente interpretados como a terra coletivamente pertencente ao povo. Trata-se
de uma laicização do conceito bíblico de usufruto da terra. Tais
conceitos marcam Israel até hoje, uma vez que 92% de seu território é propriedade do Estado ou do Fundo Nacional Judaico.[33]

As festas bíblicas também foram adaptadas ao modelo secular
laico e coletivista. Como aponta Shapira, os feriados de *Sucot* (Tabernáculos), *Pessach* (Pácoa) e *Shavuot* (Pentecostes) foram totalmente transformados em festivais agrícolas, celebrados em cada kibutz com desfiles exibindo as façanhas da produção de alimentos.[34]
As procissões com tochas no Chanucá, promovidas por movimentos juvenis, transformaram o antigo festival das luzes em celebração do heroísmo. Jovens cantavam hinos que exaltavam a bravura

---

32 SHAPIRA, 2018, p. 43.
33 GUNNEWEG, 2005, p. 323-325. A expressão foi traduzida para o português no livro de Gunneweg
como "Fundação Nacional Judaica", provavelmente referindo-se ao Fundo Nacional Judaico (*Keren
Kayemet LeYisrael*).
34 SHAPIRA, 2018, p. 182.

sem milagres, baseada unicamente no esforço humano, fazendo oposição declarada aos piedosos que aguardavam a redenção divina. Ou seja, o Chanucá adquiriu uma nova tradição heroica na Terra Santa.[35]

A semente de uma cultura nacional judaica entre os assentamentos judaicos da Palestina brotou nas três décadas entre a Primeira Aliá (1882) e a Primeira Guerra Mundial (1914). Essa identidade era secular e apresentava duplo viés: os assentados mudaram seus idiomas originais para o hebraico e buscaram independência das culturas da diáspora. A primeira geração que chegou à Palestina vivia no entorno da sinagoga, mas a segunda e a terceira se secularizaram, o que aconteceu cedo, na década de 1890. Assim, desenvolveu-se uma cultura "nativa", com o uso do idioma hebraico em contraposição aos judeus do restante do mundo, que falavam outras línguas, e um comportamento agressivo com ênfase oposta à dos judeus da diáspora, que tinham uma tendência mais resignada. Entretanto, apesar da intensa secularização, do abandono da religião e da rejeição de tradições, esses colonos mantiveram os ritos de passagem como circuncisão, Bar-Mitzvá e enterro como elementos culturais de uma identidade judaica. Além disso, o Iluminismo judaico já havia criado um corpo literário em hebraico, o que ajudou a manter as comunidades utilizando os mesmos textos e imagens, cantando as mesmas canções e se emocionando juntas.[36]

A língua hebraica transformada em língua nacional

É muito comum associarmos Israel muito naturalmente ao idioma hebraico. Mas isso não é tão natural assim. Os judeus já não falavam hebraico cotidianamente desde o exílio babilônico, cinco séculos antes de Cristo. Por isso, a maior façanha do movimento sionista foi transformar o hebraico, uma língua de orações e textos sagrados, em um idioma falado no cotidiano. Os grandes heróis desse renascimento foram os professores, a elite e a vanguar-

---

35 SHAPIRA, 2018, p. 184-185.
36 SHAPIRA, 2018, p. 79-81.

da da educação judaica na Palestina. Os professores formularam o hebraico como vernáculo, reviveram terminologias, escreveram livros didáticos e ensinaram poemas. Também enfatizaram o calendário de festas sionistas, a relevância agrícola nos festivais (Pessach, Pentecostes e Tabernáculos) e incentivaram as visitas a locais históricos, especialmente os relacionados a feitos heroicos. A Bíblia hebraica acabou por se tornar o texto de referência, pois simbolizava a conexão com o passado nacional, guia para a fauna e a flora do país e vínculo com os locais que concretizavam a Terra de Israel.[37]

Ainda assim, apesar do sucesso inicial, o hebraico não foi de todo aceito. Cada onda de imigração trazia consigo a língua da diáspora. O iídiche era o idioma mais falado pela imensa quantidade de imigrantes oriundos do leste europeu, e chegou para competir com o hebraico pela preferência. Grandes *best-sellers* floresciam também em iídiche, o que acabou por elevar suas estima e popularidade. A imigração em massa proveniente daquelas regiões intensificou a disputa para tornar o hebraico predominante. Em Tel Aviv, foi organizada a Legião dos Defensores da Língua, cujos membros repreendiam severamente quem falava iídiche em público. Na década de 1930, o problema passou a ser os que falavam alemão, criticados por se expressarem na língua dos nazistas. Esses fatos dificultavam ainda mais a integração dos imigrantes.[38]

A despeito de tais dificuldades, o hebraico prevaleceu pela força da liderança, entusiasmada com seu valor simbólico como mito fundador, pois estava relacionado ao povo de Israel do tempo de formação do cânon bíblico. A língua falada pelos heróis da Bíblia tinha de ser a língua do Israel moderno em construção.

Israelenses, não israelitas

Se a língua hebraica não foi uma escolha óbvia, o mesmo se deu com o nome do país dos judeus. A ambiguidade novamente se manifesta aqui. Segundo Shlomo Sand, o nome *Estado de Israel* não

---

37 SHAPIRA, 2018, p. 81-83.
38 SHAPIRA, 2018, p. 178-179.

inspirava muita simpatia porque acabava invocando politicamente o antigo reino de Omri, criticado à exaustão pelos redatores bíblicos. Não esqueça que Israel era a nação que, na Bíblia, foi destruída e deu origem aos samaritanos, os inimigos dos judeus no tempo de Cristo. Os judeus da Antiguidade se definiam por Judá ou pela Judeia. "Israel" era um termo usado tardiamente com sentido espiritual. Por isso, segundo Shlomo Sand, na independência houve quem preferisse *Estado da Judeia*, ligado ao reino dos asmoneus e podendo remeter ao reino de Davi, ou *Estado de Sião*, remetendo a Jerusalém e derivado do movimento sionista.[39]

O problema é que uma *Judeia* levaria todos os cidadãos a serem *judeus*, e um país chamado *Sião* teria um cidadão *sionista*. O primeiro se confundiria com a religião das comunidades judaicas e o segundo impediria a participação de cidadãos não politicamente engajados com o movimento do retorno. Como chamar de judeu um cidadão budista? Como chamar de sionista um árabe? Afinal, o novo país seria laico por princípio e definição. A opção por *Israel* na ocasião da independência (1948) permitiria a qualquer um, mesmo não judeu ou não sionista, ser *israelense*.[40] O nome Israel atendeu ao problema da cidadania, embora se distanciasse um pouco da genealogia histórica dos dois reinos bíblicos da Antiguidade.

Note que os cidadãos de Israel não se chamam israelitas, expressão restrita ao âmbito religioso e cultural do judaísmo; eles são israelenses, termo vinculado a um conceito nacionalista laico e moderno que permite a qualquer pessoa de qualquer confissão ou etnia tornar-se cidadão do país, como exige qualquer país que se define pela democracia.

Identidade nacional secularizada

O sucesso da fundação do Estado de Israel (1948) levou a maioria dos judeus a apoiar o empreendimento, mesmo que não desejasse migrar. O fato é que a Bíblia determinou o lugar pátrio de seu

---

39 SAND, 2011, p. 503.
40 SAND, 2011, p. 503-504.

Estado. O principal mito da Bíblia é o mito de libertação, como já abordado. O mesmo êxodo que alimentou as esperanças dos judeus antigos a retornarem para a Judeia depois do exílio na Babilônia foi também o mito fundador do atual Estado de Israel. No século XX, havia uma libertação em andamento, um êxodo de um mundo hostil em direção à mesma Terra Prometida. Se, nos Estados-nação modernos, os elementos do cristianismo foram substituídos pelo mito e pelo rito civil (com certo caráter de imitação da religião), no caso de Israel os elementos religiosos permaneceram tal qual narrados biblicamente, mas destituídos de sua transcendência. Desde então, foram transformados em símbolos para a história presente e mito fundante da contemporaneidade. Por isso, o entusiasmo do novo Estado para com as narrativas bíblicas, como afirma Goodman:

> Junto com a escavação de sítios do período bíblico, o estudo da Bíblia foi muito encorajado por Ben Gurion como um importante elemento na construção de um sentido de identidade nacional ligado tanto à terra como às origens judaicas, mas sem as camadas de desenvolvimento religioso dentro do judaísmo durante os 2500 anos que se haviam passado.[41]

Assim, a Bíblia hebraica foi despida de caráter religioso, abandonando o papel de Deus como sujeito de suas narrativas, e usada para mostrar a conexão do povo com a terra e a identidade judaica. A Bíblia não era apenas a prova do direito dos judeus ao país, mas também a fonte dos ideais universais doados pelo judaísmo ao mundo. Os professores usavam as narrativas bíblicas para colocar os alunos frente a frente com heróis e combatentes do Israel antigo, bem como os profetas que se levantaram contra a injustiça social. Assim, a Bíblia enriqueceu o vocabulário da língua falada. Também foi a Bíblia que forneceu as narrativas para legitimar as conquistas do território, usando as metáforas da reunião dos exilados, da geração do deserto, da conquista de Josué (o maior herói de Ben-Gurion), de Davi e Golias, entre outras. A Bíblia continuou a

---

41 GOODMAN, 2020, p. 524.

ser a força poderosa na cultura israelense até o final dos anos 1960, época em que se promovia o *Quiz da Bíblia*, o evento mais popular do Dia da Independência. A arqueologia teve muitos voluntários, a descoberta dos pergaminhos do mar Morto foi intensamente comemorada, assim como as escavações em Massada — isso forneceu o mito da resistência ao exército israelense. Houve empenho de jovens arqueólogos, cuja importância estava não tanto em seu caráter científico, mas em transformar o passado em presente e "validar a continuidade histórica dos judeus na Terra de Israel".[42]

Ou seja, a leitura bíblica israelense está fundamentalmente voltada à posse da terra. Seu intuito é constituir um panteão de heróis da pátria moderna cujas narrativas de conquista são fornecidas pela historiografia recente. Mas a ligação simbólica está nas conquistas da narrativa bíblica. Os heróis de hoje repetem os heróis da época bíblica. Observe que esse é um processo secular: os heróis do século XX não obtiveram vitória por consultarem Iahweh, como Josué ou Davi, mas por sua inteligência estratégica.

O vestígio do passado como ilustração no presente

O vínculo com a terra tem sido realçado constantemente pela simbologia invocada da narrativa bíblica. Esse entusiasmo também aparece na arqueologia, e desta passa para a construção da identidade nacional israelense. Caso exemplar está nas moedas atualmente em circulação em Israel. Nelas, podemos perceber de que forma o vestígio é usado para fazer o passado reaparecer no presente. As moedas atuais de Israel imitam os símbolos utilizados nas moedas ou mesmo nos objetos dos tempos bíblicos. A moeda de 10 agorot tem um menorá copiado de uma moeda do reino asmoneu; a de meio shekel tem impressa um kinor (um tipo de harpa) extraído de um selo real do século VII a.C.; na de 1 shekel, está estampada a flor-de-lis encontrada em uma moeda da antiga Judeia do período persa; e a de 5 shkalim contém o grafismo de um capitel judaico de VI a.C.

---

42 SHAPIRA, 2018, p. 312-313.

Trata-se da invocação simbólica bastante concreta de um passado não mais existente, mas revivido pela simbologia nacionalista contemporânea, estabelecendo uma ponte entre as gerações israelenses do nosso século com as gerações judaicas dos tempos bíblicos. A simbologia das moedas viajou no tempo em um salto de mais de dois mil anos.

A bandeira e os símbolos religiosos

A bandeira do Estado de Israel tem uma história de entrecruzamentos narrativos bem curiosa. A Organização Sionista Mundial utilizava a bandeira criada por David Wolffsohn (1856-1914) para os Congressos Sionistas na Basileia. Dele, veio a ideia de transformar seu talit de orações em um símbolo do movimento, inserindo no centro a Estrela de Davi. O hexagrama, usado e reconhecido pelo judaísmo desde o século XIX, tinha a vantagem de ser um símbolo sem origem religiosa exclusivamente judaica. Se tivesse colocado o menorá no centro da bandeira, seria diferente. Assim, ele podia satisfazer, ao mesmo tempo, as intenções do sionismo secular e as aspirações das comunidades piedosas. Já o talit era completamente vinculado à tradição religiosa, cujas cores azul e branco eram consideradas as cores nacionais do povo judeu desde pelo menos 1864, quando o poeta Ludwig August von Frankl (1810-1894) referiu-se a elas como as cores do seu país, do sacerdócio e do firmamento.[43]

Bandeira de Israel

Fundo branco
Estrela de Davi azul ao centro

Tarjas azuis representando o *talit*

---

43 MISHORY, Alec. "Israel National Symbols: the Israeli flag". Jewish Virtual Library. Disponível em: www.jewishvirtuallibrary.org/the-israeli-flag. Acesso em: 29 set. 2022.

Por ocasião da independência, até foram tentadas outras opções, mas a bandeira sionista já estava popularizada entre os judeus do mundo inteiro. Assim, o símbolo do movimento sionista tornou-se a bandeira do Estado de Israel. Os símbolos religiosos judaicos foram laicizados e transformados em símbolos pátrios de Israel.

O simbolismo emergente do Holocausto

Não devemos pensar que a Bíblia é a única fonte de símbolos para o nacionalismo israelense. Os eventos da independência (1948), somados às homenagens aos mártires do Holocausto de 1939-1945 e à prontidão para a guerra no Oriente Médio (predominantemente hostil contra Israel), aumentaram o sentimento de solidariedade comunal entre os judeus.[44] Os horrores do Holocausto foram tamanhos que eles produziram, como as narrativas do êxodo, um novo mito fundador para o Estado de Israel. Se o mito bíblico estava relacionado ao passado do antigo Israel, o Holocausto estava profundamente associado ao presente e ao judaísmo da diáspora. Assim, o Estado de Israel se tornou o representante do povo que foi destruído na Antiguidade ao mesmo tempo que se ligava ao povo que sobreviveu aos horrores da Segunda Guerra Mundial, forjando uma ideologia diretamente ligada às razões para a emergência do sionismo.[45] Nesse caso, o Holocausto tornou-se justificativa para a existência do Estado de Israel. Para essa linha identitária, o país precisa existir para proteger o povo judeu de novos eventos como aquele.

Segundo a historiadora Anita Shapira, houve uma espécie de rivalidade entre as duas identidades construídas ao longo das décadas: por um lado, a identidade arqueológica hebraica (vinculada à Bíblia); por outro lado, a identidade histórica judaica (vinculada ao Holocausto). Uma identidade relacionada ao passado heroico

---

44 GOODMAN, 2020, p. 517-519.
45 SHAPIRA, 2018, p. 314. É bom lembrar que estou usando o termo "mito" como uma história com início, meio e fim, uma "narrativa de essências" que conta aquilo que importa a um povo. O mito também se funda em fatos ocorridos na história. É preciso ressaltar isso repetidas vezes, em face do infeliz negacionismo do Holocausto corrente nos círculos antissemitas.

CAPÍTULO 6: O ESTADO DE ISRAEL   185

da Bíblia; a outra ligada ao presente dramático do antissemitismo. Durante mais de uma década, prevaleceu a primeira. Entretanto, depois do julgamento do nazista Adolf Eichmann, em Jerusalém (1961), e da intensa divulgação desse evento, as trajetórias se inverteram, ocasião em que a narrativa baseada no Holocausto começou a crescer e a narrativa bíblica a declinar.[46]

Na memória do Holocausto, podemos verificar o entrecruzamento entre história e ficção (como apontado por Paul Ricoeur no levantamento teórico da primeira parte). Um dos principais empréstimos que os historiadores fazem da ficção é o "ver como trágico". Ou seja, eles fazem uso de estratégias retóricas para representar o passado com vivacidade. Nesse caso, trata-se do passado horripilante do Holocausto. Auschwitz foi uma tragédia que impede a neutralidade ética tão exigida de qualquer historiador, pois temos de nos posicionar ao lado das vítimas. Qualquer ato diferente disso seria uma desumanidade. Em um caso limite como esse, impõe-se a ordem deuteronômica do "lembra-te", tão frequente no último livro da Torá (Deuteronômio 5:15; 32:7). O horror do Holocausto se vincula ao horror que não se deve jamais esquecer. Por isso, ele é contado e recontado em uma estratégia que funde história com ficção, no sentido de usar uma retórica trágica. Devemos chorar e nos horrorizar quando lemos sobre aqueles fatos, quando visitamos campos de concentração ou museus do Holocausto. Essa vontade de não esquecer faz com que tais crimes não mais aconteçam.[47] Por isso acredito que o Holocausto, mesmo sendo um mito competidor do mito bíblico, não é tão diferente dele quanto se imagina. Afinal, ele bebe da mesma ordem deuteronomista, no sentido de se lembrar.

A ficção, que é uma estratégia literária do narrar, está a serviço da história no ato de lembrar o horror. Duas formas narrativas com objetivos tão diferentes se entrecruzam para demonstrar a verdade. Pois o Estado de Israel e seu discurso nacionalista emergiram jus-

---

46 SHAPIRA, 2018, p. 323.
47 RICOEUR, 2010, v. 3, p. 318-323.

tamente como resposta ao antissemitismo e ao Holocausto, embe-
bidos nas memórias do sangue derramado pelos mártires. Martírio
esse que também aconteceu no passado — tanto nas narrativas bíblicas como na longa história do judaísmo.

+ + +

Concluindo: mesmo o nacionalismo vinculado ao Holocausto
também tem alguma raiz na tradição bíblica. O próprio uso da palavra "holocausto" remete à Torá. Era o sacrifício no qual a vítima
era inteiramente queimada no altar. Há, em sua memória, um pe-
sar sobre a condição judaica que vem desde a Antiguidade e passa
pelos sofrimentos de suas comunidades ao longo de dois mil anos.
Não é de espantar que o movimento sionista contemporâneo tenha
feito uso constante das narrativas bíblicas para a constituição de
seu Estado. Seus símbolos derivaram da Bíblia ou estão, de alguma
maneira, vinculados ao tempo de sua composição. Essa permanência do mito bíblico, com a constante volta à Bíblia por sua fecundidade simbólica e imaginativa, deu combustível à própria existência
do Israel contemporâneo.

Conclusão:
ISRAEL E A BÍBLIA

Israel produziu um texto; depois, esse texto produziu Israel. Essa é a tônica central do que foi explorado nos três últimos capítulos, por um caminho bastante longo que nos mostrou como um texto pode moldar identidades.

Inicialmente, demonstrei como é difícil reconstituir a história do antigo Israel justamente pelo fato de os textos dos antigos judeus interpretarem tal passado, buscando compreender o drama que sobreveio ao povo. O centro de sua reflexão era a concepção de que Deus os conduzia e era o agente por trás de todos os acontecimentos. Os textos que eles produziram em meio ao desespero foram fixados como cânon sagrado exatamente no ocaso de Jerusalém. No fim de sua pátria, nasceu a Bíblia hebraica.

Depois, observei o desenvolvimento dos judaísmos na diáspora. Vimos como diversas identidades foram construídas tendo por base o mesmo Talmude — o código para interpretar a Torá e o guia para os rabinos orientarem suas comunidades. Ao mesmo tempo, os judaísmos produziram novos símbolos também decorrentes, em grande medida, da Bíblia. As novas identidades foram construídas sobre as mesmas narrativas, mas não permaneceram estáticas, sendo sempre aprimoradas. Tal ligação não impediu os judaísmos de enfrentarem o dilema da modernidade, aumentando ainda a pluralidade de vertentes, que vão da assimilação secular ao radicalismo de reações fundamentalistas.

Por fim, retomei a história recente do nacionalismo judaico até a formação do Estado de Israel. Vimos como o novo país forjou sua simbologia nacionalista nos mitos e tradições do passado descrito na Bíblia, mas despindo suas narrativas do elemento sagrado e piedoso, com o fim de operar no conceito laico de nação contemporânea. O passado imaginado como puro e original dos tempos bíblicos é invocado para forjar a identidade israelense atual.

O produto de tantos entrecruzamentos narrativos fez com que a relação do Estado de Israel com os princípios religiosos do judaísmo e a Bíblia fosse ambígua. Da interpolação de texto e realidade, assim como de ficção e história, ou de piedade e pragmatismo, resulta um tempo vivido recheado de memórias, dramas e esperanças. Um tempo marcado pela Bíblia.

PARTE III

DA IGREJA PARA A BÍBLIA, DA BÍBLIA PARA A IGREJA

O cristianismo nasceu do judaísmo; a igreja foi gestada por Israel. Por isso, vamos retornar ao primeiro século de nossa era para ver como o movimento de Jesus fez parte da cultura judaica, navegando nas mesmas águas de frustrações, sonhos e esperanças. Vamos entender como a experiência dos judeus nazarenos produziu um texto fundamentado nos símbolos da Bíblia hebraica, mas conduzindo a leituras, interpretações e constituições de identidades completamente diferentes das que seriam produzidas pelos outros judeus, aqueles que não concordaram ser Jesus o Messias de Israel. Do testemunho dos seguidores de Jesus, emergiu o Novo Testamento, um texto que, somado à Bíblia hebraica, daria origem à Bíblia cristã.

Depois veremos como o cristianismo seguiu sua vocação universalista ao proclamar a vinda do Messias a todos os povos da terra. Nesse processo, os cristãos produziram uma infinidade de encontros culturais com outros povos, expandindo a simbologia cristã a partir de novas leituras das metáforas bíblicas somadas às metáforas de religiões com as quais se encontrava. Por isso, assim como o judaísmo, não podemos falar de um único cristianismo, mas de vários cristianismos. Da mesma forma, veremos como a relação com os judeus foi-se desgastando e chegando à oposição propriamente dita.

A história do cristianismo é colossal. Como não posso alcançar sua totalidade, no terceiro capítulo desta parte vou me ater apenas ao protestantismo, por dois motivos: primeiro, porque essa é a tradição da qual faço parte e tem uma história que interessa ao contexto brasileiro; e, segundo, porque foi esse movimento que colocou a Bíblia contra a tradição, o que aparece resumido na expressão sola Scriptura. A leitura da Bíblia hebraica, em seu sentido mais literal, veio a ser parte significativa da hermenêutica protestante e a base para estabelecer uma nova relação dos cristãos com os judeus e o moderno Estado de Israel.

Se Israel produziu a Bíblia hebraica e esta produziu Israel, a igreja produziu a Bíblia cristã e esta produziu a igreja com todas as suas variantes ao longo de dois mil anos.

Vamos ver como isso aconteceu.

Capítulo 7
A IGREJA ANTIGA

Assim como Israel, a igreja cristã também remete sua origem a um mito fundador, a uma narrativa de essência. Essa narrativa é a aparição de Jesus de Nazaré e os testemunhos em torno de seu nascimento, vida, morte e ressurreição. Sua origem está situada em um ambiente judaico. Os primeiros proclamadores de sua mensagem eram judeus, que fundaram igrejas por todo o Império Romano e para além de suas fronteiras. Nesse processo, o cristianismo não escolheu Roma no lugar de Jerusalém, mas habitou entre as duas, em um processo de integração que se apresentou como um programa de universalismo, o qual entendia de maneira nova tanto o ser humano como Deus.[1]

História e narrativa da igreja antiga

Assim como há discussões sobre a historicidade dos eventos narrados na Bíblia hebraica a respeito do antigo Israel, há em relação à historicidade de Jesus, dos apóstolos e da igreja primitiva.

---
1   MENDONÇA, 2015, p. 197.

A questão da narrativa se repete no cristianismo: os textos canônicos dos Evangelhos e do livro de Atos também apresentam o testemunho da experiência de um povo com seu Deus. Resumidamente, podemos dizer que a história começa com o movimento de Jesus, o itinerante que exerceu um ministério de cura, exorcismo e pregação na Galileia durante poucos anos, culminando em sua morte na cruz pelas autoridades romanas, e concluído com o anúncio de sua ressurreição por parte de seus discípulos. A narrativa segue com as conversões de judeus e a oposição das autoridades de Jerusalém. A nascente comunidade de seguidores de Jesus e dos apóstolos foi impulsionada pelo símbolo do Pentecostes — o dom do Espírito Santo para falarem as línguas de todos os povos. Os gentios são agregados ao renovado povo redimido de Deus. Finalmente, a mensagem do Nazareno alcança os confins da terra, simbolizados por Roma.[2]

Essa é a estrutura narrativa básica do início do cristianismo. Entretanto, aquilo que a Bíblia cristã afirma sobre a vida, a morte e a ressurreição de Jesus de Nazaré é alvo de incontáveis estudos. Obviamente, os eventos miraculosos (em especial, a ressurreição) raramente serão considerados históricos — pelo menos na historiografia contemporânea. Jesus é alvo de inúmeras pesquisas acadêmicas iniciadas há quase 250 anos, desde que a nova ordem do saber do século XVIII mudou a compreensão do texto bíblico, distanciando os Evangelhos da "realidade dos fatos". A Bíblia passou a ser examinada a partir do entendimento contemporâneo com uma hermenêutica de suspeita e disposição tão crítica quanto emancipatória dos dogmas da igreja.[3] Em outras palavras, a dúvida em relação ao conteúdo histórico dos Evangelhos apenas foi superada pela oposição de tais pesquisadores às instituições eclesiásticas.

---

2   IRVIN, Dale T.; SUNQUIST, Scott W. *História do movimento cristão mundial:* do cristianismo primitivo a 1453. São Paulo: Paulus, 2004, v. 1. p. 15-17.
3   STEGEMANN, Wolfgang. *Jesus e seu tempo.* São Leopoldo: Sinodal/EST, 2012. p. 90-99. Stegemann apresenta as chamadas "buscas do Jesus histórico". Essa obra apresenta um bom conteúdo sobre esses debates. A historicidade do Novo Testamento é defendida na coletânea de BOCK, Darrel L. (org.). *O Jesus histórico:* critérios e contextos no estudo das origens cristãs. Rio de Janeiro: Thomas Nelson Brasil, 2020.

CAPÍTULO 7: A IGREJA ANTIGA

O que é uma pena: a pesquisa acadêmica historiográfica poderia contribuir muito mais para os estudos bíblicos e o diálogo entre ciência e fé se deixasse de lado certa beligerância de seus estudiosos.

De qualquer maneira, procederei com a história da nascente igreja cristã como tratei a história do antigo Israel. Não me interessa aqui fazer um levantamento de "provas" históricas de Jesus. Sobre o fato de que ele existiu, não paira dúvida. Sobre ter sido o epicentro de um movimento crescente de fé que daria origem à maior religião do mundo, também não há muito a discutir. Por outro lado, seus milagres e ressurreição não podem ser provados pelo método histórico. Seriam questão de fé, na minha opinião. Mas, obviamente, o que penso não encerra a discussão, e eu acho isso ótimo. Creio que tudo aconteceu, e há gente muito mais bem preparada do que eu para apresentar argumentos. De qualquer forma, a historicidade dos eventos não está na pauta do que estou explorando aqui. O centro de minha investigação é a forma em que a Bíblia cristã foi produzida e como veio a forjar as identidades cristãs ao longo de milênios.

Se há uma questão relevante para o que pretendo apresentar é aquilo que Wolfgang Stegemann apresenta como fundamental nos estudos recentes: Qual era o judaísmo de Jesus. O pregador da Galileia foi redescoberto como judeu, dentro do judaísmo de seu tempo, e não apenas como um "herói cristão" contrário ao judaísmo ou desvinculado da realidade judaica do primeiro século.[4]

Jesus, o cumprimento das expectativas judaicas

Os primeiros seguidores de Jesus eram judeus e creram que ele era o Messias de Israel. Por isso, eram chamados pelos demais judeus de *natzaratim* ou *notzrim*, os "nazarenos", por serem seguidores do pregador crucificado de Nazaré.[5] Esse grupo, que deve ser entendido como um ramo dentre os diversos judaísmos do primeiro século, acreditava que Jesus cumpria as expectativas produzidas

---

4   STEGEMANN, 2012, p. 154.
5   STERN, David H. *Comentário judaico do Novo Testamento*. São Paulo: Didática Paulista; Belo Horizonte: Atos, 2008. p. 291.

pela Bíblia hebraica. Não vou recontar aqui toda a história de Jesus e o escândalo que ela significou para os judeus e a loucura para os gentios. Um Messias que veio para ocupar uma cruz e não um trono é algo que nos assombra até hoje.[6]

Na pessoa de Jesus, chegava o Reino de Deus aguardado por tantas gerações. O acontecimento em torno desse pregador do interior da Galileia representou uma surpreendente iluminação do passado, uma compreensão do que realmente os profetas tratavam. Os olhos dos discípulos se abriram, e eles compreenderam que estavam diante de algo absolutamente novo, como tão belamente descreve a narrativa dos discípulos no caminho de Emaús (Lucas 24:31). Nascia uma hermenêutica bastante diversa. Como acreditaram estar vivendo o cumprimento de profecias do passado, esse passado foi visto como portador de significados incompreendidos a serem desvendados. Ou seja, eles interpretaram a história de seu povo como um tipo de realização que acontecia diante de seus olhos. Foi essa, basicamente, a interpretação do apóstolo Paulo.

Nas cartas de Paulo, podemos encontrar uma hermenêutica tipológica típica dos judeus nazarenos ao tratarem de personagens da Bíblia hebraica. Adão foi entendido como um tipo daquele que viria, um velho homem em contraposição ao novo homem, Jesus (Romanos 5:14). Sara e Agar foram tratadas pelo apóstolo como alegorias da aliança do Sinai e da nova aliança (Gálatas 4:24). Assim, na exegese dos seguidores de Jesus, os textos da Bíblia hebraica adquiriram duplo sentido, vinculados à história da redenção e preparando a vinda do Messias. Ao mesmo tempo, as antigas narrativas antecipavam os eventos vividos pelos seguidores de Jesus como arquétipos. Nesse caso, "a interpretação tipológica não elimina simplesmente a distância histórica entre o texto e o leitor, mas a expressa como promessa e cumprimento".[7] Jesus cumpria as Escrituras; logo, ele se tornava a chave hermenêutica para compreender o passado de Israel.

---

6 Tratei esse tema em *Aqueles da Bíblia*. Sugiro a leitura dos capítulos 8 e 9. Eles explicam a tensão política e religiosa do primeiro século, e as razões pelas quais Paulo consideraria aquele evento "escândalo para os judeus e loucura para os gentios" (1Coríntios 1:23).
7 KÖRTNER, 2009, p. 136-137.

CAPÍTULO 7: A IGREJA ANTIGA   197

A escrita dos Evangelhos envolveu um fenômeno notável diretamente ligado à questão hermenêutica que abordamos na primeira parte. O que caracterizava a proclamação nas primeiras décadas era a oralidade, pois a vinda do Reino de Deus na pessoa de Jesus era anunciada pelas vozes muito antes de serem escritos os textos mais antigos dessas comunidades. Entretanto, como recorda Paul Ricoeur, essa proclamação inicialmente oral chegou aos dias atuais por meio de um texto escrito: as narrativas dos Evangelhos. Houve um momento de fixação do testemunho em um texto, o que significa que tais comunidades perceberam a realidade e a fixaram como interpretação. Como texto, o Evangelho tomou distância em relação ao acontecimento proclamado. O registro em letra, décadas depois dos fatos testemunhados, não é apenas uma transcrição livre da voz daqueles que viram os fatos, mas o testemunho de uma comunidade confessante manifestando sua interpretação no culto, na pregação e nas expressões de fé.[8]

Aqueles que andaram com Jesus viram algo acontecer, interpretaram esse acontecimento e creram, viveram e proclamaram de acordo com essa experiência. Isso implicava adoração e pregação, o que foi sendo desenvolvido ao longo do tempo e estendido a pessoas que não haviam participado do evento original. Assim, reuniu-se um corpo de testemunhos até, algumas décadas depois, ser fixado em textos.[9]

Então, ao aplicar uma tipologia aos fatos do passado, os judeus nazarenos interpretaram a própria história à luz de seu encontro com Jesus de Nazaré. O testemunho dos acontecimentos por eles vividos não tinha por objetivo recuperar fatos exatos da vida de Jesus, ou narrar a biografia de um grande homem de seu tempo, mas levar o leitor a crer que Jesus é o Messias, o Filho de Deus, e, ao crer nisso, ter a vida eterna. Essa é a razão explicitada pelo autor do

---

8   RICOEUR, 1988, p. 374-377.
9   Esse processo foi, basicamente, o que compreendemos como mímesis I e mímesis II acontecendo na comunidade dos seguidores de Jesus. Eles tinham uma compreensão da realidade segundo a qual Jesus era o cumprimento das profecias do passado, e a fixaram em textos valendo-se de estratégias narrativas, contando uma história com um sentido próprio.

quarto Evangelho (João 20:31). Sua escrita era uma proclamação. A verdade anunciada, a da salvação, não foi separada da história, mas ultrapassou seus limites, permitindo expressar o invisível por meio do visível. A intenção dos contadores da história de Jesus era mostrar a verdade da salvação. Ao contá-la, os nazarenos construíram a si mesmos; produziram uma identidade narrativa própria a expressar sua experiência como povo impactado por Jesus.[10] E essa identidade estava profundamente vinculada ao passado de Israel.

O fundamento judaico da proclamação dos nazarenos

As experiências vividas pelos seguidores imediatos de Jesus foram compreendidas por eles mesmos como o "ponto culminante da história de Israel".[11] Essa ideia foi defendida nos quatro Evangelhos. Mateus começou sua genealogia por Abraão, estabelecendo vínculo direto com o patriarca. Em suas narrativas, o evangelista apresentou Jesus como um novo Moisés quando anunciou o Sermão do Monte; como Davi, ao agir em um sábado; como Jacó, ao trazer patriarcas ao mundo na figura dos doze apóstolos; ou como Elias e Eliseu, ao curar e ressuscitar mortos. Marcos apontou que João Batista cumpria as profecias de Isaías e Malaquias. Lucas introduziu cânticos como o *Magnificat*, de Maria (Lucas 1:46-55), e o *Benedictus*, de Zacarias (Lucas 1:67-79), relacionando o advento de Jesus ao cumprimento das antigas promessas divinas a Israel. João, por sua vez, remeteu ao êxodo, descrevendo como a Palavra tabernaculou no meio de Israel por meio do Filho encarnado, concluindo uma história iniciada na criação do mundo. Os evangelistas, como conjunto, relatam o ápice da história de Israel, mas um ápice apresentado como algo radicalmente novo e revolucionário: a figura de um rei que veio para ser crucificado.[12]

---

10 FOCANT, Camille. "Verdade histórica e verdade narrativa: o relato da Paixão em Marcos. p. 79-97". In: HERMANS, Michel; SAUVAGE, Pierre (orgs.). *Bíblia e história*: Escritura, interpretação e ação no tempo. São Paulo: Loyola, 2006. p. 86-89.
11 WRIGHT, Nicholas Thomas. *Como Deus se tornou rei*. Rio de Janeiro: Thomas Nelson Brasil, 2019. p. 83.
12 WRIGHT, 2019, p. 86-99.

A maneira de os nazarenos contarem a vida de Jesus remonta a uma estrutura literária baseada no principal mito da Bíblia hebraica, o mito da libertação. Esta é basicamente a tese que N. T. Wright tem sistematicamente enfatizado: nos Evangelhos, Jesus é o personagem central de um novo êxodo. A estrutura literária dos Evangelhos é idêntica à do livro mosaico: contra a tirania dos poderes de Satanás e da morte (como o faraó), levanta-se um líder, Jesus (como Moisés); no momento derradeiro da libertação, ocorre o sacrifício do próprio Cordeiro de Deus (o cordeiro pascal); ele obtém a vitória na ressurreição (travessia do mar); ocorre a vocação dos discípulos (entrega da lei e eleição de Israel), acompanhados da presença de Deus pelo Espírito Santo (tabernáculo e colunas), e a promessa de novos céus e nova terra (Terra Prometida). O momento decisivo acontece na festa da Páscoa, ocasião em que o principal símbolo da festa (comer o cordeiro pascal) foi celebrado na instituição da Santa Ceia, desde então com um novo significado.[13]

O novo significado da Páscoa foi explicitado até mesmo pelos gestos de Jesus na noite anterior à sua morte. Os pronunciamentos de "este é o pão da aflição que nossos pais comeram quando vieram do Egito", presente na tradição judaica de celebração do *Pessach*, foi substituído por "isto é o meu corpo, que é dado por vós". Da mesma maneira, beber quatro taças de vinho tinto ao longo da festa, simbolizando o sangue do cordeiro, foi alterado para "isto é o meu sangue, derramado em favor de vós" (Mateus 26:26-30). O fato de Jesus anunciar que não beberia mais vinho até vir o Reino de Deus está ligado ao fato de a era messiânica ser retratada no judaísmo como um banquete em que o vinho é abundante.[14] Ou seja, a experiência com Jesus foi compreendida como a vinda do próprio Deus em atos de salvação no final da história, associando as tradições libertadoras do êxodo às tradições messiânicas do rei prometido.

---

13 WRIGHT, Nicholas Thomas. *Simplesmente Jesus*. Rio de Janeiro: Thomas Nelson Brasil, 2020. p. 219-221.
14 Beber quatro taças de vinho na cerimônia do Pessach não é uma ordenança da Torá, mas estava presente na tradição judaica pelo menos desde o primeiro século. KEENER, Craig S. *Comentário histórico-cultural da Bíblia:* Novo Testamento. São Paulo: Vida Nova, 2017. p. 128-129.

Enfim, a forma em que a tradição dos nazarenos contou a história de Jesus está estruturada sobre a grande narrativa da libertação da Bíblia hebraica. N. T. Wright esclarece: a exemplo da Torá, que é o mito fundador da Bíblia hebraica, a narrativa de Jesus é o mito central do cristianismo, e os Evangelhos são seus documentos de fundação.[15] Jesus e tudo o que ele fez, segundo o testemunho dos apóstolos, forneceram à igreja a narrativa que lhe deu sentido de existência.

A mudança escatológica no movimento de Jesus

Precisamos lembrar que o fato de Jesus ser entendido como o Messias remete imediatamente ao problema do final dos tempos. As profecias da Bíblia hebraica abordam esse evento como uma completa transformação da realidade. A era messiânica está vinculada à escatologia, ao final da história do mundo. Mas Jesus veio, morreu e ressuscitou, e o mundo continuou a existir, aparentemente sem mudanças. O Reino prometido parece que não foi estabelecido; Roma continuou perversa como antes, com a Judeia caminhando para a mesma crise e destruição. Como lidar com essa tensão?

O que aconteceu foi uma mudança na estrutura de pensamento escatológico em relação ao judaísmo. Oscar Cullmann (1902-1999) nos ajuda a compreender. Na Bíblia hebraica, a linha temporal se divide em três partes: o tempo anterior à criação (quando o mundo não existia), o tempo entre a criação e a Parusia (que é o tempo presente antes da vinda do Messias) e o tempo posterior à Parusia (o tempo futuro do mundo redimido após a manifestação do Messias). Ou seja, na estrutura temporal da Bíblia hebraica, o grande centro, o ponto alto e culminante de salvação, está posto no futuro, como expectativa pelo fim da história e o início do Reino de Deus. Entretanto, nas narrativas dos Evangelhos, a expectativa pelo Reino de Deus se alterou justamente pelo novo elemento trazido por

---

15 WRIGHT, 2019, p. 128-129. Embora, para Frye, o mito não precise estar diretamente ligado à historicidade do passado (para ele, não seriam fatos históricos), em Wright a narrativa dos Evangelhos trata de um fato realmente ocorrido. Mas, ao mesmo tempo, essas narrativas são "mito" porque são "histórias que as comunidades contam para explicar e dar direção à própria vida".

Jesus. A presença do Messias alterou a posição desse ponto culminante. O ponto decisivo não estava mais no final da história, mas no meio: na época de Jesus e dos apóstolos.[16]

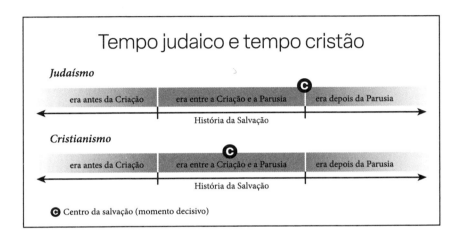

A narrativa da morte e da ressurreição de Jesus, celebradas na Páscoa, colocou o ápice do tempo não mais no futuro, mas em um evento do passado. No cristianismo e no judaísmo, persiste a esperança do futuro Reino de Deus a ser instaurado; entretanto, para os nazarenos, o fato decisivo já havia acontecido. Comparando com o contexto de uma guerra, pode-se dizer que a batalha mais importante já foi vencida, mas ainda há resistência inimiga e hostilidades até que o controle final se estabeleça. Então, na forma que os seguidores de Jesus passaram a compreender a vinda do Reino, o elemento primordial se tornou a convicção da ressurreição posta no passado, mais do que a esperança escatológica a se consolidar no futuro. A esperança da vitória final não foi diminuída, mas reafirmada, porque fundada na certeza de que a vitória decisiva já aconteceu na cruz e na ressurreição.[17]

---
16 CULLMANN, Oscar. *Cristo e o tempo*. 2. ed. São Paulo: Fonte Editorial, 2020. p. 121-123.
17 CULLMANN, 2020, p. 124-126.

O povo alargado de Deus

As narrativas dos Evangelhos e de Atos não encerram no cumprimento das Escrituras hebraicas em Jesus. Além do entendimento de ele ser o Messias de Israel, e de o Reino de Deus estar em andamento desde a ressurreição, a grande inovação em contraste ao judaísmo pregresso foi a nova condição dos gentios. A partir do crescente acréscimo de não judeus às comunidades dos nazarenos, a própria percepção de Israel foi modificada. Chegou-se à conclusão de que Deus trouxera pessoas dentre as nações para construir um povo para o seu nome (Atos 15:14). A comunidade judaico-gentílica se entendia como uma versão expandida de Israel, como uma entidade que usa a história judaica para compreender a si própria.[18] O produto desse entendimento foi a ideia de serem um "povo alargado de Deus". Daí, por exemplo, Pedro afirmar que eles são um sacerdócio real e santo, um povo unido por Deus para anunciar ao mundo as virtudes de Jesus (1Pedro 2:9-10).

O grande promotor da ampliação do conceito de povo de Deus foi o apóstolo Paulo. Homem apaixonado por seu povo e pelo Deus de Israel, sonhava com um novo mundo marcado por uma nova realidade, uma realidade alternativa àquela que ele via à sua frente. Nesse sentido, ele segue a tradição profética típica do mundo hebraico. O povo de Deus judaico-gentílico deveria viver de acordo com um novo estilo de vida, cuja comunidade se denominava pelo termo grego *ekklesia*, que era basicamente o nome da assembleia dos cidadãos de uma cidade grega. Essa "assembleia de cidadãos do Reino" seria uma comunidade marcada pela unidade na diversidade, unindo judeus e gentios em torno de uma família mundial — uma rede inter-relacionada de comunidades. Note que Paulo não produziu uma síntese entre Israel, Grécia e Roma, mas partiu de um quadro judaico da história antiga de Israel, que ganhava realidade mundial por meio de seu Messias. Mais tarde, as melhores tradições gentílicas também se aglutinariam ao redor de Jesus.[19]

---

18 GOLDINGAY, 2020, p. 285-286.
19 WRIGHT, Nicholas Thomas. *Paulo:* uma biografia. Rio de Janeiro: Thomas Nelson Brasil, 2018. p. 462-66.

CAPÍTULO 7: A IGREJA ANTIGA   203

O entendimento de que o Messias de Israel era também o salvador de todos os povos produziu a união de duas tradições com
bases comunitárias semelhantes: o termo *ekklesia* era considerado
o equivalente grego do hebraico *qahal yhwh*, a "assembleia do Senhor", expressão usada como referência à reunião das comunidades judaicas, as sinagogas.[20]

A transferência do termo hebraico para o grego assinalava a gradativa entrada dos gentios na comunidade dos nazarenos, o que
trouxe questões sensíveis. Os convertidos oriundos do mundo gentílico deveriam obedecer aos costumes judaicos, como acontecia
com os convertidos do judaísmo? Afinal, já havia muitos gentios
participando das sinagogas como "tementes a Deus" e outros tantos
se convertiam ao judaísmo e se tornavam "prosélitos". O apóstolo
Paulo elaborou a doutrina que viria a definir a questão e mudar
comportamentos de forma radical: a salvação acontece exclusivamente pela aceitação das boas-novas da morte e da ressurreição de
Jesus, independentemente do cumprimento ou não do código da
Torá. A fé antecede as obras. Assim foi aberta a porta aos estrangeiros, desobrigados da circuncisão e de tabus alimentares, entre
outros elementos caros aos judeus. Do "Messias judeu", emergia o
"Cristo grego". E a transição do mundo semita para o greco-romano criaria o gradativo distanciamento entre a pregação do Messias
crucificado e o judaísmo tradicional.[21]

É provável que o uso do termo "cristão", dado aos seguidores de
Jesus em Antioquia (Atos 11:26), tenha sido um título exclusivo aos
convertidos oriundos do mundo gentílico. A cidade viveu de fato
a fusão entre judeus e gentios em suas comunidades. Judeus crentes em Jesus (os nazarenos) e gentios crentes em Jesus (os cristãos)
sentaram-se à mesma mesa de comunhão. Também é notável que
foi Antioquia o principal centro de expansão da fé cristã durante o

---

20 Como aponta SCHELLEY, Bruce L. *História do cristianismo: uma obra completa e atual sobre a trajetória da igreja cristã desde as origens até o século 21.* Rio de Janeiro: Thomas Nelson Brasil, 2018. p. 32.
21 SCHELLEY, 2018, p. 32-37.

primeiro século do cristianismo.[22] Com a presença dos gentios em sua condição natural, sem a necessidade de se transformarem em judeus, nascia a experiência da igreja cristã, que viria, com o tempo, a se diferenciar e separar da sinagoga judaica.

+ + +

Em resumo: os apóstolos podem ser identificados como uma comunidade interpretativa das Escrituras hebraicas. Eles compreenderam Jesus como o Messias prometido a Israel e o grupo oriundo do movimento em torno de sua pessoa como o verdadeiro cumprimento de antigas esperanças judaicas. Seu fundamento estava nas Escrituras hebraicas, as quais se desvelavam a seus olhos. Tratava-se de um cumprimento literal das profecias na pessoa de Jesus trazendo o Reino de Deus. Ou seja, a comunidade do movimento de Jesus interpretou cristologicamente a Bíblia hebraica,[23] relendo o texto e a experiência de seus antepassados como algo finalmente cumprido e consumado entre eles. Jesus é o Messias de Israel, aglutinando judeus e gentios no mesmo corpo, e isso teria implicações universais.

A universalização da igreja e a emergência da Bíblia cristã

O livro de Atos apresenta uma narrativa segundo a qual o Espírito Santo é o autor do processo que levou os discípulos de Jesus a compreenderem que o Reino de Deus não era apenas para Israel, mas deveria ser proclamado "até os confins da terra".[24] A pregação aos gentios é a conclusão natural do livro após Paulo receber os

---

22 Como sustenta Lucas Gesta, não foi Roma o principal centro cristão do cristianismo do primeiro século, mas Antioquia; tampouco foi a Europa a motriz intelectual e numérica da igreja, mas a Síria. PAIVA, Lucas Gesta Palmares Munhoz. "Os cristianismos orientais e seu desaparecimento na historiografia eclesiástica ocidental". *Teológica*, Revista Brasileira de Teologia, Rio de Janeiro, n. 5, jan./jun. 2018. p. 76-94.
23 KLEIN; HUBBARD; BLOMBERG, 2017, p. 93-94. Um exemplo da aplicação das Escrituras hebraicas dentro de um molde narrativo cristológico pode ser encontrado na coletânea de pregações de CHO, Bernardo. *O enredo da salvação:* presença divina, vocação humana e redenção cósmica. São Paulo: Mundo Cristão, 2021.
24 GONZÁLEZ, Justo L. *Atos, o evangelho do Espírito Santo.* São Paulo: Hagnos, 2011. p. 36-39.

CAPÍTULO 7: A IGREJA ANTIGA

líderes das comunidades judaicas de Roma, apresentar o evangelho de Jesus e ser rejeitado (Atos 28:16-31). Por isso, o episódio resume a tendência do livro inteiro: o anúncio do Messias foi feito primeiro aos judeus, mas, uma vez rejeitado, passou a ser oferecido aos gentios.[25]

D. A. Carson apresenta tese semelhante. Para ele, o autor de Atos oferece uma continuação da história da salvação da Bíblia hebraica, apresentando o ponto culminante em Jesus. Os apóstolos, guiados pelo Espírito Santo, produziram a igreja como povo escatológico de Deus. A igreja, por sua vez, gradualmente se distanciou da inclinação judaica original para adentrar no mundo gentílico, sendo Paulo o principal instrumento de sua universalização.[26] Usando a metáfora da expansão de Atos, o evangelho foi testemunhado em Jerusalém, Judeia, Samaria e até os confins da terra (Atos 1:8). É notável também observar que os próprios autores de dois dos Evangelhos, Marcos e Lucas, e muito especialmente no texto de Atos, chegaram a utilizar recursos épicos da literatura homérica da *Ilíada* e da *Odisseia*, com milagres, fugas de prisões, naufrágios e tudo o que a espetacular narrativa nos apresenta.[27]

Embora o movimento de Jesus tenha surgido em um mundo basicamente judeu, a tendência imediata foi a universalização. Um fato que nos ajuda a compreender esse avanço para fora das fronteiras do judaísmo é o fenômeno da tradução, ocorrido no cristianismo desde os primeiros séculos. Desde o início, houve disposição dos cristãos em traduzir seus textos — incluindo os textos da Bíblia hebraica — para as mais diversas línguas do mundo.[28] A vocação dos seguidores de Jesus foi alcançar todos os povos, o que resultou também em alguns problemas com a tradição de origem judaica.

---

25 Essa é basicamente a tese do Justo González. GONZÁLEZ, 2011, p. 330-331.
26 CARSON, D. A. *Introdução ao Novo Testamento*. São Paulo: Vida Nova, 1997. p. 239.
27 MACDONALD, Dennis R. *The Gospels and Homer*: imitations of Greek epic in Mark and Luke-Acts. The New Testament and Greek literature, V. I. Londres: Rowman & Littlefield, 2015.
28 TREBOLLE BARRERA, 1995, p. 150-151.

A relação dos seguidores de Jesus com a tradição judaica

Ao mesmo tempo que os seguidores de Jesus se abriam para a universalização, a desavença com a tradição judaica aumentava. A *Primeira Guerra Judaico-Romana* (66-70 d.C.), chamada por Josefo de "Guerra dos Judeus", foi um dos marcos na estremecida relação com o judaísmo. Os nazarenos fugiram para Pela, do outro lado do rio Jordão, assim que as legiões chegaram a Jerusalém. Eles acreditavam ser o cumprimento da profecia de Jesus, ocasião em que orientou a fuga assim que vissem a cidade cercada pelos exércitos (Lucas 21:20-21). Depois da guerra, os nazarenos foram rejeitados nas sinagogas, tanto pelo fato de terem abandonado a pátria em sua hora mais angustiante como por pregarem um Messias crucificado. Quando estourou a *Terceira Guerra Judaico-Romana* (132-135 d.C.) e o rebelde Bar Kochba foi proclamado Messias pelo rabi Akiva, os nazarenos novamente abandonaram seus compatriotas, tanto pelo fato de não aceitarem a guerra como caminho para o Reino como pela ideia de que pudesse haver outro Messias que não fosse Jesus. A relação dos nazarenos com o judaísmo tornava-se insustentável.[29]

Assim, desde os eventos traumáticos de 70 e 135, muitas sinagogas incluíram em seus cultos uma maldição contra o partido nazareno. As igrejas cristãs de base gentílica, por outro lado, passaram a desprezar o judaísmo, o que aparece exemplificado em Justino Mártir (c. 100-165 d.C.) na obra *Diálogo com Trifão*. Nesse texto apologético, o teólogo romano afirmou que os judeus haviam sido deserdados das promessas divinas e os cristãos seriam os herdeiros legítimos da fé bíblica de Israel, pois apenas os que seguiam a Cristo, o cumpridor da Torá, poderiam reivindicar a tradição mosaica.[30] Outro pai apostólico a manifestar posição contrária à prática judaica em comunidades cristãs da Ásia Menor foi Inácio

---

29 JUSTER, Daniel. *Raízes judaicas:* entendendo as origens da nossa fé. Ed. rev. São Paulo: Impacto, 2018. p. 180-182.
30 IRVIN; SUNQUIST, 2004, p. 110.

CAPÍTULO 7: A IGREJA ANTIGA 207

de Antioquia (c. 35-107 d.C.), criticando severamente as posições judaizantes em suas sete cartas.[31]

Em geral, temos a ideia de que a igreja e a sinagoga já estavam definitivamente separadas ao final do livro de Atos. De fato, esse livro apresenta as desavenças com o judaísmo como o motor inicial da expansão do evangelho em direção ao mundo gentílico. Entretanto, uma separação completa parece não ter sido tão imediata quanto imaginamos. Essa é a conclusão, por exemplo, da historiadora Monica Selvatici. Para ela, os cristãos não judeus das igrejas primitivas nada mais eram do que os antigos gentios "tementes a Deus", que frequentavam as sinagogas, mas depois passaram a fazer parte das comunidades da *ekklesia* como o "público-alvo" da primeira evangelização. O anúncio da igualdade entre judeus e gentios nessa nova comunidade seria um imenso atrativo para esses gentios que já faziam parte das sinagogas. Entretanto, os motivos para manter as práticas judaicas, contrariando, até mesmo, as orientações de autoridades eclesiásticas como Inácio, poderiam ter sido vários. Além da tradição em que já estavam imersos, eles poderiam ter optado por sustentar uma identidade judaica para se protegerem das acusações romanas de ateísmo. Essas pessoas, mantendo as práticas judaicas e a guarda do sábado, estariam se blindando contra as exigências romanas de prestar o culto imperial, uma vez que o judaísmo contava com isenções a essa adoração desde o tempo de Júlio César.[32]

Ou seja, a distinção entre igreja cristã e sinagoga judaica não foi óbvia ou imediata. Por muito tempo, existiram situações intermediárias entre ambas. As igrejas cristãs na Síria, por exemplo, viveram um relacionamento muito mais próximo com o judaísmo nos primeiros séculos. Como os cristãos sírios também eram semitas e

---

31 PIZA, Pedro Luís de Toledo. "O judaísmo na perspectiva de Inácio de Antioquia". *Revista Alétheia*, v. 9, n. 2. p. 86-96, fev. 2015. Disponível em: periodicos.ufrn.br/aletheia/article/view/6679. Acesso em: 29 set. 2022.

32 SELVATICI, Monica. "Identidades cristãs e práxis judaizantes na Ásia Menor romana do século II d.C.: um exame das epístolas de Inácio de Antioquia". *Diálogos*. Maringá-PR, Brasil, v. 24, n. 2. p. 325-341, mai/ago. 2020. Disponível em: doi.org/10.4025/dialogos.v24i2.45651. Acesso em: 29 set. 2022, p. 338-339.

compartilhavam uma cultura geral, muitas igrejas produziram hinos semelhantes aos salmos bíblicos. O *Didaquê* ou *Instrução dos Doze Apóstolos*, catecismo produzido no contexto semita, orientava um comportamento moral diretamente derivado dos mandamentos de Deus, como no judaísmo, porém indicando diferentes dias de jejum. Os cristãos sírios compartilhavam pontos em comum com os judeus, embora buscassem distinguir-se teologicamente. Teófilo de Antioquia (?-186) praticamente inaugurou a escola antioquena ao defender as Escrituras judaicas como autoridade de origem divina e fonte de sabedoria.[33]

Não parece ter havido total oposição entre sinagogas e igrejas durante muito tempo. Wolfram Kinzig, em análise de documentações do século IV, conclui que havia muita proximidade e até mesmo cooperação entre judeus e cristãos naquele século. Existiam pelo menos dois níveis de relacionamento: um institucional, no qual houve mútua e crescente exclusão pelas autoridades teológicas, separando absolutamente igreja e sinagoga em instituições independentes; e outro de piedade popular, em que se desenvolveriam tradições diversas, observadas por um ou outro grupo, mas que permitiram a sobreposição de costumes e práticas de culto pelo menos até o final do século IV.[34] Daí derivam, por exemplo, as críticas de Inácio de Antioquia às mencionadas práticas judaizantes.

Analisando os textos polemistas de Epifânio (c. 310-403) e João Crisóstomo (347-407), Kinzig concluiu haver uma área cinzenta entre judaísmo e cristianismo naquele período. Essa interseção pode ser resumida basicamente em quatro posições: 1) judeus que atribuíam especial significado a Jesus, mas consideravam a lei necessária à salvação (caso dos ebionitas); 2) judeus que consideravam Cristo seu salvador e guardavam a lei por costume (os nazarenos); 3) cristãos gentios que consideravam a lei necessária à salvação; e 4) cristãos gentios que não a consideravam necessária à

---

33 IRVIN; SUNQUIST, 2004, p. 93-95.
34 KINZIG, Wolfram. "'Non-Separation': closeness and co-operation between Jews and Christians in the fourth century". *Vigilae Christianae*, v. 45, n. 1, mar. 1991. p. 27-53, E. J. Brill, Leiden. Disponível em: doi.org/10.1163/157007291X00233. Acesso em: 29 set. 2022, p. 28-29.

CAPÍTULO 7: A IGREJA ANTIGA   209

salvação, mas eram fascinados pelo judaísmo por razões diversas.
Ou seja, havia distinção entre cristãos judeus e cristãos judaizantes, institucionalmente separados, mas cujas práticas passavam por
ampla sobreposição.[35] Isso significa que cristianismo e judaísmo
não eram tão diferentes nos primeiros séculos quanto se costuma
apresentar nas histórias eclesiásticas — pelo menos nas práticas de
seus membros. O que faz sentido, pois nem judaísmo nem cristianismo contavam com estruturas reguladoras de caráter universal.

O problema mais grave emergiu nos debates apologéticos dos
primeiros séculos. O argumento absolutamente complicador para
o relacionamento dos cristãos com o judaísmo foi a ideia de que os
judeus haviam sido colaboradores ou agentes da execução de Jesus.
Outro recurso para defender a preeminência cristã foi a afirmação
de que o judaísmo era incapaz de concretizar as profecias bíblicas
a respeito de Israel, uma vez que elas foram cumpridas em Jesus.
A interpretação da Torá pela via da tradição oral — nessa época, a
Mishná estava sendo fixada — também era inaceitável à igreja. Por
outro lado, os judeus consideravam os argumentos cristãos incom-
preensíveis ou blasfemos, rejeitando a messianidade e a divindade
de Jesus, sem falar que a ideia de admitir um gentio à aliança de
Israel sem a circuncisão era inaceitável.[36]

Entretanto, os primeiros séculos foram palco de um debate com
lugares de interseção, e não de um rompimento completo, entre sinagogas e igrejas. Embora a maioria das igrejas consultasse a versão
grega da Septuaginta, os cristãos ainda buscavam o texto hebraico
original, como procedeu Orígenes ao procurar um mestre judeu
em Cesareia. A moralidade cristã permaneceu ligada à tradição judaica. Enfim, a animosidade não era total, tanto que, no século III,
houve casos de cristãos encontrarem refúgio à perseguição romana
em sinagogas de Antioquia. E havia grupos cristãos acreditando
que se deveria observar a Lei judaica inteira.[37]

---

35 KINZIG, 1991, p. 42.
36 IRVIN; SUNQUIST, 2004, p. 171.
37 IRVIN; SUNQUIST, 2004, p. 172.

Enfim, ocorreu uma gradativa distinção entre judaísmo e cristianismo nos primeiros séculos, mas não uma completa separação. O rompimento somente viria com a associação da igreja de Roma ao Império, quando o relacionamento com o judaísmo tendeu a ser cada vez mais radical. Grandes autoridades teológicas como Ambrósio de Milão (c. 340-397) e Agostinho de Hipona (354-430) não foram nada gentis com os judeus: Ambrósio chegou a afirmar que a queima de sinagogas não era um pecado, e Agostinho considerou que o antigo Israel seria útil apenas para demonstrar a miséria dos que rejeitavam a Deus. A doutrina cristã, de maneira geral, passaria a afirmar que a igreja era mais do que um "novo Israel"; ela seria o "verdadeiro Israel".[38] Essa afirmativa, junto à acusação de os judeus terem matado o Messias, tenderia a produzir antissemitismo nas igrejas medievais. Mas isso é assunto para o próximo capítulo.

A relação dos seguidores de Jesus com as tradições gentílicas

Mesmo vivendo em outros ambientes étnicos e em contextos predominantemente gentílicos, os cristãos persistiam afirmando sua origem na tradição bíblica e na herança de Israel, especialmente nas polêmicas com o helenismo. Abraão e Moisés eram mais antigos do que Sócrates e Platão, e tal fato era usado para pleitear maiores antiguidade e universalidade da fé cristã. Não havia dúvida entre os apologistas cristãos de que o Deus da Bíblia hebraica era o mesmo Pai a quem Jesus orava, e eles assumiram as doutrinas do monoteísmo e da criação. Entretanto, o fato de adorarem a Jesus como Filho de Deus era muito malvisto pelos adversários judeus, considerando tal culto uma violação do monoteísmo.[39]

Por outro lado, a posição cristã também estava em desacordo com as correntes intelectuais do helenismo, as quais consideravam o divino como tendo uma natureza incorruptível e imutável, absolutamente oposta à condição humana, que é corrupta e mutável. Por isso, muitas filosofias propunham uma relação mediada indi-

---

38 JUSTER, 2018, p. 178-179.
39 IRVIN; SUNQUIST, 2004, p. 172-173.

CAPÍTULO 7: A IGREJA ANTIGA   211

reta entre o divino e humano, algo inconciliável com a pregação
cristã, que afirmava a presença direta e manifesta de Deus por meio
da carne de Jesus. Diferente das doutrinas filosóficas do helenismo,
os pensadores cristãos afirmavam a relação íntima de Deus com a
criação e a humanidade de forma plena e radical na encarnação de
Jesus Cristo.[40]

Assim, as igrejas cristãs se viam entre duas visões diferentes
acerca da realidade: uma judaica e outra greco-romana, pregan-
do um Cristo que rompia com ambas as percepções de realidade.
A síntese entre as duas posições foi o primeiro passo no sentido de
um entendimento universal da fé cristã.

As igrejas se haviam espalhado por várias partes do mundo até
o século III. Isso, contudo, não significou conversões em massa,
mas uma amplitude geográfica e cultural imensa. Em alguns locais,
como a Ásia Menor e algumas regiões da África, os cristãos até poderiam tornar-se a maioria da população, mas a realidade geral era
minoritária. As igrejas se adaptavam e assumiam uma variedade de
imagens, ideias e expressões que permitiam traduzir a experiência
do movimento de Jesus à cultura local. Talvez a expressão máxima
dessa capacidade de adaptação tenha ocorrido no culto e nas orações. A língua usada para adorar a Deus não era o hebraico bíblico,
mas uma completa diversidade de idiomas, como o siríaco, o grego,
o latim, o egípcio e muitos outros.[41]

Observe que a imersão nas culturas do mundo não significou
uma capitulação aos padrões locais. Os cristãos sentiam-se pertencentes a uma religião sem pátria histórica. Isso é muito diferente das religiões antigas, vinculadas às etnias. Um grego sustentava
uma religião grega; os romanos, uma religião romana; os indianos,
uma religião indiana; e os judeus, uma religião judaica. Mas os cristãos eram considerados estrangeiros, especialmente nos regimes
romano e persa, em cujos impérios sofriam eventuais perseguições
em razão de sua fé. Por outro lado, os sacramentos eram livres de

40 IRVIN; SUNQUIST, 2004, p. 173.
41 IRVIN; SUNQUIST, 2004, p. 139.

territorialidade, algo diferente da ideia tão comum dos locais sagrados das religiões. Os templos eram, basicamente, "centros do mundo", e sua localização geográfica era importantíssima — caso, até mesmo, do templo de Jerusalém. O batismo podia ser realizado em qualquer lugar, mesmo longe da Judeia, e a eucaristia utilizava os elementos do pão e do vinho em sua forma local de produção. Assim, a mobilidade das comunidades cristãs, tanto em sentido geográfico e cultural como na adaptação de seus sacramentos, deu "impulso à expansão missionária e à inculturação teológica em todo o movimento".[42]

A emergência da ortodoxia cristã

Vimos até aqui como o cristianismo se desenvolveu gradativamente em um processo que partiu do mundo semita do judaísmo, que também contava com assimilações helênicas, e caminhou no sentido da ampla universalização em sua proclamação, dialogando e defendendo sua fé em ambientes diversos. No entanto, esse não foi um processo livre de controvérsias, pois

> o movimento cristão penou para definir o grau de acomodação que podia reconhecer às outras filosofias e religiões, sem abandonar sua fidelidade fundamental à revelação do Deus de Israel que ele encontrava em Jesus Cristo. Ao mesmo tempo, penou para definir-se a si mesmo perante o judaísmo, que não deixou de existir como comunidade religiosa.[43]

Ou seja, o caminho da origem judaica até uma compreensão mais ampla da implantação do Reino de Deus entre outros povos foi árduo e de intenso debate. Esse debate se deu nos movimentos dos apologetas (aqueles que faziam a defesa da fé diante dos gentios) e dos polemistas (aqueles que debatiam as afirmações filosóficas e teológicas nas igrejas). Por isso não podemos falar em uma ortodoxia original no cristianismo, mas em uma heterodoxia — muitos ensaios sobre a forma correta de compreender a fé. Esse

---

42 IRVIN; SUNQUIST, 2004, p. 152.
43 IRVIN; SUNQUIST, 2004, p. 170.

CAPÍTULO 7: A IGREJA ANTIGA   213

é um debate absolutamente natural, pois cultuar a Jesus é uma coisa; outra é explicar quem ele era em termos abstratos e filosóficos. Tal foi o problema enfrentado pelos cristãos nos primeiros séculos: explicar sua experiência e prática litúrgica.

Assim, o movimento cristão estava entre situações diferentes: de um lado, a origem monoteísta judaica; no centro, a afirmativa revolucionária de que o Deus de Israel se havia tornado homem em Cristo Jesus; e, do outro lado, o mundo filosófico greco-romano, com suas concepções radicalmente opostas entre divino e humano. Não foi tarefa simples explicar a fé cristã em ambientes tão contrastantes. Daí a diversidade das soluções teóricas ou teológicas dos cristãos nos primeiros séculos. Alister McGrath apresenta cinco razões principais para tal diversidade: 1) a incerteza sobre as fontes consideradas autoritativas pelas comunidades cristãs; 2) a diversidade de documentos textuais relacionados ao tempo fundacional; 3) as diferentes interpretações desses mesmos documentos; 4) as formas de adoração igualmente diversas nas liturgias cristãs; 5) e a completa incapacidade de impor qualquer uniformidade sobre as comunidades locais.[44]

Em meio a tão grande complexidade, era natural que o pensamento cristão florescesse em igual variedade. Entretanto, entre as diversas formas de compreender Jesus Cristo, havia uma espécie de "semente", alguns temas fundamentais que já estavam costurados desde as primeiras décadas, mas que eram expressos em linguagens e imagens cada vez mais complexas. A organização dessas ideias daria origem à *ortodoxia*, um programa de doutrinas entendidas como uma proteção intelectual à fé original e apostólica, em contraposição a outras ideias emergentes.[45] Essas doutrinas foram chamadas de "dogmas".

Embora muitos entre nós considerem "dogma" praticamente um palavrão, sua origem vem do universo filosófico grego. Como esclarece Paul Tillich (1886-1965), *dogmata* eram o pensamento,

---

44 MCGRATH, Alister. *Heresia*: em defesa da fé. São Paulo: Hagnos, 2014. p. 61.
45 MCGRATH, 2014, p. 102-103.

a imaginação ou a opinião expressa em doutrinas que diferenciavam uma escola filosófica da outra. Por serem uma forma racional de expressão de pensamento, as doutrinas cristãs também foram entendidas como *dogmata*, distinguindo a escola cristã de outras escolas filosóficas. Por isso as doutrinas cristãs seguiram modelos de pensamento filosóficos, trazendo junto suas formulações "negativas". Isso significa que um dogma não apenas afirma algo, mas também rejeita outras ideias, como no caso do credo apostólico, cujo primeiro artigo diz "creio em Deus Pai Todo-Poderoso, Criador do céu e da terra". Essa afirmação não se formula apenas para si mesmo, mas rejeita, ao mesmo tempo, o dualismo típico do mundo grego. Esses dogmas eram, portanto, doutrinas protetoras que salvaguardavam a substância da mensagem cristã, que tinha por ponto fixo a confissão de Jesus Cristo como Filho de Deus. Tais formulações não eram simples, razão pela qual os dogmas cristãos receberam muitos conceitos filosóficos.[46]

Da incursão no mundo helênico, deriva uma metodologia típica do cristianismo. Assim como aconteceu no contexto greco-romano, os cristãos receberam diversas categorias de interpretação das religiões e filosofias em seu entorno e as transformaram à luz da experiência em Jesus Cristo. Os conceitos judaicos de Messias, Filho do Homem e Filho de Davi foram ampliados para além do contexto original; o mesmo aconteceu com o termo *kyrios* (senhor), usado nas religiões de mistério para seus deuses, e que foi aplicado ao poder divino de Jesus já nos Evangelhos e nas cartas paulinas; o conceito de *Logos*, por sua vez, utilizado como expressão da automanifestação de Deus, foi trazido do universo grego como princípio cósmico da criação (válido também no judaísmo), mas seria totalmente ressignificado pelos cristãos ao afirmarem a ambiguidade de que o "Logos se fez carne". Ou seja, como afirma Tillich, "a grandeza do Novo Testamento consiste em ter sido capaz de usar palavras, conceitos e símbolos surgidos na história das religiões,

---

46 TILLICH, Paul. *História do pensamento cristão*. São Paulo: ASTE, 2015. p. 18-21.

CAPÍTULO 7: A IGREJA ANTIGA   215

preservando, ao mesmo tempo, a pessoa de Jesus interpretada por essas categorias".[47] Ou seja, desde os apóstolos e demais autores dos textos bíblicos do Novo Testamento, houve assimilações de metáforas e conceitos do mundo religioso fora de Israel.[48]

Essa transição intelectual para o contexto mais amplo das culturas diversas não escapou de riscos. A tentativa de explicar a fé para os de fora implicava também o debate interno das igrejas. Quando exprimimos nossas ideias em palavras, quando organizamos o pensamento na forma de linguagem, compreendemos melhor aquilo em que cremos. Várias vezes eu mesmo mudei de opinião sobre algo quando tentei explicar, pois vi que minha ideia original não fazia sentido. Assim, podemos entender como a explicação da fé cristã em termos filosóficos ampliou a discussão interna sobre os dogmas, tornando bem mais complexo o que seria definido como ortodoxia — o jeito certo de pensar —, em oposição àquelas ideias que seriam declaradas como heresias, ou um erro do alvo original da mensagem cristã.[49]

Foi também o debate dos dogmas da igreja que explicitou a necessidade de buscar uma fonte de autoridade. De onde procedem as crenças centrais da igreja? De Jesus, na via do testemunho dos apóstolos. Mas eles já haviam morrido, e havia uma nova geração cristã que não os conhecera pessoalmente. Quais eram os vestígios daquele passado além do testemunho oral vindo de gerações de discípulos? Os escritos creditados aos apóstolos ou a pessoas imediatamente ligadas a eles. Então, as igrejas passaram a tratar da formação de um cânon de textos autoritativos que auxiliariam na catequese e na apologia. Surgia a ideia de ampliar a noção de cânon, termo já definido no judaísmo, uma vez que era impossível

---

47 TILLICH, 2015, p. 37.

48 Essas assimilações não eram novidade para os judeus antigos. O judaísmo do tempo de Jesus já era profundamente influenciado pelo helenismo, como explorei em *Aqueles da Bíblia*.

49 A oposição de uma ortodoxia em formação contra ideias consideradas hereges pode ser verificada na lista de heresias clássicas levantadas por McGrath: o ebionismo, um modelo judaico no qual Jesus foi interpretado como profeta, mas não divino; o docetismo, cujas bases helenistas de pensamento relegaram a humanidade de Jesus apenas à aparência, e não à realidade concreta; o valentinianismo, espécie de cristianismo gnóstico; e o marcionismo, que basicamente negava o judaísmo e a Bíblia hebraica. Ou seja, como conclui McGrath a respeito das "heresias clássicas", suas discussões envolvem o posicionamento de ideias postadas entre cristianismo, judaísmo e gnosticismo. MCGRATH, 2014, p. 134-169.

216   NÓS E A BÍBLIA

estabelecer uma teologia cristã baseada apenas na Bíblia hebraica. Como já mencionei, o evento cristológico é determinante na hermenêutica dos seguidores de Jesus. Ou seja, o problema do cânon — a busca de um texto sagrado de referência — está relacionado aos problemas enfrentados pela segunda geração cristã.[50]

Assim, após um longo percurso histórico, emergiu nas igrejas um sistema de autoridades buscando defender o que seria a semente pura da fé cristã. Essa semente, que manteria firme a proclamação original de Jesus e dos apóstolos, estaria contida na Bíblia cristã, na regra de fé, no credo batismal e nos bispos, entendidos como sucessores dos apóstolos. Todos esses itens estavam especialmente firmados na luta contra os gnósticos do helenismo.[51]

A nova relação do cristianismo com o Império Romano

Desde o princípio, os debates teológicos dos cristãos estavam no campo das autoridades de cada comunidade — os bispos, presbíteros e diáconos. Essas autoridades locais se relacionavam com as autoridades de outras igrejas sem a possibilidade de imposição de ideias. Se havia certas consolidações teológicas, elas ocorriam por concordância da maioria. Isso resultou também em grande variedade interpretativa. A virada aconteceu no século IV, com o ingresso do imperador Constantino (272-337) na tradição cristã. Pouco importa se ele, de fato, se converteu; o resultado foi o início de uma caminhada para a síntese entre a religião, o Estado e a cultura do mundo romano que teria consequências determinantes no longo prazo.[52]

A primeira aproximação entre igreja e Império foi a tolerância concedida aos cristãos depois de séculos de ilicitude e até mesmo perseguição em determinados momentos. A segunda foi o apoio ao cristianismo como religião preferida do imperador. Constantino isentou o clero de taxas imperiais, incorporou um símbolo cris-

---

50 TREBOLLE BARRERA, 1995, p. 295.
51 TILLICH, 2015, p. 58.
52 IRVIN; SUNQUIST, 2004, p. 202.

CAPÍTULO 7: A IGREJA ANTIGA   217

tão aos escudos do exército imperial, o nome de Cristo passou a
ser ostentado nas moedas cunhadas pelos romanos e o dia da ressurreição de Jesus passou a ser dia oficial de descanso no contexto
do Império Romano. Além disso, havia uma novidade não vista
antes: templos grandiosos passaram a ser patrocinados pelo Estado. A cidade de Constantinopla, fundada por Constantino para ser
uma Nova Roma, foi embelezada com edifícios públicos e símbolos
cristãos. Além disso, influências e assimilações das religiões do entorno também foram sentidas com mais intensidade. Uma delas foi
a celebração do nascimento de Jesus, comemorado em diferentes
datas nas igrejas espalhadas pelo mundo, mas que acabou ganhando a chancela do Império sobre o dia 25 de dezembro, até então
festejado em honra ao *Sol Invictus*.[53]

A presença de Constantino provocou diferentes reações. Houve
cristãos que o receberam com entusiasmo, dispostos a adequar sua
pastoral e sua teologia para o novo e sofisticado ambiente imperial.
Mas também houve dissidência de alguns líderes, incomodados
com o fato de se estabelecer um acordo com as mesmas autoridades que os perseguiam, torturavam e matavam poucos anos antes.
O conflito entre opiniões acabou por selar a separação aberta entre
dois tipos de igrejas especificamente no norte da África: as igrejas
católicas, vinculadas ao Império, e as igrejas donatistas, não dispostas a esquecer as antigas desavenças, tampouco receber de volta
aqueles que haviam apostatado da fé durante a perseguição.[54]

Entretanto, para além da questão estética do culto ou dos detalhes nas expressões teológicas, a principal influência de Constantino foi sua aparição como moderador dos debates cristãos. Embora
as controvérsias teológicas fossem parte da história cristã desde o
início (como demonstram as cartas paulinas), a tutoria do imperador abriu a possibilidade de se convocarem bispos dentro das fronteiras do Império. Esse poder moderador político permitia uma

---

53 IRVIN; SUNQUIST, 2004, p. 210-211. *Sol Invictus*, ou Sol Invencível, é o monoteísmo solar preferido dos
imperadores do século III. Explicarei a razão para esse tipo de assimilação no próximo capítulo, quando
tratar do desenvolvimento simbólico do cristianismo.
54 IRVIN; SUNQUIST, 2004, p. 213-214.

amplitude muito maior de debate ao reunir bispos de diferentes localidades para apresentarem suas visões da doutrina e chegarem a algum tipo de consenso. Nasciam, assim, os concílios, sendo o primeiro deles o Concílio de Niceia (325 d.C.), decorrente da controvérsia ariana, resultando na formulação do primeiro credo oficial do cristianismo ocidental, o Credo Niceno.[55]

Não pretendo fazer aqui um levantamento dos debates em cada concílio. Seria absolutamente improdutivo e não interessaria ao que gostaria de compreender aqui. A questão que observo é a relação desses debates com a emergência da Bíblia cristã. Note que, até agora, eu a mencionei apenas esporadicamente. Não tratei dela simplesmente porque não estava consolidada como um único livro consultado por todos os cristãos em todas as igrejas. Essa possibilidade se faria presente apenas quando houvesse uma autoridade centralizada a impor um único texto sagrado. Com a emergência de um poder cristão amparado por um Estado como o romano, foi possível consolidar um cânon cristão, definido justamente na luta contra as heresias.

O debate começou no século II, quando surgiram as primeiras listas de livros considerados autoritativos. A primeira dessas listas foi elaborada por um pregador considerado herege, Marcião de Sinope (c. 85-160), cujo critério de exclusão eram menções à Bíblia hebraica. Para ele, eram livros divinamente inspirados apenas uma parte de Lucas, Atos e dez cartas de Paulo (excluindo as pastorais). Em resposta à lista de Marcião, surgiram outras listas, como o Cânon Muratoriano (em cerca de 170), no qual constam 22 livros do atual Novo Testamento, além do Apocalipse de Pedro e de Sabedoria de Salomão. Houve ainda a lista de Orígenes de Alexandria (c. 185-253), dividida em listas de livros reconhecidos e livros contestados ou em disputa.[56] Mas a primeira lista completa e idêntica aos 27 livros atualmente aceitos no cânon do Novo Testamento foi escrita em uma carta de Atanásio (c. 296-373) à igreja de Alexandria,

---

55 GONZÁLEZ, 2011, p. 164-170.
56 WON, 2020, p. 74-78.

CAPÍTULO 7: A IGREJA ANTIGA   219

em 367. A fixação definitiva viria no Concílio de Cartago (397), quando se reconheceram os 27 livros do Novo Testamento, não havendo mais oposição em todo o Ocidente.[57]

A consolidação do cânon do Novo Testamento traz em si uma peculiar assimilação da tradição judaica. A Bíblia hebraica era parte integrante da tradição cristã desde o início. Entretanto, ela passou a ser denominada "Antigo Testamento", o que expressa uma ligação de origem com o judaísmo e a fé no Deus de Israel, mas também afirma o cumprimento de promessas em Jesus Cristo. Com isso, o elemento profético judaico do passado fica concretizado em um texto como realização presente. Além disso, o cristianismo não utilizou a Bíblia hebraica em sua configuração judaica, mas na tradução grega da Septuaginta, que se distanciou do *Tanach* na língua, no conteúdo (possui mais livros) e na organização. A organização diferente dos livros produz duas perspectivas bem diferentes. Enquanto a Bíblia hebraica termina em Crônicas, o Antigo Testamento conclui com os profetas, dando uma tônica escatológica ao seu final.[58]

Ou seja, se a Bíblia hebraica conclui em Crônicas com a expectativa de um retorno a Judá para reconstruir o templo (2Crônicas 36:22-23), o Antigo Testamento cristão conclui com o profeta Malaquias anunciando a vinda do profeta Elias antes do dia do Senhor (Malaquias 4:5-6). No conjunto judaico, a expectativa é o retorno à Terra Prometida; no conjunto cristão, a esperança está na vinda do anunciador do Messias — compreendido pelos autores do Novo Testamento como João Batista. Uma tradição está voltada ao retorno do exílio para a Terra Santa; a outra, à vinda de uma pessoa.

+ + +

---

57 CARSON, 1997, p. 548.
58 KÖRTNER, 2009, p. 122-123.

O cristianismo nasceu das entranhas do judaísmo, de quem o cordão umbilical não foi cortado tão imediatamente. Foi forjado pelas mesmas esperanças dos judeus, fundamentadas nos textos da mesma Bíblia hebraica. Os seguidores de Jesus de Nazaré partiram do entendimento de que seu mestre cumpria em si as expectativas antigas, tornando fato consumado aquilo que fora profetizado no passado. Do entendimento de que o Messias de Israel era um salvador para todos os povos, vertia a tendência universalista da fé da igreja. Assim, o cristianismo partiu do mesmo texto do passado; mas, diferente do judaísmo, sua hermenêutica foi cristológica. A experiência com Jesus trazia luz ao passado, ao presente e ao futuro do mundo.

Capítulo 8
O CRISTIANISMO

A igreja cristã interpretou boa parte das metáforas e dos símbolos da Bíblia hebraica em sentido tipológico. Embora não tenha sido o único instrumento hermenêutico, a tipologia foi decisiva. Israel e suas tradições foram compreendidos como o tipo do qual Jesus era o antítipo, a revelação suprema. Assim, diferentemente do judaísmo — que caminhou hermeneuticamente a partir da centralidade da tradição oral, desenvolvendo a *Mishná* e depois o *Talmude* —, o cristianismo partiu de outra leitura, uma hermenêutica que tinha na pessoa de Cristo sua chave de compreensão da realidade. Além de explicar o passado judaico pela ótica cristológica, os cristãos também leram as outras culturas a partir da mesma revelação. Assim, elementos dos mais variados povos e religiões foram absorvidos pelas comunidades cristãs quando suas metáforas foram consideradas passíveis de representar o Cristo.

A expansão do cristianismo

O cristianismo do século V estava longe de ser monolítico. No contexto mediterrânico, havia uma crescente institucionalização vinculada ao Império Romano como poder moderador, o que atribuiu aos cristãos certa unidade. Os primeiros concílios produziram credos observados por boa parte das igrejas, mas os debates que se seguiram produziram novas divisões. A questão sobre a natureza de Cristo, supostamente solucionada no Concílio de Calcedônia (451), não terminou como ponto pacífico. A maioria dos cristãos africanos, por exemplo, dividiu-se entre igrejas da Calcedônia, que subscreveram as decisões conciliares, e aquelas que não eram da Calcedônia, contrárias a essas decisões. A antiga divisão entre católicos e donatistas ainda permanecia. Nas igrejas da Mesopotâmia e da Pérsia, prevalecia uma cristologia associada a Nestório, considerado herege pelos calcedônios. Entretanto, a despeito das diferenças teológicas, permaneciam uma linguagem e uma liturgia um tanto semelhantes quanto ao estilo e ao conteúdo.[1] A força simbólica das narrativas dos Evangelhos mantinha a coesão entre as diferentes tradições, funcionando como uma linha mestra que as identificava como cristãs.

O espalhamento de igrejas pelo mundo no Primeiro Milênio

Não pretendo fazer uma apresentação da história do cristianismo. Não há espaço para tanto. Inicialmente, vou mencionar alguns pontos fundamentais do espalhamento de igrejas pelo mundo, ao longo dos séculos VII ao X. A mais importante participação nas missões veio dos monges, cuja tradição começou no Egito e se estendeu até a Síria. Igrejas foram fundadas até a China pelo trabalho monástico da tradição siríaca. No Ocidente, houve a expansão no contexto urbano do Mediterrâneo para as zonas mais rurais do norte europeu, especialmente nas terras germânicas, chegando, nos

---

1   IRVIN; SUNQUIST, 2004, p. 316-319.

CAPÍTULO 8: O CRISTIANISMO   223

séculos IX e X, à Escandinávia e à Islândia. As tradições ocidentais
viriam a consolidar, com o tempo, uma civilização que seria conhecida como Europa.[2]

Tamanha profusão resultou em encontros com novas religiões,
especialmente nas proximidades da Índia e da China, onde o contato com maniqueus, zoroastristas e budistas foi intenso. Devemos
lembrar que, nesses séculos, também surgiu o islamismo, fazendo
com que mais da metade dos cristãos do mundo vivessem sob os
impérios oriundos dessa nova fé monoteísta. A emergência do Islã
significou uma grande crise para o Império Romano sediado em
Constantinopla (também chamado de Império Bizantino), perdendo o controle e até mesmo a influência sobre as amplas regiões da
Síria, da Palestina, do Egito e da África setentrional. Tais perdas
não significaram, contudo, a derrocada da igreja oriental, mas um
redirecionamento de seus esforços em direção ao norte. Apesar disso, por volta do ano 1000, o cristianismo havia chegado ao leste da
China, ao sul da Etiópia, ao norte da Rússia e da Suécia, e ao oeste
da Islândia.[3]

O poder político foi determinante em muitos momentos da história cristã. Alguns reinos já se haviam cristianizado com a conversão das monarquias, como a Armênia e a Geórgia, além da
influência de Constantino. Mas um dos maiores exemplos de simbiose entre poder político e religião foi Carlos Magno (742-814),
rei dos francos. Carlos Magno governou um reino que se estendia
da França à Hungria e criou um precedente que viria a ser seguido
por muitas outras autoridades governamentais: a obrigação de os
povos conquistados se converterem ao cristianismo. A lei romana
cristianizada endurecia cada vez mais suas ações contra os hereges,
restringindo os direitos de judeus e de outras religiões, e eventualmente imperadores cristãos fechavam os templos tradicionais das
religiões pagãs. Mas, a partir de Carlos, a imposição se ampliou:
ele recorreu à violência militar para obrigar um povo conquistado

---

2   IRVIN; SUNQUIST, 2004, p. 324-325.
3   IRVIN; SUNQUIST, 2004, p. 325.

inteiro ao batismo.[4] Essa foi a forma adotada por ele na "evangelização" dos povos conquistados. Ele não apenas lhes tomava terras; também lhes impunha a fé. Muitos reis cristãos posteriores seguiram seu exemplo.

Seja por imposição das armas, seja pelo crescimento orgânico de evangelização, o fato é que, ao final do Primeiro Milênio, o movimento cristão se havia expandido para muitas localidades e frequentado os ambientes religiosos mais variados. Quando o cristianismo era aceito pelas autoridades locais, tornava-se a religião oficial de reinos. Mas também passou por rejeição, como nos territórios de predomínio islâmico da Pérsia ao norte da África e à Espanha. Na Ásia Central, a expansão seguiu as rotas comerciais, especialmente por meio de comerciantes cristãos e monges. Houve um grande crescimento na Europa, emergindo novas formas culturais e cimentando identidades coletivas entre francos, anglo-saxões, russos e outros, havendo, até mesmo, sínteses com religiões locais em novas civilizações cristãs. A parte ocidental da Europa esteve sob a égide de Roma e da tradição latina, formando a cristandade — termo criado por volta do século X para designar a expressão cultural do Ocidente. Já no Oriente, Constantinopla continuava a ser a força política unificadora e a herança teológica da tradição grega.[5]

Tamanhas diversidade e extensão territorial — praticamente todo o mundo conhecido do Primeiro Milênio — significaram ainda maior pluralidade de experiências. As igrejas que se encontravam sob governos cristãos detinham o poder e podiam impor-se como religião oficial, embora estivessem subordinadas aos caprichos do Estado. Já no vasto território fora dos impérios cristãos, as igrejas eram o elemento minoritário, mas permaneciam livres das imposições estatais sobre seu desenvolvimento teológico e litúrgico, assim como não impunham a outras tradições religiosas suas vontades e ortodoxias.

---

4   IRVIN; SUNQUIST, 2004, p. 418-419.
5   IRVIN; SUNQUIST, 2004, p. 472-473.

CAPÍTULO 8: O CRISTIANISMO   225

A relação do cristianismo com os judeus

O cristianismo católico foi o elemento unificador da Europa
Ocidental entre os séculos X e o XVI. A realidade era de fragmentação linguística e política, uma imensa quantidade de territórios
dominados por barões feudais em lutas frequentes entre si. O latim
original do Império Romano já não era mais falado popularmente, mas funcionava como língua comum na liturgia e na ciência,
meio pelo qual a elite se comunicava. Essa fragmentação permitiu a
emergência de um papado politicamente poderoso, capaz de lançar
até mesmo um empreendimento como o das Cruzadas para liber-
tar Jerusalém do domínio muçulmano.[6]

Os séculos medievais foram marcados por uma atitude belige-
rante de lutas e reconquista de territórios perdidos para o Islã, e
a igreja ocidental se viu imersa em uma "guerra santa contra as
forças do mal". Mas não é fácil controlar um exército sedento de
pilhagem e conquista. Em 1204, os cruzados ocidentais saquearam
vergonhosamente Constantinopla e estabeleceram ali algumas décadas de governo latino, tornando irreconciliáveis as relações com
o Oriente cristão. A ideologia guerreira das Cruzadas ainda lançou
uma caça a hereges e infiéis dentro de seus territórios. O resultado
foi o surgimento de novas comunidades, algumas delas (como os
valdenses) consideradas heréticas e sendo alvo de violência ainda
maior da igreja oficial; outras, manifestando propostas de pobreza
apostólica (como as ordens de franciscanos e dominicanos), aceitas
por Roma e vindo a ser veículo de missões e de expansão da cristandade.[7]

O entusiasmo cristão ocidental nas Cruzadas a Jerusalém é emblemático. É notável observar que, embora os grandes centros do
cristianismo mundial estivessem em outras regiões, a Terra Santa e Jerusalém em particular continuavam habitando o imaginário cristão. As Cruzadas iniciadas no final do século XI só foram
possíveis porque tiveram por alvo a Palestina: Jerusalém ainda era

---

6   IRVIN; SUNQUIST, 2004, p. 477-478.
7   IRVIN; SUNQUIST, 2004, p. 478.

considerada o centro da história da salvação e, portanto, o centro do mundo. A própria Cidade de Davi era uma relíquia sagrada de significado praticamente sacramental.[8]

Para vergonha dos cristãos, o entusiasmo pela Terra Santa foi proporcional ao desprezo pelos judeus. As comunidades judaicas sofreram nas mãos do cristianismo quando este estava associado aos poderes estatais. A doutrina oficial considerava o judaísmo odioso e os judeus responsáveis pela crucificação de Jesus Cristo. Mais grave ainda foram as irrupções de violência frequentes nos locais em que havia crescimento das populações judaicas, como o norte da Europa. Era comum que os cristãos se ofendessem com a riqueza eventual de um judeu, estereotipando-os como avarentos e agiotas. Como eles não tinham permissão para possuir terras e se ligar aos juramentos de fidelidade do sistema feudal, acabavam por manter suas atividades no comércio e na economia urbana, nas quais conseguiram prosperidade suficiente para organizar comunidades sólidas e construir sinagogas.[9]

Assim, mesmo em tempos de relativa tranquilidade, sempre era arriscado para um judeu viver em territórios cristãos. Eventualmente, a paz era interrompida por arroubos de violência, que demonstravam o sentimento antissemita presente em muitos cristãos. A situação tornava-se crítica quando o antissemitismo aparecia explicitado na expulsão oficial de judeus, promovida pelas monarquias, como os expurgos ocorridos na Inglaterra (1290), na França (1394) e na Espanha (1492). Na Alemanha, houve algumas chacinas locais ao longo da Idade Média, culminando com a expulsão de judeus no século XV.[10]

Curiosamente, a condição dos judeus foi melhor na Itália, pois os Estados Papais mantiveram a segregação judaica, mas impediram a violência. Entretanto, tal posição não significava vida amena nas sinagogas: era comum que padres e monges pregassem contra

---

8   IRVIN; SUNQUIST, 2004, p. 491-492.
9   IRVIN; SUNQUIST, 2004, p. 509-510.
10   LANGE, 2007, p. 34-35.

CAPÍTULO 8: O CRISTIANISMO
227

judeus, e que comerciantes cristãos os excluíssem de seus negócios. Houve alguma possibilidade de melhora nessa relação bem mais tarde, com a Reforma Protestante, quando Lutero se demonstrou favorável aos judeus. Mas, ao verificar que não haviam ocorrido conversões, o reformador de Wittenberg tornou-se agressivo e, por sua influência, muitos governantes alemães e de principados europeus expulsaram judeus ou restringiram a vida das comunidades judaicas. A Contrarreforma também foi hostil, segregando judeus para guetos, mesmo em Roma, o que foi repetido em muitos países católicos.[11]

Se, nos primeiros séculos, a tendência foi de gradativa separação entre igrejas e sinagogas, a oposição foi francamente aberta após o final da Antiguidade, inaugurando séculos de tensão contra o judaísmo que deixariam marcas profundas até os dias de hoje.

A sucessão de cismas e ramificações

O cristianismo foi espalhado por vastos territórios, passando por adaptações em cada contexto cultural e enfrentando situações diferentes tanto de apoio como de repressão. Em termos institucionais, isso pode ser compreendido por meio dos processos de unificação, mas o que marcou, de fato, a expansão cristã foi a divisão. Por isso, eventualmente o cristianismo é apresentado como uma sucessão de ramificações em grandes cismas a partir da Igreja Católica. Essa é, claro, uma visão do cristianismo em termos ocidentais. Mas é válida para compreendermos o caráter tanto de expansão como de fragmentação das tradições cristãs ao redor do mundo.

Para o historiador Henry Chadwick, o primeiro cisma na tradição católica aconteceu durante os quatro grandes concílios do início da igreja imperial, terminando com a rejeição de alguns detalhes da doutrina cristológica de Calcedônia (século V) e dando origem ao vasto grupo de igrejas conhecidas como pré-calcedônicas (ou não calcedônicas). O segundo grande cisma foi oriundo do

---

11   LANGE, 2007, p. 35-37.

catolicismo latino ocidental com a ortodoxia grega oriental (século XI). O terceiro, também no catolicismo ocidental, foi a Reforma Protestante do século XVI. O quarto grande cisma teria acontecido nos movimentos pentecostais do século XX, nas igrejas da Reforma, buscando maior espontaneidade do Espírito Santo.[12] Aqui talvez fosse mais adequado afirmar o pentecostalismo como produto de múltiplas cisões dentro de um espectro já multifacetado do protestantismo do Ocidente. Enfim, o que pretendo ressaltar é o quanto de possibilidades diferentes e múltiplas houve de ser cristão ao longo de milênios.

O cristianismo, portanto, teve um desenvolvimento espantoso em termos numéricos e territoriais, atingindo praticamente todo o mundo, em um processo de crescimento por vezes orgânico, em outros, imposto por poderes políticos. Nesse processo, aumentaram gradativamente as hostilidades para com os judeus, distanciando as tradições cristãs das judaicas. Por outro lado, os cristãos encontravam diversas culturas religiosas das quais divergiam ou com as quais interagiam, assimilando símbolos, em um grande caldo da cristandade que também é derivada da fecundidade metafórica da Bíblia.

Bíblia cristã, hermenêutica e simbolismo cristão

Não sei quantas vezes fiz a leitura da Bíblia de capa a capa. Além de nossas versões protestantes, li também a Bíblia católica, com todos os belos textos apócrifos aceitos pela tradição romana. Tento ler e meditar em seus textos diariamente, embora essa seja uma disciplina em que falho com mais frequência do que gostaria. Então, vez ou outra, imagino que não sou um crente muito bom, o que provavelmente seja verdade. A autoestima piora quando se fala da piedade dos cristãos primitivos e de como devem ter sido de-

---

12   CHADWICK, Henry; EVANS, Gilian. *Igreja cristã*. Barcelona: Folio, 2007. p. 222. [Grandes livros da religião.]

CAPÍTULO 8: O CRISTIANISMO

votos às Escrituras, abrindo os textos sagrados a cada manhã para orientar a vida e decisões. O problema é que essa imaginação é um completo anacronismo.

As igrejas nos primeiros séculos não possuíam a Bíblia em seu cotidiano devocional como nós a temos. No primeiro século, "livro" era sinônimo de "rolo", com grandes limitações práticas. O leitor da Antiguidade tinha de escolher qual obra consultar e, então, desenrolar o papiro ou pergaminho até o trecho escolhido. A revolução técnica aconteceu na segunda metade do século II, quando foi inventado o códice. Era um conjunto de folhas costuradas em uma lombada — basicamente, o livro da forma que o temos hoje, embora muito mais grosso, em razão da espessura dos pergaminhos, o "papel" utilizado. Esse formato facilitou o manejo dos textos e a associação entre eles. É muito mais fácil abrir e consultar simultaneamente diferentes textos em códices do que em vários rolos abertos sobre uma mesa. Essa invenção otimizou o trabalho comparativo e exegético. Mas isso não significou uma democratização da Bíblia, pois os livros eram muito caros. Por isso, durante séculos, a leitura permaneceu como um ato ritual e público nas celebrações. Em outras palavras, os líderes eclesiásticos faziam a leitura selecionada do texto bíblico, enquanto os membros da comunidade permaneciam de pé, ouvindo, em atitude de devoção. Você pode perceber essa prática no texto de Apocalipse 1:3: "Bem-aventurado *aquele que lê, os que ouvem* as palavras desta profecia e *guardam*". Um lê, enquanto os outros ouvem. Por isso, a relação com o texto sagrado era de formalidade litúrgica. A Bíblia, como literatura e estudo teológico, pertencia a poucos do clero.[13] E essa não era uma imposição; simplesmente o texto não era acessível, em razão do alto custo envolvido em sua produção e reprodução, além de a maioria da população ser analfabeta.

---

13 NOGUEIRA, Paulo Augusto de Souza. "Do silêncio do texto às imagens da ressurreição: cultura visual e interpretação bíblica". p. 52-100. In: MENDONÇA, Kátia Marly Leite; RENDERS, Helmuth; HIGUET, Etienne Alfred. *Religião e cultura visual no Brasil:* desafios e métodos. Belém: EDUEPA, 2020. v. 1. p. 56. [Coleção Ciências da Religião.]

O fato de o texto estar basicamente restrito ao clero e ser acessível ao público apenas no culto tinha suas restrições, mas também incentivou o desenvolvimento de uma rica cultura estética. Desde o contexto antigo até o medieval, a leitura da Bíblia interagia com o ambiente ricamente ilustrado dos templos, gerando processos interpretativos decisivos e produzindo um intenso imaginário religioso.[14] O cristão podia não ter a Bíblia em mãos para ler, mas a relação com suas narrativas era muito mais interativa do que correr os olhos pelas letras. Enquanto ouvia a leitura em voz alta ecoando em templos grandiosos, o crente observava as mesmas narrativas bíblicas pintadas em vitrais e mosaicos coloridos. Depois escutava melodias das mesmas histórias cantadas em polifonias majestosas. Era uma relação epidérmica, uma experiência corporal invocada pela liturgia por meio de metáforas e símbolos oriundos da tradição bíblica.

Assim, a liturgia forjava identidades cristãs ao unir as narrativas bíblicas à estética inspiradora dos templos cristãos. Nas próximas páginas, demonstrarei algumas das características da exegese cristã e como emergiu essa vasta simbologia litúrgica igualmente derivada do universo metafórico da Bíblia.

A exegese cristã

Assim como aconteceu com a Bíblia hebraica, cujos textos realizam um trabalho hermenêutico interno ao atualizar textos mais antigos, os livros compilados no Novo Testamento também revelam tensões interpretativas. A segunda carta de Pedro, por exemplo, combate interpretações errôneas dos textos paulinos (2Pedro 3:16). A mesma incompreensão de Paulo pode ser percebida nas entrelinhas da carta de Tiago (Tiago 2:18), que não deixa de apresentar uma polêmica contra certo entendimento da justificação. A primeira carta de João apresenta um forte argumento contra interpretações cristológicas equivocadas emergentes da leitura deficien-

---

14 NOGUEIRA, 2020, p. 57.

CAPÍTULO 8: O CRISTIANISMO 231

te do evangelho de João (1João 1:1-4).[15] Enfim, a Bíblia apresenta um processo interpretativo interno que é próprio da experiência de fé cristã.

A hermenêutica cristocêntrica dos apóstolos foi mantida por seus sucessores. Eles continuaram interpretando e ressignificando os textos da Bíblia hebraica a partir do evento Jesus Cristo. Os pais apostólicos — líderes das igrejas que viveram entre cerca de 100 a 150 d.C. — escreviam especialmente para dois públicos diferentes: seus discípulos e os oponentes judeus. O propósito era instruir a doutrina aos fiéis e defendê-la diante dos críticos, especialmente das sinagogas. Como já mencionei, o mais evidente método foi a *tipologia* para relacionar a Bíblia hebraica com a experiência e a doutrina cristã. Essa hermenêutica pode ser verificada, por exemplo, na interpretação de Clemente de Roma a respeito do pano pendurado por Raabe em Jericó: a cor vermelha do tecido representava o sangue de Jesus (1Clemente 12:7). Outra abordagem dos pais apostólicos foi a *alegoria*, trazendo sentido espiritual ao texto, como no caso da Epístola de Barnabé, para cujo autor o ritual da novilha vermelha (Números 19) representava Jesus, e o espalhamento das cinzas, a pregação do evangelho.[16]

Com os apóstolos e os pais apostólicos, teve início uma tradição perene. A interpretação bíblica foi, durante séculos, um exercício de inteligência e de memória. A leitura da Bíblia nunca seria inovadora, mas se ancorava nas leituras anteriores daqueles que já se haviam interrogado sobre o mesmo texto. Para o intérprete cristão de eras posteriores, passar pelos pais apostólicos e patrísticos implicava remontar a uma tradição. Assim, emergiu entre os cristãos um sistema de leitura e interpretação muito semelhante ao judaico, para o qual não há verdadeira sabedoria escrita que não esteja associada a uma tradição oral. As obras do passado acompanharam as leituras bíblicas do presente dos novos leitores em uma dinâmica da tradição.[17] Os judeus estabeleceram tradições de interpretação

---

15 KÖRTNER, 2009, p. 104.
16 KLEIN; HUBBARD; BLOMBERG, 2017, p. 98-99.
17 PELLETIER, 2006, p. 154.

de seus textos; os cristãos também o fizeram. Isso acontece porque a leitura do texto sagrado é sempre comunitária. E são as comunidades interpretativas que fixam os limites da interpretação.

A tradição, entretanto, não significou uniformização, mas sustentou linhas diversas de interpretação. Isso aconteceu mesmo com o advento da igreja imperial. Tradicionalmente, os historiadores da teologia cristã definem duas grandes escolas teológicas rivais: uma sediada em Alexandria do Egito e outra em Antioquia da Síria. Segundo Justo González, seria possível acrescentar Cartago. Para ele, tais centros de reflexão teológica resumem as principais linhas do pensamento cristão: 1) em Cartago, cujo mais eminente teólogo foi Tertuliano (c. 160-220), a teologia guardava semelhança com o estoicismo, firmemente estabelecida na lei de Deus em sua compreensão moral; 2) em Alexandria, de onde procede Orígenes (c. 185-253), a ênfase foi a busca da verdade imutável revelada pela fé cristã, mas trilhando os caminhos da filosofia helenista, em um interesse metafísico; e 3) Antioquia, o centro de uma teologia mais abrangente da Síria e da Ásia Menor, evidenciada no teólogo Irineu de Lyon (c. 130-202), a teologia de interesse pastoral e preocupada com a direção divina na história da igreja.[18] Essas três escolas resumem três linhas de interpretação bíblica do cristianismo: uma legalista, outra metafísica e a terceira pastoral.

Ao longo da Idade Média, os debates teológicos se desdobravam atrás dos muros dos mosteiros, um tanto distantes do povo, em metodologias que viriam a moldar os procedimentos hermenêuticos da igreja até a Reforma. A interpretação bíblica na Idade Média pode ser classificada em três tipos principais: o tradicional, o alegórico e o histórico.

A *interpretação tradicional* era aquela emitida ao longo dos séculos e compilada em coleções de comentários chamadas *catenas*. A tendência das catenas era destacar alguns pais como Agostinho e Jerônimo, cujas opiniões estavam mais de acordo com o dogma

---

18 GONZÁLEZ, Justo L. *Retorno à história do pensamento cristão*: três tipos de teologia. São Paulo: Hagnos, 2011b. p. 23-39.

eclesiástico, tornando a exegese do texto bíblico basicamente sinônimo de tradição. A *interpretação alegórica* dominou boa parte da hermenêutica medieval. Explorava os quatro sentidos do texto bíblico: literal (ou histórico), alegórico (ou doutrinário), moral (ou tropológico) e anagógico (ou escatológico). Esse sistema visava à profundidade e à complexidade da Escritura. A título de exemplo, a travessia de Israel pelo mar Vermelho era entendida literalmente, como acontecimento histórico; alegórica, como símbolo do batismo cristão e da nova vida em Cristo; moral, pela obediência na travessia das dificuldades da vida; e anagógica, pela esperança da travessia da morte para a vida eterna. A *interpretação histórica* buscava o sentido original das Escrituras e até mesmo consultava as autoridades judaicas, como a pesquisa realizada por André de São Vítor, no século XII.[19] Nessa linha, havia um interesse bem maior pelo aspecto literal dos textos bíblicos.

É bastante comum que se critique o método alegórico como produtor de extensas distorções do texto bíblico. Entretanto, a interpretação alegórica da Bíblia não foi uma invenção tardia dos cristãos; ela teve origem entre os judeus de Alexandria, cujo maior representante foi o filósofo Fílon (25 a.C.-45 d.C.). A interpretação de Fílon era basicamente alegórica. Por isso, é também notável como a exegese judaica tem correlatos na exegese cristã: o *peshat*, o *remez*, o *darash* e o *sod* correspondem, de forma significativa, aos sentidos literal, alegórico, tropológico e anagógico, difundidos pela tradição cristã.[20] Quanto ao método, as tradições judaica e cristã não diferem tanto assim.

O escolasticismo medieval

Apesar da variedade interpretativa, a abordagem literal e histórica foi defendida pelo escolasticismo medieval desde os séculos XII e XIII. O escolasticismo buscava investigar de que forma a fé e a razão se relacionavam, recorrendo à filosofia aristotélica

---

19 KLEIN; HUBBARD; BLOMBERG, 2017, p. 107-109.
20 RAMOS, 2019, p. 45.

como ferramenta primária. Desse aporte filosófico, emergiu a possibilidade de buscar uma visão mais holística dos sentidos da Escritura, para além dos métodos anteriormente estabelecidos. Um dos mais brilhantes representantes da escolástica foi Tomás de Aquino (1225-1274), que deu à fé cristã uma expressão sistemática racional e o resumo de toda a teologia católica.[21]

O escolasticismo era uma educação ministrada a uma classe especializada, escrita em latim para os educados, mas, ao mesmo tempo, tinha profundidade mística, pois eles experimentavam na prática aquilo que estudavam e afirmavam. Ou seja, para os intelectuais medievais, a união com o divino acontecia nas devoções, contemplações e práticas ascéticas. Por outro lado, nesse tempo, a Bíblia já era utilizada no ensino prático dos leigos, o que permitiu que muitos deles conseguissem ler as Escrituras bem antes da Reforma. Mas as três atitudes — o escolasticismo, a piedade mística e o biblicismo — por vezes entravam em conflito.[22] Segundo Tillich,

> a crítica do biblicismo foi apropriada na forma de fundamentação bíblica do sistema escolástico e das experiências místicas. O escolasticismo era a teologia da época; o misticismo representava a piedade pessoal experimentada; o biblicismo manifestava-se em constante crítica, a partir da tradição bíblica, perante as duas outras atitudes, para, afinal, sobrepujá-las na Reforma.[23]

Ou seja, a escolástica estava constantemente equilibrada entre forças diferentes, sendo a Bíblia uma delas. Todas as teologias e práticas tinham de ser justificadas pelos textos bíblicos. Diferente do que os protestantes costumam imaginar, a Bíblia foi a força motriz a colocar em andamento todo o edifício da tradição teológica das igrejas cristãs, e o elemento crítico permanente tanto dos debates intelectuais como das práticas piedosas dos eruditos medievais. Era a autoridade a ser consultada e utilizada em argumentos para este ou aquele lado.

Mas, se a Bíblia já era a principal autoridade, o que mudou com o advento da Reforma? Esse será o tema do próximo capítulo. Por

---

21 KLEIN; HUBBARD; BLOMBERG, 2017, p. 110-111.
22 TILLICH, 2015, p. 146-147.
23 TILLICH, 2015, p. 147-148.

ora vamos nos concentrar em como a Bíblia forneceu a simbologia para as tradições cristãs.

A cristianização da simbologia bíblica hebraica

O cristianismo derivou suas práticas litúrgicas da Bíblia, tanto quanto o judaísmo. Entretanto, o caminho percorrido não foi a tradição hermenêutica em torno da Torá, mas o evento Jesus Cristo como cumprimento profético de Israel como um todo. Por isso, o ponto de partida da interpretação bíblica cristã foi a defesa da unidade dos dois testamentos, ou seja, a leitura da Bíblia hebraica à luz da ressurreição de Cristo.[24] Foi ao redor do entendimento de Jesus ser o Messias que se fundou a simbologia cristã. Aqui vou apresentar apenas alguns exemplos, a título de ilustração de um processo muito mais amplo e milenar.[25]

O caso da Páscoa é emblemático. Sua celebração, obviamente, procede das ordenanças da Torá. Entretanto, uma controvérsia ocorrida na segunda metade do século II demonstra como a festa foi se diferenciando gradativamente da tradição judaica. Houve um debate entre Aniceto (110-166), bispo de Roma, e Policarpo (69-155), bispo de Esmirna, disputando duas datas diferentes para a celebração da ressurreição de Jesus. Os cristãos da Ásia Menor celebravam a Páscoa no 14º dia de Nisã, mesmo caindo em dia de semana, conforme recomenda a Torá e é mantido pela tradição judaica. Mas a maior parte das igrejas, incluindo a de Roma, festejava a Páscoa no domingo seguinte ao dia prescrito, caso o 14 de Nisã caísse em dia de semana. A razão desse ajuste era para coincidir com o dia da semana em que aconteceu a ressurreição de Cristo. Além do dia, também havia diferença na maneira de realizar a Páscoa: para alguns cristãos, esse era um momento de festa, enquanto outros a celebravam com jejum. Muitas igrejas entraram na controvérsia, e boa parte das comunidades cristãs se posicionou ao lado

---

24 RAMOS, 2019, p. 49.
25 Você encontrará uma excelente compilação dos símbolos utilizados na arte cristã, listados em ordem alfabética, em HEINZ-MOHR, Gerd. *Dicionário dos símbolos:* imagens e sinais da arte cristã. São Paulo: Paulus, 1994.

da prática romana. Mas a questão continuou em debate até ser resolvida no Concílio de Niceia, no século IV, em favor do domingo como dia permanente da Páscoa.[26]

Esse episódio é ilustrativo de como a tradição cristã — ou diferentes tradições cristãs — foi estabelecida em um processo por vezes conflitante, mas sempre tomando posições a partir de perspectivas bíblicas, com resultados diversos pelas diferentes ênfases nos mesmos textos. No caso do domingo da ressurreição, as narrativas dos evangelhos tiveram preeminência sobre o aspecto legal do êxodo. Além de, eventualmente, adaptar as datas das festas, também houve assimilações de outras festividades religiosas do universo pagão.

Antes de atirar a primeira pedra, recorde que a assimilação de festas de outras religiões já estava presente no judaísmo e na própria Bíblia hebraica. Isso não é exclusividade do judaísmo ou do cristianismo, mas uma característica das religiões. Os cananeus celebravam festas religiosas de tipos mítico e agrário relacionadas à agricultura — o que é comum a todas as religiões da Antiguidade. Entretanto, no caso de Israel, essas festas de colheita foram incorporadas no *Pessach* (Páscoa) e no *Shavuot* (Pentecoste), também celebrados nos ciclos produtivos. Isso significa que a tradição bíblica tomou uma tradição cananeia, vinculada ao ciclo da natureza, e a relacionou a um evento histórico. Ou seja, os mitos cíclicos agrícolas dos povos ao redor de Israel foram historicizados ao serem inseridos nas festas derivadas das narrativas do êxodo. O cristianismo fez a mesma coisa ao ligar as festas judaicas da Páscoa e do Pentecostes diretamente à sua história da salvação, celebrando nelas a morte e a ressurreição de Jesus e o derramamento do Espírito Santo. Mas os cristãos não pararam por aí. Pela sua vocação universalista, avançaram para além das festas prescritas pela Torá e passaram a historiar também outras festas pagãs desprovidas de qualquer caráter histórico. Foi o caso da festa solar do Sol Invictus, que trata do mito de origem desse deus solar monoteísta, incorporada

---

26 IRVIN; SUNQUIST, 2004, p. 112-113.

CAPÍTULO 8: O CRISTIANISMO

à Natividade, subordinando essa celebração pagã ao nascimento de Jesus e à história da salvação.[27] Por isso, o Natal cristão da tradição ocidental acabou por converter o dia 25 de dezembro a Cristo.

Mas, afinal, como pode acontecer tal assimilação? Não se trata de uma contradição com a fé cristã? Não necessariamente, se você pensar na relação simbólica das culturas humanas. Como eu já disse, os símbolos têm a característica de apresentar sentidos segundos. O sol é uma metáfora importante das religiões como iluminador da realidade e, principalmente, como fonte de justiça. Luz e justiça: esse é seu símbolo profundo, presente no contexto egípcio e mesopotâmico de várias formas. No mundo greco-romano, a metáfora do sol estava vinculada à figura do deus Apolo-Hélios, também conhecido como *Sol Invictus*, alvo de culto estatal durante o império de Aureliano (270-275). Não é por acaso que essas figuras solares estão geralmente relacionadas a monarcas, pois expressam o desejo de estabelecer justiça. Os cristãos, ao depararem com a metáfora do sol como símbolo de justiça, perceberam a relação com a luz do Salvador. "Eu sou a luz do mundo" (João 8:12), disse Jesus.[28] Mas, para eles, Jesus era o verdadeiro iluminador da realidade, expressão que remete diretamente à Bíblia hebraica no anúncio do profeta Malaquias de que um dia nasceria sobre os tementes a Deus o *sol da justiça* (Malaquias 4:2). Um símbolo pagão do sol poderia simbolizar Jesus porque ele é o verdadeiro Sol da Justiça, não os deuses falsos, que apenas usurparam essa representação. A metáfora solar, na opinião dos cristãos daquele tempo, pertenceria ao cristianismo.

Ou seja, a tradição cristã não tinha dúvida em converter os símbolos dos pagãos a Cristo quando a metáfora se mostrava compatível. Os pontos de contato foram preservados. Essa prática, como já abordei na introdução, está relacionada ao caráter híbrido das culturas. Elas se encontram e trocam elementos, apropriam-se,

---

27 CULLMANN, Oscar. *História da salvação*. São Paulo: Fonte Editorial, 2020. p. 524-525.
28 TREVISAN, Armindo. *O rosto de Cristo*: a formação do imaginário e da arte cristã. Porto Alegre: AGE, 2003. p. 31.

reinventam-se e assimilam — o que aconteceu também na tradição dos judeus na Antiguidade, ao elaborarem seus textos, e também com Jesus e seus discípulos. A fé bíblica, tanto do Antigo como do Novo Testamento, passou por processos de construção cravados na história e nas culturas.[29]

Além do caráter híbrido das culturas, a própria Bíblia incentiva a imaginação, em virtude de sua profusão de símbolos e metáforas. Ou seja, a própria tendência bíblica incentiva a ampliação de sua simbologia, e essa característica encontrou a propensão das culturas a produzirem novas sínteses nos encontros com a diferença. O cristianismo foi o resultado, tornando-se em um imenso potencial para o encontro com o diferente e a transformação de sua própria forma de comunicar o evangelho e expressar a adoração.

A universalidade do simbolismo cristão

O entrecruzamento de culturas, típico do cristianismo, somente foi possível pelo caráter metafórico da Bíblia hebraica, mantido na Bíblia cristã. A tendência inaugurada pelo Novo Testamento estimula essa ampliação, demonstrada na assimilação da Páscoa e na criação da Santa Ceia. Ambas são ressignificações e ampliações simbólicas do sentido original. Vamos verificar alguns exemplos de como as metáforas da Bíblia foram gradativamente incorporadas no imaginário cristão pelo caminho da arte.

A origem da arte cristã está na esperança da ressurreição. É o que podemos observar nas pinturas das catacumbas romanas. Primeiro, pela própria nomenclatura do lugar de sepultamento dos mortos: enquanto os romanos os chamavam *necrópoles* (cidade dos mortos), os cristãos passaram a chamá-los *cemitérios* (lugar do sono), ressaltando a crença fervorosa na ressurreição. As catacumbas guardavam os corpos dos mártires, e esses locais passaram a ser decorados com pinturas um tanto rústicas, mas altamente sig-

---

29 Para entender melhor como isso aconteceu, sugiro a leitura de meus livros *Os outros da Bíblia* e *Aqueles da Bíblia*.

CAPÍTULO 8: O CRISTIANISMO   239

nificativas. Essas pinturas ilustravam libertações famosas do Antigo Testamento, como Noé salvo do dilúvio, Isaque poupado do sacrifício de Abraão, Jonas vomitado do monstro marinho, Daniel liberto da cova dos leões e os três jovens saindo ilesos da fornalha ardente. Ou seja, essas narrativas bíblicas de libertação foram tomadas pelos cristãos como metáforas da ressurreição. Demonstravam, de maneira visível, a esperança das comunidades perseguidas. Tais pinturas são chamadas de arte paleocristã, que se caracteriza por ser muito colorida, otimista e vibrante, embora seja expressão funerária. De onde vem essa alegria? Do *shalom* bíblico, que pode ser traduzido como a paz de uma vida feliz. Por isso, era comum o epitáfio *in pace* (descansa em paz). Esse enunciado era seguido de orações em forma de poesia descrevendo os mesmos episódios pintados nas paredes.[30]

No processo de universalização da fé, os cristãos cristianizaram as tradições de outros povos da mesma forma que fizeram com as judaicas. A arte das catacumbas também registra esse processo. Duas imagens são privilegiadas nessa arte: a Orante e o Bom Pastor. A *Orante* era uma figura feminina em atitude de oração, com os braços erguidos e os olhos elevados ao céu, imagem simbólica da *Pietas* (Piedade) da filosofia estoica, usada desde o século II em honra aos imperadores antoninos. A Orante integrou a imagética das catacumbas ao simbolizar a alma do falecido em adoração, então um símbolo do próprio mártir. Será fácil imaginar a Orante em qualquer culto pentecostal: o irmão ou a irmã com os braços erguidos e os olhos para o alto, em adoração, é precisamente essa figura. Já o *Bom Pastor* era a representação de um homem jovem, sem barba, carregando um cordeiro nos ombros. Na Grécia antiga, representava o fiel conduzindo um sacrifício; depois, tornou--se a representação do deus Hermes, o condutor de almas para o além, encarnação da bondade para os poetas gregos.[31] Os cristãos

---

30 TREVISAN, 2003, p. 26-28.
31 TREVISAN, 2003, p. 29-30.

do mundo greco-romano associaram essa imagem a Jesus, pois ela carregava a mesma metáfora da Bíblia, a do Bom Pastor (João 10:11, que remete a Ezequiel 34:23). Você já deve ter visto uma tradicional pintura de Jesus com um cordeiro nos ombros; é exatamente o gesto do bom pastor grego.

Essa tendência manifesta na arte paleocristã nos revela como os cristãos trabalharam uma simbologia orientada para fora de sua própria tradição, ampliando a linguagem visual a partir da mesma mensagem. Penso que essa é justamente a materialização em arte de uma forma de pensar e agir típica do cristianismo antigo, a catolicidade cristã — reunir sob a mesma comunhão a totalidade do mundo. É a unidade na diversidade.

A simbologia derivada do Novo Testamento

Muitos símbolos cristãos foram criados a partir de metáforas retiradas do próprio Novo Testamento, sem necessariamente estarem vinculados à Bíblia hebraica. Um símbolo cristológico importante, talvez o mais antigo, foi o peixe, cujo grafismo aparece nas catacumbas de Roma desde o primeiro século. O termo grego para "peixe" (*ichthus*), interpretado como acróstico, significa "Jesus Cristo Filho de Deus Salvador" (*Iesous Christos Theou Huios Soter*). Largamente utilizado na igreja latina, o símbolo do peixe invocava a comissão de Pedro para pescar homens (Mateus 4:18-22), além de estar relacionado com as águas do batismo.

Também foram desenvolvidos símbolos específicos para o Pai e o Espírito Santo.[32] A mão é o mais antigo símbolo do Pai (inspirada em Provérbios 1:24 e Eclesiastes 9:1), conhecida como *Manus Dei*, eventualmente aparecendo com a bênção grega. Nomes de Deus em hebraico (*Iahweh*, *Adonai* e *El Shadday*) se tornaram comuns na iconografia cristã antiga. O Espírito Santo, além da pomba em posição descendente, foi representado por sete línguas de fogo (Atos 2:3), sete lâmpadas (Apocalipse 4:5) ou ainda pelo menorá.

---

32 STAFFORD, Thomas Albert. *Christian symbolism in the evangelical churches:* with definitions of church terms and usages. New York: Abingdon-Cokesbury, c. 1942. p. 33.

CAPÍTULO 8: O CRISTIANISMO   241

A Trindade, por sua vez, foi amplamente simbolizada pelo triângulo equilátero, variando em uma rica simbologia matemática, especialmente na Idade Média, tão entusiasmada pelos aspectos racionais da fé cristã.[33]

A cruz, curiosamente, começou a ser usada mais tarde. Os cristãos evitavam expor Cristo à zombaria, especialmente porque a cruz ainda era uma pena de morte em vigor. Quem aboliu a crucificação foi Constantino. A transformação desse instrumento de morte sob tortura em símbolo cristão se deu depois das viagens da mãe de Constantino à Terra Santa, onde ela teria descoberto a "verdadeira" cruz de Cristo. Santa Helena construiu três igrejas na Palestina: uma em honra à paixão de Jesus, outra à cruz e a terceira ao túmulo, em memória da ressurreição.[34] Desde então, a cruz foi alçada a principal símbolo do cristianismo.

Isso não significa que não houvesse menção à cruz na arte paleocristã. Ela aparecia, mas em imagens que apresentavam apenas uma cruz insinuada, chamada Crux Dissimulata. Em geral, era desenhada como uma âncora (possivelmente referência a Hebreus 6:19, a "âncora da alma"). Depois da associação ao império e das supostas descobertas de Helena, a cruz veio a ter uso frequente, sendo a forma predominante a versão latina. A partir dessa primeira cruz, surgiram diversas variações representando ordens específicas, como os Cavaleiros Templários ou a Cruz de Jerusalém. Talvez uma das mais conhecidas na tradição evangélica, depois da cruz latina, seja a cruz celta. Essa cruz tem uma história interessante de transformação: surgiu a partir de um símbolo da eternidade da religião celta, um redesenho atribuído a Patrício da Irlanda, no século V.[35]

---

33 STAFFORD, 1942, p. 34-53. Os triângulos costumam causar desconforto no evangélico quando encontra esse símbolo nas igrejas católicas, por exemplo. Especialmente quando aparece um olho em seu centro. Esse é, claro, um símbolo maçônico. Entretanto, antes de ser assumido pela maçonaria, era cristão. Portanto, não associe diretamente o uso de triângulos a tal movimento. Pode ter sido inserido pelos maçons em construções mais recentes, mas não necessariamente, dada a antiguidade da referência. O triângulo faz parte de um cânon cristão consagrado por sua relação com a Trindade.
34 TREVISAN, 2003, p. 34-36.
35 STAFFORD, 1942, p. 64-71.

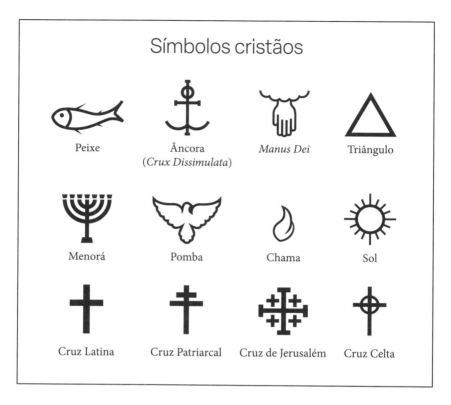

A cruz, portanto, tornou-se o principal símbolo cristão, profundamente relacionada ao Novo Testamento, pela ligação simbólica com o sangue de Cristo. Por meio dela, demonstra-se o amor generoso de Deus: "A cruz se tornou o símbolo codificado, a fonte de morte e do imortal amor do Deus de Israel".[36]

O entrecruzamento de metáforas

A constituição gradativa da simbologia cristã se deu no entrecruzamento das metáforas bíblicas com as metáforas do universo cultural dos povos entre os quais as igrejas cristãs se estabeleciam. As metáforas se influenciam mutuamente em obras de arte, especialmente nas grandes estruturas de culto: os templos.

---

36 WRIGHT, Nicholas Thomas. *O dia em que a revolução começou*: reinterpretando a crucificação de Jesus. Brasília: Chara, 2017. p. 208.

CAPÍTULO 8: O CRISTIANISMO   243

Os templos construídos ao longo da Idade Antiga e Medieval são repletos de simbolismos de origem bíblica. Um dos padrões comuns nas construções cristãs era seguir a linha leste-oeste, mantendo a mesma posição do templo de Salomão. O templo de Jerusalém também seguia a orientação solar, como os templos do Egito, por exemplo. O sol, fonte de luz divina, deveria nascer sempre na entrada. Assim, os templos cristãos foram construídos com a disposição que também remete ao sol da justiça de Malaquias. Além disso, muitos deles foram projetados com uma planta em forma de cruz. Se você buscar por "igrejas católicas" no Google, verá, na fotografia aérea, seus telhados dispostos em forma de cruz. Outra metáfora arquitetônica derivada da Bíblia está na nomenclatura do corpo principal, chamado "nave", do latim *Navis*, que significa navio, relacionado à arca do Senhor — uma ressignificação cristã da narrativa da arca de Noé, compreendida como um navio em que se encontra a salvação no dia da ira de Deus.[37]

Um exemplo de ressignificação muito curioso aconteceu na Etiópia, no século XIII. O rei Lalibela (1162-1221) construiu onze igrejas próximo à sua capital, escavadas na rocha. Esses templos representavam Jerusalém, recriando em terras etíopes lugares santos como a igreja do Calvário e do Sepulcro. Outro exemplo, também na Etiópia, aconteceu mais tarde, a partir de 1270, quando uma nova dinastia deu impulso à identidade teológica da igreja etíope, tempo esse que viria a ser chamado de "revitalização salomônica". Um livro chamado *Kebra Nagast* (Livro dos Reis), supostamente oriundo do Egito e traduzido para o etíope, trazia uma narrativa a respeito da rainha de Sabá. A famosa rainha da narrativa bíblica teria concebido um filho de Salomão depois de retornar de Jerusalém, dando-lhe o nome de Menelik. O filho etíope de Salomão teria reencontrado o pai e recebido dele a arca da Aliança, levando-a, então, para a Etiópia. Dessa forma, o fato de a arca estar na Etiópia

---

37 STAFFORD, 1942, p. 108-110. A arca como local de salvação da ira divina e, portanto, vinculada à igreja, aparece também na pintura cristã desde as catacumbas. HEINZ-MOHR, 1994, p. 29-30.

demonstrava que a nação etíope era a verdadeira sucessora de Jerusalém. Essa crença auxiliou na construção de uma forte identidade cristã diante do domínio islâmico. Como os etíopes eram semitas, a ligação com a Bíblia hebraica foi forte, havendo, até mesmo, a guarda sagrada tanto do sábado judaico como do domingo cristão. As leis alimentares e até a circuncisão eram observadas, e muitos etíopes consideravam a poligamia aceitável porque era permitida na Bíblia hebraica.[38]

Para concluir, gostaria de lembrar que a arte cristã buscava expressar a transcendência divina por meio da potência simbólica. O discurso artístico era sobre Deus. Segundo Tillich, o sistema cristão que mais desenvolveu uma simbologia na qual a realidade era inserida no fundamento divino foi a cultura bizantina. Para os cristãos orientais, a realidade era um indicativo do eterno. Foi entre eles que a mais translúcida arte religiosa se desenvolveu. Por isso, seus mosaicos nunca pretenderam descrever as coisas no plano horizontal, mas as expressavam no divino. Disso derivam a transcendência e a luminosidade típicas de sua arte, embora baseada em figuras bastante terrenas, como árvores, animais e pessoas. Cada figura, na arte bizantina, está repleta de símbolos profundos. Um leão não é apenas um leão; assim como a representação de uma figura humana não pretende ilustrar uma pessoa. Suas figuras discursam sobre outra realidade, eterna e divina.[39]

Entretanto, nada disso escapou de conter um perigo: a confusão entre a transparência das imagens (ou o símbolo a que remetem) com a própria divindade, o que poderia facilmente acontecer na piedade popular. Nesse caso, o veículo da adoração se transformaria em idolatria. O receio desse perigo daria origem aos movimentos iconoclastas — o maior deles oriundo do protestantismo, como veremos adiante.[40]

+ + +

---

38 IRVIN; SUNQUIST, 2004, p. 586-587.
39 TILLICH, 2015, p. 109-110.
40 TILLICH, 2015, p. 110.

CAPÍTULO 8: O CRISTIANISMO

Concluindo, o cristianismo passou por um longo processo hermenêutico que acabou por distanciar suas tradições do judaísmo. Primeiro, pela contingência histórica. As igrejas cresceram e alcançaram praticamente o mundo inteiro, algumas vezes associadas a reinos e impérios. Nessa circunstância, a objeção aos judeus foi mais incisiva. Segundo, pela tradição hermenêutica. Na linha inaugurada pelo Novo Testamento, os cristãos cristianizaram tanto as metáforas do Antigo Testamento como as oriundas de outras religiões, passíveis de estabelecer pontos de contato com a fé em Jesus Cristo. Disso resultou uma arte cristã que entrecruza figuras bíblicas com culturas diversas. Desse modo, as liturgias e hermenêuticas cristãs se diferenciaram significativamente das liturgias e hermenêuticas judaicas.

Capítulo 9
O PROTESTANTISMO

A Reforma tem sido classificada em dois grandes agrupamentos: a "Reforma Magistral", composta por luteranos, reformados e anglicanos, assim chamada pela associação a reis e príncipes; e a "Reforma Radical", pela ênfase na autonomia das autoridades políticas. O primeiro agrupamento estava associado aos governos e usufruía de sua proteção, enquanto o segundo foi perseguido pelas mesmas autoridades e igrejas. Apesar dessa distinção, é possível pensar em outra classificação menos sectária e mais ampla para ambos os grupos. O termo "radical" pode ser entendido também na ótica de sua etimologia, ou seja, "voltar às raízes" (*radix*). Nesse caso, poderíamos englobar o movimento reformador como um todo na mesma perspectiva.[1]

É esse o sentido que invoco neste capítulo. Vou examinar a Reforma Protestante a partir de um de seus pressupostos básicos, ou seja, o discurso do retorno às raízes de uma "fé primitiva". E o veículo do retorno às origens foi a elevação da Bíblia não apenas acima da tradição, mas em oposição a ela. A tendência inaugurada pelos reformadores, que se desdobraria em perspectivas ainda mais

---
1   LINDBERG, Carter. *História da reforma*. Rio de Janeiro: Thomas Nelson Brasil, 2017. p. 34-35.

incisivas ao longo dos séculos seguintes, faria emergir uma nova situação do cristianismo em relação aos judeus, ao judaísmo e ao Estado de Israel.

O protestantismo e a tradição cristã

Eusébio de Cesareia (c. 265-339) criou uma norma: a igreja "verdadeira" é a igreja oriunda da primeira comunidade de cristãos. Isso significa que o desenvolvimento histórico subsequente era — ou deveria ser — a expressão de uma essência imutável da origem. Foi exatamente esse o critério utilizado por todos os grupos de reformadores em seus argumentos contra Roma: seus apelos remetiam, invariavelmente, aos apóstolos e à Bíblia, reivindicando serem a legítima continuidade da igreja primitiva. Cada novo movimento voltava à história declarando-se legítimo, em razão de sua fidelidade aos princípios essenciais dos apóstolos. Em cada púlpito reformador, afirmava-se que o passado da igreja estava corrompido e que, portanto, seria necessário voltar às origens.[2]

Essa ideia não era nova: estava firmemente encravada no Humanismo, cujos pensadores haviam criado o conceito de "Idade Média", considerando obscuro o tempo anterior da cristandade e fazendo "renascer" a cultura anterior do classicismo greco-romano. Os reformadores eram parte do Renascentismo humanista e estavam vinculados igualmente ao lema *ad fontes*. Mas, diferente do humanismo secular, cujas fontes eram os textos gregos clássicos, a fonte do cristianismo era a Bíblia, o texto fundador escrito pela igreja primitiva.[3]

Essa não é, porém, a afirmação da própria Igreja Católica Apostólica Romana? A Bíblia era a principal autoridade do cristianismo em todas as suas vertentes, mesmo a sediada em Roma. O que mudou em relação à autoridade bíblica no movimento protestante?

---

2   LINDBERG, 2017, p. 27.
3   LINDBERG, 2017, p. 28.

CAPÍTULO 9: O PROTESTANTISMO

A Bíblia como autoridade solitária

Vimos nos capítulos anteriores que a própria igreja interpretou a Bíblia hebraica e produziu as Escrituras cristãs, inspirada pelo Espírito Santo. Depois do processo de canonização, ou mesmo durante seu curso, essa mesma Bíblia produziu a identidade da igreja. Isso significa que o texto sagrado não pode ser separado da instituição que o produziu e o interpreta. Disso deriva um problema em relação à autoridade suprema em matéria de fé e culto — afinal, quem tem a primazia: a Escritura ou a tradição que produziu a Escritura? Bem, foi a teologia protestante que estabeleceu uma distinção qualitativa entre ambas, afirmando que a Bíblia tem caráter autoritativo superior a qualquer autoridade humana, mesmo a da igreja que a produziu.[4] E quem controlava a tradição da Igreja Católica? O magistério composto pelo papa e por seus bispos, a estrutura oficial.

Mas observe o seguinte: o apelo à autoridade bíblica por parte dos reformadores somente foi possível porque esse conceito foi solidificado antes deles. A Bíblia era confessada como autoridade na teologia medieval, o que foi confirmado até Aquino. Mas os textos bíblicos não estavam sozinhos. Havia outra fonte autoritativa junto deles: a primazia da regra infalível da fé, que cabia à Igreja Católica e ao papa. Por que o papa teria tamanha autoridade? Porque era o portador de uma tradição oral iniciada nos apóstolos e manifesta nos pronunciamentos oficiais da igreja.[5] Ou seja, na lógica católica romana, se a tradição apostólica produziu o cânon bíblico e definiu quais eram os livros inspirados, então essa tradição permanece como Palavra de Deus junto à Bíblia.[6]

Mas, em Martinho Lutero (1483-1546), houve um rompimento com tal princípio: embora respeitasse a tradição e as autoridades eclesiásticas e teológicas, o reformador alemão considerou a Bíblia

---

4   KÖRTNER, 2009, p. 125.

5   THOMPSON, Mark D. "Sola Scriptura". p. 129-164. In: BARRETT, Matthew. *Teologia da Reforma*. Rio de Janeiro: Thomas Nelson Brasil, 2017. p. 130-135.

6   Para compreender como funciona o princípio católico romano da igualdade entre tradição e Bíblia, veja TEMPESTA, Orani João. *A Bíblia, tradição e magistério*. Disponível em: www.cnbb.org.br/a-biblia-tradicao-e-magisterio/. Acesso: 29 set. 2022.

a autoridade máxima, uma única Escritura divina e inquestionável à qual todas as demais autoridades, por mais veneráveis que fossem, deveriam submeter-se. Esse entendimento veio a ser o fundamento sobre o qual todos os demais reformadores construiriam suas teologias.[7]

Quando falamos em autoridade única, estamos adentrando profundamente nas águas conceituais da Reforma. Você certamente se lembra dos "cinco *solas*" da teologia dos reformadores. O *sola* significa "somente". O uso frequente desse termo, tanto pelos reformadores como pelos historiadores das reformas, demonstra quanto o movimento ocorrido desde o início do século XVI está ligado à tradição pregressa. Havia um consenso patrístico, conquistado nas grandes confissões cristãs produzidas pelos primeiros concílios, que foi mantido pelos reformadores. Ou seja, eles confirmaram as doutrinas estabelecidas nos cinco séculos iniciais do cristianismo. Entretanto, para além desse tesouro comum, ocorreu a rejeição de uma série de elementos construídos por essa mesma tradição. Daí o fato de o termo sola aparecer em diferentes debates teológicos, como *solus Christus* ou *sola fide*. O *sola Scriptura* (somente a Escritura) revela especificamente a oposição do movimento reformador à voz do magistério católico romano, que podia estabelecer novos artigos de fé e prática independentes da Bíblia.[8]

O rompimento com a tradição e o retorno às "Escrituras originais" tornou-se ainda mais explícito quando os reformadores reforçaram o uso exclusivo do cânon hebraico do Antigo Testamento, que apresenta o mesmo conteúdo fechado pelo judaísmo. Por isso, a resposta romana, por ocasião dos atos de contrarreforma, foi uma reafirmação da tradição, ao manter o cânon da Septuaginta, sustentando os livros apócrifos (ou deuterocanônicos), conforme vinha sendo praticado desde os primeiros séculos do cristianismo.[9]

---

7 THOMPSON, 2017, p. 142.
8 BARRETT, Matthew. *Teologia da Reforma*. Rio de Janeiro: Thomas Nelson Brasil, 2017. p. 15.
9 BRAY, Gerald. *História da interpretação bíblica*. São Paulo: Vida Nova, 2017. p. 194.

CAPÍTULO 9: O PROTESTANTISMO   251

A popularização da Bíblia

A invocação da autoridade da Bíblia sobre as demais autoridades não foi exclusividade de Lutero. Antes dele, outros movimentos se levantaram contra o magistério, mas com menos sucesso. Foi o caso de John Wycliffe (c. 1328-1384) em sua preocupação com a riqueza e o poder político do clero. Para ele, não era mais possível afirmar que o Espírito Santo estava agindo por meio dos papas, razão pela qual pregava a necessidade de a igreja retornar à Bíblia como única fonte de autoridade. O texto bíblico era a base para seus argumentos, o que o levou a advogar que todo o povo cristão deveria ter acesso às Escrituras na própria língua. Por isso, os defensores de suas ideias empreenderam um projeto que culminou na publicação da primeira tradução completa da Bíblia para a língua inglesa.[10] Foi um ato importante no caminho de maior acessibilidade à Bíblia. Mas não imagine os ingleses criando uma distribuidora de Bíblias: estamos tratando de livros ainda escritos à mão.

Por isso, a emergência da Bíblia como autoridade única e sua posterior popularização devem ser compreendidas também no contexto técnico. A invenção da imprensa, introduzida na Europa desde o século XV, não apenas facilitou a reprodução e a circulação de textos, mas também multiplicou novos grupos de leitores. Até então, a Bíblia era basicamente administrada pelo clero, com função sacramental e em consonância com a tradição. Ou seja, era lida e ouvida pelo povo no contexto do culto. Foi a partir do desenvolvimento da imprensa que a Bíblia passou a ser verdadeiramente um livro, não apenas ouvido na pregação, mas lido privativamente pelos cristãos. Isso revolucionou a interpretação,[11] pois os leigos gradativamente se transformaram de ouvintes em leitores autônomos das Escrituras.[12] A Bíblia, portanto, foi tirada de seu lugar de controle ao mesmo tempo que criava um novo tipo de crente e de leitor, com acesso aos seus textos sem a mediação da tradição e da orientação interpretativa do magistério.[13]

---

10 IRVIN; SUNQUIST, 2004, p. 604.
11 PELLETIER, 2006, p. 26.
12 KÖRTNER, 2009, p. 111.
13 PELLETIER, 2006, p. 29.

É interessante notar como a popularização da Bíblia não significou uma dessacralização de seu texto. Pelo contrário. Ao mesmo tempo que chegava às mãos do povo, ela ganhava estatuto ainda mais sagrado. Como aponta Paul Ricoeur, o protestantismo criou outra espécie de "magistério" ao excluir a autoridade de textos não canônicos. Como fez isso? Pela regra de que o texto interpreta a si mesmo. Só se critica a Bíblia usando outro texto da Bíblia. Por isso, para o filósofo francês, a Bíblia se tornou ainda mais sagrada e mais fundamental para os protestantes do que já era para os católicos.[14]

Observando nosso imaginário, aquela ideia de um crente indo para a igreja com a Bíblia debaixo do braço é típica do movimento protestante, não fazendo parte do costume de outras tradições cristãs. Lembro-me de crescer sob a pressão feita pelos líderes da igreja para sempre ter a Bíblia junto a mim nos cultos e em casa. "O soldado não pode sair sem a espada", era o que se dizia. Foi apenas por seu estatuto central e sacralizado, além do barateamento para distribuição popular, que a Bíblia pôde alçar tal posição.

As reações à popularização da Bíblia

O resultado de lançar a Bíblia na mão do povo foi avassalador. O desafio às tradições lançado pelos reformadores ganhou contornos incontroláveis e indesejados por eles mesmos. Disso deriva a Reforma Radical, mencionada no início deste capítulo. Ela foi, de fato, a radicalização dos pressupostos lançados contra a tradição, a busca das raízes da fé cristã em seu sentido mais puro. Os radicais quiseram levar as reformas mais adiante do que pretendiam os proponentes iniciais do movimento.

Tomemos um dos exemplos, marcado por seu pacifismo. O anabatista Menno Simons (1496-1561) baseou seu ensino no apelo à autoridade da Bíblia, sempre desconfiando das tradições. O culto poderia ter apenas o que a Bíblia ordenava explicitamente, eliminando toda tradição litúrgica e simbólica, nem mesmo aquela

---

14 RICOEUR, 2006, p. 282.

como "adorno das Escrituras" — ou seja, nem sequer como ilustração. Entre outros grupos anabatistas mais extremistas, como em Münster, o literalismo bíblico trouxe situações constrangedoras, como, por exemplo, a permissão à poligamia. Eventualmente, apareciam profetas correndo nus pela cidade, em uma referência muito literal ao ato profético de Isaías (Isaías 20:2-3).[15] Mas talvez a maior radicalidade do literalismo tenha acontecido quando os anabatistas estabeleceram comunidades autônomas em relação ao Estado, procurando seguir o exemplo da igreja primitiva descrita em Atos, criando igrejas alternativas à católica, luterana, calvinista e anglicana, estabelecidas sob a aprovação das autoridades civis.[16] O anabatismo rompia completamente com a filiação cristã às estruturas governamentais da forma em que vinha sendo praticado na Europa, pelo menos desde Constantino.

O descontrole da interpretação bíblica levou a uma reação dentro do próprio movimento da Reforma. A competitividade dos reformadores com o catolicismo romano e as dissidências do próprio movimento reformado acabaram produzindo sistemas teológicos que dariam origem ao período da ortodoxia protestante, uma espécie de "escolasticismo protestante". Assim emergiram as doutrinas de inspiração verbal e plenária da Bíblia afirmando sua infalibilidade, as quais visavam, por um lado, proteger a autoridade única da Escritura contra a tradição católica romana, mas, por outro, tentavam controlar a experiência carismática dos dissidentes radicais.[17] Os reformadores magisteriais, portanto, estabeleceram duas frentes de batalha: contra a tradição católica e contra a liberdade invocada por uma experiência direta com o Espírito Santo. O estatuto sagrado e infalível da Bíblia galgava mais alguns degraus.

---

15   GEORGE, Timothy. *Teologia dos reformadores*. São Paulo: Vida Nova, 1993. p. 270-273.
16   KLEIN; HUBBARD; BLOMBERG, 2017, p. 116.
17   LINDBERG, 2017, p. 410. Veja também BRAKEMEIER, 2003, p. 34-35. Brakemeier apresenta o resultado da concepção de inspiração na ortodoxia protestante. Doravante, trata-se de três inspirações: pessoal, real e verbal. A "inspiração pessoal" seria o impulso do Espírito Santo que leva o autor a ter vontade de escrever; a "inspiração real" seria a sugestão do conteúdo, a causa do evangelho; e a "inspiração verbal" seria a sugestão das palavras, sendo a própria escolha de cada palavra uma autoria do Espírito Santo. Nesta última, os autores não são mais testemunhas, mas apenas "impressoras" do Espírito Santo.

Assim surgiu entre os protestantes, especialmente em João Calvino (1509-1564), um "biblicismo", a partir da doutrina de autoridade das Escrituras. A Bíblia ganhou autoridade absoluta e central, composta sob o "ditado do Espírito Santo", desembocando na doutrina da inspiração verbal. A Bíblia teria sido escrita "a partir da boca de Deus", e os discípulos seriam apenas as canetas de Cristo.[18] Daí deriva a tendência, no protestantismo histórico, de mudar a relação do Espírito Santo com os seres humanos: no lugar do contato imediato do crente com Deus, o Espírito testemunha a autenticidade da Bíblia, que passa a conter as doutrinas verdadeiras e a fonte da relação com o divino. O relacionamento deixa de ser pessoal e passa a ser objetivo. O importante não seria mais a experiência, mas a objetividade extraída da Escritura. Esse é, segundo a crítica ácida de Paul Tillich, o legado da ortodoxia protestante.[19]

O problema é que a interpretação bíblica não podia mais ser mantida nos trilhos. Apesar das tentativas de controle doutrinal, tanto pelo magistério católico como pela ortodoxia protestante, a caixa de Pandora estava aberta. Os reformadores acusaram os anabatistas de terem uma leitura bíblica que era fruto de ignorância, e os católicos concluíram que essa leitura livre e até mesmo caótica era a consequência natural dos atos dos próprios reformadores. A Bíblia, utilizada por eles contra a tradição católica, era também empregada pelos radicais contra seus próprios líderes.[20]

Assim, a interpretação da Bíblia se tornou inevitavelmente plural, pois o local interpretativo não era mais único, mas situado em igrejas e confissões diversas. A contragosto dos líderes das reformas, o princípio inaugurado pelo movimento protestante não permite nenhum tipo de privilégio que possa domesticar a interpretação.[21]

---

18 TILLICH, 2015, p. 270-271.
19 TILLICH, 2015, p. 276.
20 LINDBERG, 2017, p. 235.
21 KÖRTNER, 2009, p. 126.

A rejeição da tradição artística e simbólica

Além de colocar a Bíblia como único centro autoritativo, outra consequência do ataque protestante à tradição foi a desconstrução de boa parte do universo simbólico cristão, pois havia um desvio severo no uso das imagens que provocavam atitudes idólatras. O processo não correu sem problemas, pois a linha divisória entre a manifestação artística como veículo para a devoção e a idolatria pode ser tênue. E o tempo de Lutero demonstrava uma profusão de desvios. Como situações radicais provocam respostas radicais, o sentimento iconoclasta foi ainda mais intenso entre os protestantes.

O ataque à liturgia tradicional foi sentido logo cedo, ainda no movimento luterano, quando Andreas Karlstadt (1486-1541) iniciou o rompimento com o catolicismo ao celebrar a missa natalina sem a vestimenta tradicional, distribuindo o pão e o vinho e consagrando-o em alemão, e não em latim. Essa rejeição seria ainda mais ampliada no ataque às imagens, dando início à destruição generalizada de antigos símbolos da fé católica. Foi significativo o fato de que a quebradeira não aconteceu como vandalismo, mas em um processo ritualístico, altamente iconoclasta, demonstrando uma nova concepção de mundo.[22]

O movimento luterano acabou contendo o entusiasmo iconoclasta pelo fato de Lutero apreciar a arte, especialmente a música, estimulando obras artísticas (como as dos Cranach) e composições que permaneceram até hoje. No caso das reformas de Ulrico Zwínglio (1484-1531), aconteceu algo bem diferente. Buscando a pureza exclusiva da Palavra pregada, as comunidades de Zurique baniram todas as formas de cântico. O sentido iconoclasta foi intenso tanto em Zurique como na Genebra de Calvino, pois este proibia as imagens, em razão do interdito contido no início do Decálogo. Os templos das igrejas reformadas não poderiam ter qualquer tipo de imagem, em um impulso contra a idolatria, que veio, até mesmo, a reorganizar os Dez Mandamentos, separando um segundo mandamento específico para proibir imagens. Depois, todas as confissões

---

22 LINDBERG, 2017, p. 134-139.

reformadas trataram o uso de imagens com severidade, tirando-as da liturgia e deslocando-as para funcionar como material de edificação (como a arte de Rembrandt) ou de propaganda apologética (como as xilogravuras satíricas).[23]

A tendência mística do movimento calvinista e puritano depois do século XVII rejeitou a arte sacra, imaginando que ela fosse basicamente mundana. Verdadeiros cristãos não poderiam participar dela. Por isso, essas linhas do protestantismo não produziram estilos de pintura sacra como os luteranos ou anglicanos mantiveram — sem falar nos católicos, que nunca sofreram desse dilema. Novos movimentos do protestantismo, como o metodismo do século XVIII e os avivamentos do século XIX, mantiveram o completo desinteresse pelas artes.[24] Tal desapreço significou, portanto, o abandono de uma tradição milenar riquíssima em símbolos e metáforas.

O expurgo da arte provocou um vácuo litúrgico importante nas tradições protestantes. Claro, não de maneira idêntica, mas em níveis e intensidades diferentes. Muitas denominações mantiveram seus calendários litúrgicos, assim como permaneceram vitrais e símbolos considerados aceitáveis, especialmente aqueles ligados à arquitetura. Cada tradição seguiu caminhos diferentes. O rompimento simbólico foi quase inexistente no anglicanismo, muito menor no luteranismo, porém intenso nas vertentes reformadas, especialmente mais tarde, na linha puritana. A tendência iconoclasta mais severa está no DNA do tipo de tradição protestante que acabou chegando ao Brasil. Se, por um lado, foi apartado o perigo da idolatria pela expulsão das imagens, por outro se perdeu um universo simbólico prenhe de significados e reflexão. O que sobrou? A Bíblia como livro e objeto sagrado.

+ + +

---

23 Na numeração medieval do Decálogo, a proibição dos ídolos estava incluída no primeiro mandamento, tradição mantida por católicos e luteranos. A partir de Calvino, o "não farás imagem para adorar" foi entendido como um segundo mandamento separado e exclusivo do "não terás outros deuses". LINDBERG, 2017, p. 432-437.

24 ROOKMAAKER, H. R. *A arte moderna e a morte de uma cultura*. Viçosa: Ultimato, 2015. p. 41.

CAPÍTULO 9: O PROTESTANTISMO   257

Resumindo: o movimento da Reforma, em suas várias vertentes, teve como um de seus fundamentos o *sola Scriptura*, enfatizando a exclusividade da Bíblia como autoridade e norma de fé, enquanto rompia com a tradição pregressa, implicando diretamente a rejeição de grande parte da simbologia constituída ao longo de mil anos. Uma vez rompida tal cerca, a dispersão em novas comunidades interpretativas — e mesmo sedentas por símbolos do sagrado — foi uma tendência que se manteve nas igrejas oriundas do protestantismo até os dias atuais.

A Bíblia cristã e o imaginário protestante

A arte sacra foi expulsa de boa parte do contexto protestante. Com isso, o texto ganhou presença muito maior. Os protestantes se tornaram ainda mais o "povo do livro". E essa tendência da supremacia da palavra sobre o visual resultou em uma construção cultural do tipo literário, influenciando especialmente os países de maioria protestante. Assim, seja pela centralidade na devoção, seja pelo desenvolvimento técnico, a Bíblia foi encravada na alma europeia nos séculos após a Reforma. A Bíblia cristã, além de ser um texto sagrado recitado nas liturgias e constituir base da doutrina, da teologia e da pregação pública, também veio a se tornar um texto clássico da cultura ocidental.[25]

Podemos afirmar que a Europa inteira foi profundamente influenciada pela Bíblia e por suas impressionantes metáforas e narrativas. Muitas obras da literatura moderna remetem à Bíblia, como já tratei no primeiro capítulo deste livro. Grandes clássicos mundiais, como Dostoiévski, Cervantes, Thomas Mann e Machado de Assis, são devedores das narrativas bíblicas como motor a dar impulso a uma produção literária tão vasta. Claro, trata-se de uma influência presente desde as tradições católica e ortodoxa.

---

25 KÖRTNER, 2009, p. 119.

Mas, como foi o protestantismo anglo-saxão que mais influenciou os protestantes brasileiros, vou me concentrar no fenômeno ocorrido nesse contexto.

O imaginário bíblico anglo-saxão

As Bíblias vernaculares, traduzidas para as línguas do povo comum, permitiram o nascimento das literaturas nacionais. Isso aconteceu porque a presença do texto bíblico em determinada língua auxilia na normatização gramatical, mas também funciona como estímulo imaginativo para as obras literárias. Quando a Bíblia deixou o claustro dos mosteiros, das catedrais e das universidades, tornou-se verdadeiramente um livro — e um livro muito popular. A leitura de seus textos como importantes peças literárias influenciou os grandes escritores do Ocidente. Casos marcantes dessa influência foram as obras *O peregrino* (1678, de John Bunyan) e *Paraíso perdido* (1667, de John Milton), ambas no contexto britânico.[26]

Se, por um lado, o texto bíblico ganhou popularidade, as descobertas arqueológicas no Oriente Próximo durante os séculos XVIII e XIX, quando foram desenterradas as grandes civilizações do Egito e da Mesopotâmia, trouxeram a vasta cultura material dos impérios dos tempos bíblicos para o cotidiano dos europeus e americanos.[27] Tamanhas descobertas arqueológicas e expedições militares resultaram na publicação de guias de viagens, pintando em cores vívidas a terra da qual a Bíblia tanto falava. Mais de dois mil livros sobre a Terra Santa foram publicados entre 1800 e 1875, impulsionando a imaginação popular de uma forma nunca antes vista.[28]

Ou seja, ao longo dos séculos depois da Reforma, a Bíblia cresceu como elemento cultural e código literário, um grande depósito de metáforas exploradas e replicadas em obras clássicas. Ao mes-

---

26 LINDBERG, 2017, p. 432.
27 FINKELSTEIN; SILBERMAN, 2003, p. 33-36.
28 SIZER, Stephen. *Christian Zionism*: road-map to Armageddon? Downers Grove: InterVarsity Press, 2004. p. 28-29.

CAPÍTULO 9: O PROTESTANTISMO   259

mo tempo, a Terra Santa ganhava vida no imaginário popular dos
protestantes do eixo anglo-saxão, tanto pela via das descobertas da
arqueologia como pela literatura.

Essa imaginação foi fundamental para o nacionalismo americano. As treze colônias que dariam origem aos Estados Unidos da
América eram formadas por imigrantes pobres e grupos minori-
tários chamados "peregrinos", fugitivos das perseguições religiosas
da Grã-Bretanha, além de outros grupos religiosos de diversas partes da Europa, católicos ou protestantes.[29] Um desses grupos era
composto pelos puritanos, que se identificaram com as narrativas
bíblicas desde a chegada à América. Como no êxodo, eles escapa-
vam da opressão de um império perverso; como Canaã, a América
era uma terra a ser conquistada — o que fica evidente nos nomes
de vilas como *Hebron, Bethlehem, Nazareth, Salem, Shiloh* e *Zion*.
E essa tendência permaneceu: John Winthrop, o primeiro governa-
dor de Massachusetts, escreveu, em 1630, que Deus havia feito uma
aliança com os pais peregrinos para estabelecer uma Nova Sião na
América, ideia frequente em grupos religiosos americanos como
os Zionitic Brotherhood, os Shakers, mórmons e Testemunhas de
Jeová.[30] A narrativa dos pais peregrinos se tornou um dos mais importantes mitos fundadores do nacionalismo americano, celebrado
anualmente no *Thanksgiving Day*.

Enfim, a história americana está repleta de exemplos em que
a Bíblia forneceu narrativas a serem assumidas pelos protestantes
para descrever a si próprios. Isso aconteceu porque o contexto anglo-saxão estava impregnado de cultura bíblica, e suas metáforas
foram suporte para políticas as mais diversas — seja para o bem,
seja para o mal. O uso do potencial imaginário da Bíblia para estimular nacionalismos e conquistas nos fornece exemplos vívidos
de como um texto pode provocar ações, conforme nos foi ensinado
por Paul Ricoeur.

---

29 KARNAL, Leandro et. al. *História dos Estados Unidos:* das origens ao século XXI. São Paulo: Contexto,
2007. p. 44-50.
30 WILKINSON, 2007, p. 230-232.

O retorno dos judeus ao imaginário protestante

A consequência do *sola Scriptura* foi a libertação do texto para o intérprete individual. Autoridade única, a Bíblia também passou por um processo de seleção no que se refere à sua interpretação. Seguindo o princípio já presente na teologia medieval, especialmente em Tomás de Aquino, Lutero rejeitou o método alegórico de interpretação, por considerá-lo muito especulativo. Mas isso não significou abandonar a leitura cristocêntrica e tipológica do Antigo Testamento. Essa leitura foi mantida, seguindo o modelo dos apóstolos. Calvino, da mesma forma, também rejeitou a alegoria e favoreceu a interpretação literal e histórica da Bíblia. Ou seja, os reformadores levaram mais longe a ênfase no sentido simples e literal da Escritura.[31]

Se o sentido literal da Bíblia prevalece, o povo descrito no Antigo Testamento também retorna para a exegese em sentido literal. Por exemplo, há textos bíblicos que ressaltam um reino messiânico a partir de Jerusalém (como Zacarias 14:17). Mas como conciliar o governo de Jesus Cristo sobre um Israel terreno se a maioria dos judeus não o reconhece como o Messias prometido? E como poderia acontecer tal governo se não havia pátria judaica e Jerusalém nem sequer estava sob controle do povo bíblico? A solução só podia estar no futuro. Assim, a esperança na conversão dos judeus ao cristianismo ganhou ênfase em praticamente todas as linhas escatológicas protestantes, especialmente sob a inspiração de Romanos 9 a 11.[32] O primeiro reformador a tratar do assunto foi John Bale (1495-1563); depois, a Bíblia de Genebra mencionou a futura crença de Israel em Jesus Cristo; e John Foxe (1517-1587) também tratou do futuro dos judeus na Terra Santa. O puritanismo do século XVII ainda contou com diversos pregadores confiantes na restauração dos judeus, enquanto o século XVIII viu a emergência de uma verdadeira expectativa sionista entre os protestantes da Europa e dos Estados Unidos.[33]

---

31 KLEIN; HUBBARD; BLOMBERG, 2017, p. 113-115.
32 SIZER, 2004, p. 28.
33 MCDERMOTT, Gerald R. *A importância de Israel:* por que o cristão deve pensar de maneira diferente em relação ao povo e à terra. São Paulo: Vida Nova, 2018. p. 64-69.

CAPÍTULO 9: O PROTESTANTISMO   261

Há historiadores que consideram a possibilidade de que a própria ideia do sionismo, ou seja, do retorno judaico a Sião, tenha surgido entre os protestantes, antes mesmo dos judeus. E foram os autores ficcionais que impulsionaram essa ideia. Foi o que aconteceu com o romance *Daniel Deronda* (1876), escrito por George Eliot (pseudônimo de Mary Ann Evans, 1819-1880), cujos personagens sonhavam com um Estado judeu. Essa obra inspirou personalidades como Eliezer Ben-Yehuda (1858-1922), pioneiro do renascimento do hebraico como língua nacional, e David Ben-Gurion (1886-1973), o primeiro-ministro na independência de Israel. Mais tarde, seria o Lorde Shaftesbury (Anthony Ashley-Cooper, 1801-1885) a cunhar a frase "uma terra sem povo para um povo sem terra", defendendo o retorno dos judeus para a Palestina porque acreditava que o território era desabitado — ideia não verdadeira, pois havia significativa população árabe na região.[34]

Enfim, vemos, nesse caso, um exemplo muito claro de como a ficção e a história se entrelaçam no tempo vivido de pessoas e comunidades. A ficção abre o campo dos possíveis, trazendo toda a potência mobilizadora do mito. A imaginação ganha realidade ao se tornar texto; e esse texto, uma vez lido, fecunda a imaginação, fazendo o leitor considerar a possibilidade de o sonho se concretizar, cujo produto é o estímulo à ação. E foi o que aconteceu precisamente na história de Israel.

A relação fundamentalista com a Bíblia

Um subproduto extremo do conceito de *sola Scriptura* aconteceu no movimento fundamentalista do século XX, iniciado justamente no contexto conservador dos Estados Unidos. É dessa defesa radical da Bíblia que trataremos agora. Mas não há como entender o fundamentalismo sem antes verificarmos ao que ele reage: a teologia liberal.

---

34 GOLDMAN, Shalom. *Zeal for Zion:* Christians, Jews & the idea of the Promised Land. Chapel Hill: The University of North Carolina Press, 2009. p. 20-23.

O liberalismo teológico era uma tentativa da teologia protestante do século XIX de se adequar ao conhecimento iluminista da modernidade. Seus teólogos buscavam reconstruir as ideias cristãs à luz dos novos tempos. Isso aconteceu de maneira diversa, especialmente no contexto europeu, mas, em geral, eles concordavam que o pensamento moderno era uma ferramenta indispensável na interpretação da Bíblia. O resultado foi danoso para a ortodoxia: os mais radicais consideraram crenças em milagres como superstição, enquanto a maioria restringiu o sobrenatural em suas teologias, além de reinterpretarem ou até mesmo rejeitarem dogmas clássicos como a Trindade e a divindade de Cristo. Embora as ideias não fossem as mesmas, o fato é que cada teólogo liberal "tentou construir uma teologia cristã nova que fosse completamente compatível com o que havia de melhor na modernidade, na filosofia, na ciência e na erudição bíblica".[35] Estava abalado o edifício da fé protestante e cristã.

O fundamentalismo foi a reação dos grupos protestantes conservadores contra outros grupos protestantes que aderiram às premissas da teologia liberal. Era, portanto, uma reação contra os modernistas na teologia, que controlavam os seminários tradicionais.[36] Por isso, o teólogo Roger Olson define fundamentalismo como "forma distinta de protestantismo ortodoxo do século XX, definida, em grande parte, pela reação às teologias liberal e modernista".[37]

O termo "fundamentalismo" tem também uma gênese histórica. Ele foi forjado a partir da publicação, iniciada em 1910, de doze volumes intitulados *Os fundamentos*. Foram produzidos três milhões de volumes da série, patrocinados por dois cristãos magnatas do petróleo, os irmãos Lyman e Milton Stewart, e distribuídos gratuitamente a milhares de pastores, líderes de igrejas e professores.[38]

---

35 OLSON, Roger E. *História da teologia cristã*: 2000 anos de tradição e reformas. São Paulo: Vida, 2001. p. 553-554.
36 GRENZ, Stanley J.; OLSON, Roger E. *A teologia do século 20*: Deus e o mundo numa era de transição. São Paulo: Cultura Cristã, 2003. p. 348.
37 OLSON, 2001, p. 576.
38 TORREY, R. A. (ed.). *Os fundamentos*: a famosa coletânea de textos das verdades bíblicas fundamentais. São Paulo: Hagnos, 2005. p. 13.

CAPÍTULO 9: O PROTESTANTISMO   263

Cada volume trazia artigos de eruditos conservadores abordando
diversos temas, como o nascimento virginal de Cristo, a divindade
de Cristo e análises da alta crítica da Bíblia.[39] Os assinantes dos artigos se definiam como fundamentalistas, defendendo "a inspiração
verbal e a infalibilidade (inerrância) absoluta da Bíblia, bem como
todas as doutrinas tradicionais da teologia ortodoxa protestante".[40]
Esse grupo deu início, portanto, a uma importante defesa da Bíblia
e de sua autoridade como revelação divina justamente em um tempo em que ela era escandalosamente relativizada.

Entretanto, como aponta Olson, de 1925 em diante, a discussão
arrefeceu, ganhando contornos políticos e sociais. Foi quando entraram em pauta temas periféricos da tradição cristã, como o debate em torno do comunismo e da teoria da evolução, ideias com as
quais, na opinião dos fundamentalistas, o cristão não poderia com-
pactuar. Desde então, o movimento ganhou caráter cada vez mais
sectário, quando se passou a defender que os cristãos verdadeiros
não deveriam dialogar ou comungar com os "doutrinariamente im-
puros". Ou seja, grupos fundamentalistas elaboravam sistemas ab-
solutos de proposições doutrinárias que deveriam ser aceitos na ín-
tegra, bastando divergir em um único ponto para ser considerado
herege.[41] Não era mais suficiente confessar Jesus Cristo e os dogmas
centrais da ortodoxia; tornou-se necessário assinar embaixo de um
longo *checklist* de crenças e interpretações da Bíblia marcadas por
um literalismo radical.

A leitura literalista radical, que pode ser entendida como um ar-
refecimento da hermenêutica literal da Reforma, seria fundamental
para o entendimento do Israel bíblico não mais como um tipo de
Cristo ou da igreja, ou eventualmente como uma alegoria a ilustrar
a vida cristã, mas como uma entidade histórica, independente da
igreja e com um destino específico nos desígnios divinos.

---

39 OLSON, 2001, p. 576.
40 OLSON, 2001, p. 570.
41 OLSON, 2001, p. 581-582.

A emergência do imaginário dispensacionalista

A penetração da doutrina dispensacionalista foi determinante para a consolidação de Israel e dos judeus no imaginário protestante e seu lançamento em um estatuto jamais visto antes na história da teologia cristã.

A origem do dispensacionalismo remonta ao contexto britânico do século XIX, quando alguns grupos de curiosos sobre as profecias bíblicas passaram a dar atenção ao ex-ministro anglicano e pregador John Nelson Darby (1800-1882). Darby pregava em conferências proféticas de Dublin e arredores expondo uma visão pessimista tanto do mundo como da igreja, ressaltando a esperança no retorno de Cristo.[42] A frase mais frequente de Darby era: "A igreja está em ruínas". Para ele, a igreja havia perdido unidade, poder e santidade, tornando-se má e orgulhosa, e deixando de lado o motivo de haver sido instituída por Cristo. Segundo ele, a igreja havia falhado e deveria sofrer o julgamento divino.[43] Se o movimento reformador afirmou que o passado da igreja estava corrompido e seria necessário voltar às origens, Darby radicalizou essa ideia, incluindo os próprios reformados na corrupção. Note, isso não é nada novo: a Reforma protestante fez o mesmo com o catolicismo. E tenho comigo a desconfiança de que cada nova denominação repete a condenação às igrejas antes dela.

Dessa ideia de corrupção da igreja, emergiu o conceito de *dispensação*. Dispensação é a maneira pela qual "Deus revela algo para a humanidade, que a humanidade não consegue cumprir, e com isso surgem uma nova dispensação e uma nova revelação". A ideia não era totalmente nova no cristianismo, pois, vez ou outra, a história da redenção é tratada por etapas.[44] Mas, se antes a igreja

---

42 SIZER, 2004, p. 50-51.
43 BASS, Clarence B. *Backgrounds to dispensationalism:* its historical genesis and ecclesiastical implications. Grand Rapids: Wm. B. Eerdmans, 1960. p. 100-102.
44 Irineu de Lyon (130–202) mencionou quatro dispensações: o pacto com Adão até o dilúvio; com Noé, até o Êxodo; com Moisés, até o nascimento de Jesus; e com Cristo, até o fim dos tempos. GONZÁLEZ, 2009, p. 94. Outra noção semelhante foi elaborada pelo abade Joaquim de Fiore (1135 –1202) ao retomar o trinitarismo econômico do segundo século, em que cada pessoa divina era associada a um período histórico. Assim, a era da criação e de Israel correspondia à primeira era; as esperanças messiânicas e o advento de Cristo correspondiam à segunda, na qual o tempo medieval de Fiore estava mergulhado. Mas viria ainda a terceira era, do Espírito Santo, inaugurando um tempo de iluminação. Suas ideias se espalharam e causaram controvérsias, sendo combatidas pelas autoridades eclesiásticas.

CAPÍTULO 9: O PROTESTANTISMO   265

era considerada o povo redimido final de Deus, em Darby ela se tornou uma dispensação que falhou como as outras, e sua queda determinaria seu fim. Diferente de outras ideias de corrupção da igreja, comuns no protestantismo, para Darby a corrupção iniciou ainda em Atos e continuou até a ruína total em seu tempo.[45] Por isso, o tempo da igreja teria acabado e deveria ter início uma nova forma de relacionamento com Deus, segundo a qual Israel voltaria à cena da história da salvação. Apesar desse quadro sinistro, Darby não deve ser considerado um pessimista. Para ele, havia um verdadeiro corpo de Cristo: o conjunto dos salvos em Cristo pela ação do Espírito Santo, livre das autoridades eclesiásticas corrompidas e composto por verdadeiros crentes. Mas a existência dessa igreja era celestial. E este era um ponto importante da eclesiologia de Darby: a igreja é celestial porque sua existência está em Cristo.[46]

Esse é o tipo de literalismo bíblico de Darby. Para ele, as profecias sobre Israel referem-se a aspectos terrenos do povo judeu, nunca à igreja. Com isso, vem um problema: como resolver os textos do Antigo Testamento interpretados pelos apóstolos como referentes à igreja (Atos 2:14-22 e 15:13-19)? Darby concluiu que tanto Israel como a igreja estão na perspectiva das profecias, e a interpretação deve ser rigidamente literal. Para garantir o cumprimento profético a ambos, a solução foi a separação radical em duas esperanças diferentes: a esperança celestial para a igreja, pois ela vai compartilhar a glória de Cristo, e a esperança terrena para Israel, que participará do reino de Cristo em Jerusalém.[47]

Nesse ponto, nasceu uma doutrina jamais conhecida até então: a do arrebatamento dos santos anterior à volta de Cristo. O arrebatamento sempre foi considerado um evento simultâneo ao glorioso retorno, dando início ao Reino de Deus ou ao milênio nas versões pré-milenistas. Mas, no caso do dispensacionalismo de Darby, Jesus não aparece para o mundo em seu glorioso retorno, mas apenas aos cristãos verdadeiros, para levá-los aos céus. O mundo veria

---

45 BASS, 1960, p. 103-104.
46 BASS, 1960, p. 109-112.
47 BASS, 1960, p. 130-132.

apenas o desaparecimento dos cristãos (ou não veria!) e continuaria existindo como antes para as tribulações do Apocalipse. Então, vem o literalismo das profecias em relação à Terra Santa: o povo judeu deveria ocupar toda a Terra Prometida, desde o Egito até a fronteira do Iraque, o templo deveria ser reconstruído, os judeus passariam pela grande tribulação e reconheceriam Jesus de Nazaré como o Messias. Apenas então, Cristo voltaria de forma visível e daria início ao reino milenar.[48]

As ideias dispensacionalistas de Darby seriam espalhadas por toda a Europa pelos Irmãos de Plymouth, grupo por ele liderado de maneira enérgica.[49] Por meio do próprio Darby, a doutrina dispensacionalista aportou na América do Norte. Foram sete visitas aos Estados Unidos e ao Canadá, entre 1862 e 1877, deixando fortes impressões em personalidades como Adoniran Judson Gordon (1836-1895), importante pregador batista, Dwight Lyman Moody (1837-1899), fundador do Instituto Bíblico Moody, e James Hall Brookes (1830-1897), proeminente pastor presbiteriano. Sua presença na América deixou um sensível ímpeto no movimento da *Conferência Bíblica Profética Americana*, que, por fim, adotou a escatologia dispensacionalista.[50] Assim, as visitas de John Darby à América do Norte foram sementes a encontrar bom solo entre os ministros avivamentistas, líderes das agências missionárias e pastores de igrejas conservadoras.[51]

Boa parte do sucesso do dispensacionalismo entre os protestantes conservadores pode estar no rígido literalismo da Bíblia, princípio basilar da doutrina de Darby. Essa leitura da Escritura, que é chamada por seus defensores de "sentido simples", tornou-se marca

---

48 BASS, 1960, p. 138-139. Esse é um resumo que, certamente, os dispensacionalistas de outras vertentes criticarão como um "espantalho". A descrição acima, que encontrei em Clarence Bass, é a mesma crença que encontro nas igrejas que frequento. É um espantalho, mas firmemente cravado nos campos evangélicos brasileiros.
49 BASS, 1960, p. 72-74. Eu mesmo encontrei registros de um "pastor darbysta" circulando entre os batistas alemães no Rio Grande do Sul, no final do século XIX.
50 WILKINSON, 2007, p. 241-244.
51 WEBER, Timothy P. *On the road to Armageddon:* how evangelicals became Israel's best friend. Grand Rapids: Baker Academic, 2004. p. 34.

característica do dispensacionalismo.[52] Tal literalismo, no contexto da virada do século XIX para o século XX, era uma defesa da Bíblia justamente no tempo em que sua autoridade era questionada pelo liberalismo teológico. A alta crítica deixava a interpretação na mão de especialistas, enquanto os dispensacionalistas defendiam a liberdade de qualquer um tomar o texto bíblico usando apenas uma concordância e certos métodos de leitura. Essa valorização e essa popularização da interpretação bíblica eram essenciais para muitos conservadores.[53] Por isso, houve grande identificação do movimento fundamentalista com o dispensacionalismo.

Enfim, essas são algumas notas do início de um dispensacionalismo que poderia ser classificado como "clássico". Muitas derivações vieram desse impulso inicial, tanto no sentido da radicalização de seus pressupostos em vertentes apocalípticas e sobrenaturalistas como nas linhas menos sensacionalistas do dispensacionalismo progressivo, por exemplo. O que importa ressaltar é o fato de a Bíblia fornecer amplo material para a produção de sentidos, narrativas e, principalmente, identidades.

O entusiasmo por Israel na literatura escatológica

Lembre que o imaginário anglo-saxão estava tomado pelas narrativas bíblicas. Especialmente o americano, que pensou a si mesmo como em uma jornada na conquista de sua Terra Prometida. Tal imaginário favoreceu os dispensacionalistas, que uniam as narrativas da Bíblia a vivências históricas do presente. William E. Blackstone (1841-1935) publicou, em 1908, o livro *Jesus está vindo*, que vendeu mais de um milhão de cópias em três edições.[54] Cyrus Scofield (1843-1921) publicou, em 1909, sua Bíblia de Referência, cujos apelo visual e linguagem acessível garantiram um sucesso estrondoso, vindo a ser reimpressa em 1917 e revisada em

---

52 POCOCK, Michael. "The influence of premillennial eschatology on evangelical missionary theory and praxis from the late nineteenth century to the present". *International Bulletin of Missionary Research*, New Heaven, v. 33, n. 3. p. 137-144, jul. 2009. p. 131.
53 WEBER, 2004, p. 36-39.
54 ICE, Thomas. "Lovers of Zion: a history of Christian Zionism". *Article Archives*, Liberty University, 29. p. 1-27, 2009. Disponível em: digitalcommons.liberty.edu/pretrib_arch/29. Acesso em: 29 set. 2022. p. 17.

1967, fixando-se como a mais sistemática e popular expressão do dispensacionalismo clássico, uma "arma do fundamentalismo contra o modernismo", como afirmou o dispensacionalista Paul Wilkinson.[55]

Depois deles, muitas outras obras teriam amplo sucesso de vendas, especialmente depois da independência de Israel (1948) e da consolidação do país na Guerra dos Seis Dias (1967). Os acontecimentos históricos motivaram ainda mais os dispensacionalistas, uma vez que pareciam comprovar suas teses a respeito das profecias. O entusiasmo repercutiu na literatura em obras especulativas como *A agonia do grande planeta terra*, de Hal Lindsay,[56] e obras ficcionais, como a série *Deixados para trás*, de Tim LaHaye.[57] Nesses dois casos, vemos o método dispensacionalista em ação: a leitura da Bíblia com o jornal diário nas mãos, fazendo com que os entrecruzamentos das profecias bíblicas com os acontecimentos do presente forneçam o imaginário para um novo modo de compreender Israel e o povo judeu. É notável constatar como a ficção teve papel importante no processo de fixação da doutrina.

Assim, Israel retornou de vez ao imaginário cristão de vertente protestante, tomando a via do dispensacionalismo. Esse entusiasmo com as profecias se efetivou em ações concretas, com um grande número de protestantes promovendo movimentos políticos de apoio ao Estado de Israel, especialmente no contexto americano. Esse movimento é chamado de *sionismo cristão*, ou seja, o apoio dos protestantes ao sionismo judaico.[58] Mais um exemplo de como o texto impregna a realidade e provoca ações.

Israel retornou para o discurso cristão não mais como um tipo do passado, que encontraria realização na igreja, mas como uma entidade com propósitos na concretização futura do Reino de Deus. Dentro dessa perspectiva, os acontecimentos do nosso pre-

---

55 WILKINSON, 2007, p. 256-257.
56 LINDSAY, Hal. *A agonia do grande planeta terra*. 7 ed. São José dos Campos: CLC, 1984.
57 LAHAYE, Tim. *Deixados para trás*: uma história dos últimos dias. Rio de Janeiro: Thomas Nelson Brasil, 2019, v. 1. A série original conta com 12 livros, atualmente sendo publicados pela editora Thomas Nelson Brasil.
58 Esse é um tema longo e controverso que não pretendo abordar neste livro.

CAPÍTULO 9: O PROTESTANTISMO

sente ganharam estatuto de realização, e o atual Estado de Israel virou o "relógio de Deus" para a contagem regressiva do Grande Final. Israel e os judeus são observados à distância, por assim dizer, e apoiados quando oportuno.

O interesse pentecostal pela simbologia judaica

Há ainda outra aproximação dos protestantes com o povo judeu acontecendo pelo caminho simbólico. Trata-se do caso da apropriação de símbolos e práticas judaicas por parte das igrejas evangélicas, especialmente dos segmentos pentecostal e neopentecostal. Tudo começou nos Estados Unidos.

O protestantismo americano tem como característica o avivamentismo, uma vez que sua história é marcada pelos Grandes Avivamentos. O Segundo Grande Avivamento, ocorrido na primeira metade do século XIX, bastante carismático em suas manifestações, forjou uma tradição na qual se invocavam os símbolos do Tabernáculo bíblico como fenômeno de manifestação do poder de Deus. Acreditava-se que a glória divina da tenda do Sinai estava se repetindo nas tendas de suas reuniões ao ar livre. Até a estética era semelhante, já que as reuniões ocorriam em barracas. Acreditavam viver um retorno às origens bíblicas da experiência de fé ligando-se diretamente aos fenômenos miraculosos do êxodo. Veja como essa narrativa de origem tem potencial para se reproduzir nos mais diversos contextos. Se, no início do século XIX, essa ideia encontrou campo fértil entre os americanos, no início do século XX os pentecostais a ampliaram. Eles acreditavam que a manifestação do poder de Deus em seus cultos estava repetindo a glória de Deus que invadiu o tabernáculo e o templo de Salomão na época bíblica.[59]

Com o tempo, grupos pentecostais passaram a estabelecer paralelos ainda mais literais entre a Terra Santa e o início de seu avivamento. Ensinos de pastores como David Wesley Myland (1858-

---

59 WILLIAMS, Joseph. "The pentecostalization of Christian Zionism". Church History, v. 84, Issue 1. p. 159-194, 2015. Disponível em: doi.org/10.1017/S0009640714001747. Acesso em: 29 set. 2022. p. 163-165.

1943) enfatizavam a ideia de uma "chuva serôdia" (a última chuva antes da colheita), dando um significado espiritual aos textos bíblicos sobre os períodos anuais de chuvas da Terra Santa (Deuteronômio 11:14; Zacarias 10:1).[60] Se na Palestina havia dois períodos de chuvas para fazer brotar a semente nos campos, então Deus também traria duas chuvas espirituais para fazer brotar um povo para seu reino. Assim, nascia a ideia de que haveria uma colheita final de salvos antes do fim, e essa colheita estaria ligada ao avivamento pentecostal. O avivamento por eles vivido no início do século XX, portanto, seria o último derramamento da chuva divina antes da segunda vinda de Cristo. Tal ideia nutriu um desejo de conexão com a terra de Israel a tal ponto que o aumento das chuvas reais em Jerusalém, pouco antes de 1908, foi diretamente associado à chuva espiritual derramada entre os pentecostais.[61] Pensando cronologicamente, o derramamento do Espírito Santo em Atos seriam as primeiras chuvas (chuva temporã), enquanto o derramamento do Espírito Santo no pentecostalismo do início do século XX seriam as últimas chuvas (chuva serôdia).

Por isso, a identidade hermenêutica pentecostal não está vinculada a um método de interpretação da Bíblia, seja histórico-gramatical, seja histórico-crítico, mas a uma "revivência da experiência" na leitura do texto sagrado. Sinais de glossolalia, batismo no Espírito Santo e profecias narrados em Atos são considerados os mesmos vividos pelas atuais comunidades pentecostais.[62] A certeza de estar vivendo o fim dos tempos manifestada pelo derramamento do Espírito Santo está entranhada no etos pentecostal.

Um dos resultados dessa conexão simbólica com a Terra Santa foi o ressurgimento de uma identidade judaica no seio do pentecostalismo. Exemplo curioso foi a retomada, por alguns pentecos-

---

60 A chuva temporã é a chuva do outono, as "primeiras chuvas", que acontecem no tempo do plantio das sementes. A chuva serôdia é a chuva da primavera, as "últimas chuvas", que fortalecem as plantações e preparam o solo pouco antes da colheita. WALTON, John. *Comentário histórico-cultural da Bíblia*: Antigo Testamento. São Paulo: Vida Nova, 2018. p. 234.
61 WILLIAMS, 2015, p. 167.
62 TERRA, Kenner. "Experiência no Espírito, racionalidade e hermenêutica", p. 173-205. In: SIQUEIRA, Gutierres; TERRA, Kenner. *Autoridade bíblica e experiência no Espírito*: a contribuição da hermenêutica pentecostal-carismática. Rio de Janeiro: Thomas Nelson Brasil, 2020. p. 198.

CAPÍTULO 9: O PROTESTANTISMO

tais americanos, de uma antiga narrativa britânica que afirmava serem os anglo-saxões os descendentes das dez tribos perdidas de Israel. No século XIX, essa narrativa alimentava a noção de superioridade imperial britânica. Da mesma forma, grupos afro-americanos pentecostais reivindicavam as dez tribos como ancestrais, ideia retomada com entusiasmo por pregadores como Frank Sandford (1862-1948) e Charles Fox Parham (1873-1929). Eles até mesmo incorporaram temas e rituais judaicos em seus cultos, o que reforçou um sentido ainda mais literal de identificação dos pentecostais com Israel. As liturgias dramatizadas fomentaram uma identificação bem mais abrangente com Israel do que a conexão por meio de concepções teológicas abstratas, solidificando uma "comunidade imaginada" baseada em supostos laços biológicos com o povo de Israel.[63]

Logo depois da Segunda Guerra Mundial, o movimento New Order of the Latter Rain [Nova Ordem da Chuva Tardia] criticava as igrejas tradicionais e pregava a restauração do poder da igreja primitiva pela via de profetas e apóstolos contemporâneos. Seus líderes traçaram paralelos entre a retomada do controle da Palestina pelos judeus e a fundação do Estado de Israel com a nova efusão do poder divino por eles recebidos. Ou seja, a restauração do Israel físico correspondia à restauração do Israel espiritual, composto pelos verdadeiros crentes.[64] Essa pregação foi bastante combatida pelas denominações tradicionais em face de sua novidade doutrinária, mas especialmente pelo autoritarismo de seus líderes. De qualquer maneira, desde então, cada vez mais igrejas pentecostais passaram a usar shofar, celebrar feriados judaicos, tremular a bandeira de Israel e ostentar a estrela de Davi, buscando, com isso, relembrar as raízes judaicas do cristianismo.[65]

Hoje parece-me que esse entusiasmo simbólico pelos símbolos judaicos não está tão impregnado no contexto pentecostal clássico.

---

63 WILLIAMS, 2015, p. 170-175.
64 WILLIAMS, 2015, p. 179.
65 WILLIAMS, 2015, p. 183.

Restou a bandeira de Israel nos púlpitos. Mas a profusão de símbolos judaicos como o talit e o shofar está muito evidente nos meios neopentecostais e em outros movimentos que buscam as origens cristãs, como, por exemplo, os restauracionismos.

Vamos, então, retomar aquilo que tenho desenvolvido neste capítulo em termos de entrecruzamento de narrativas. Se no dispensacionalismo a teologia se alimenta das notícias sobre o Estado de Israel, nos casos pentecostal e neopentecostal ocorre outro tipo de cruzamento, que se dá na identificação simbólica. As narrativas bíblicas passam a ser vividas na experiência de culto; os símbolos judaicos integram a liturgia pelo vínculo com o "povo de Deus" da Bíblia; e o Israel de hoje é celebrado como parte do grande mover de Deus na história, do qual esses grupos sentem fazer parte.

+ + +

Chegamos ao final de um longo caminho iniciado na Reforma Protestante do século XVI e concluído nos protestantes dos Estados Unidos do século XX. Os reformadores alçaram a Bíblia ao posto de única autoridade válida para a fundamentação teológica da igreja, ao mesmo tempo que rejeitaram grande parte da tradição simbólica e doutrinária pregressa. O olhar dos reformados estava posto na Antiguidade, no mito da origem do cristianismo, e seu desejo era retornar a uma fé mais pura. Nesse mesmo tempo, a Bíblia emergiu como o grande código de toda uma cultura ocidental.

O imaginário bíblico forjou a cultura anglo-saxã, especialmente a americana. Um literalismo bíblico radical preparou o terreno para a chegada do dispensacionalismo, a doutrina a impulsionar o retorno dos judeus ao imaginário protestante. Finalmente, brotou uma nova aproximação dos evangélicos com o contexto judaico pelo caminho do símbolo de base litúrgica — o que promoveu ainda mais entrecruzamentos narrativos entre Bíblia, judaísmo, Israel e fé cristã do que poderíamos imaginar.

Conclusão:
A IGREJA E A BÍBLIA

Observamos a emergência de muitas identidades cristãs ao longo da história, tanto no primeiro século como depois dele. Por isso, hoje falamos de muitos "cristianismos". Entretanto, há um fio condutor em todas as linhas: a centralidade da Bíblia cristã a partir de uma hermenêutica aplicada à Bíblia hebraica, relida sob a ótica de Jesus Cristo como cumprimento das profecias.

Assim, apesar de ter o mesmo ponto de partida, a interpretação cristã se diferenciou sensivelmente da judaica, que se firmou, até a Idade Média, na emergência do Talmude como interpretação da Torá. Além do entendimento de Jesus Cristo como o Messias de Israel, a vocação dos cristãos a proclamar em todo o mundo a vinda do Filho de Deus levou a debates cada vez mais intensos com a filosofia grega e o pensamento dos povos com os quais entravam em contato. Assim, se, por um lado, as Escrituras hebraicas foram cristianizadas pelos seguidores de Jesus, por outro, muitos elementos das culturas religiosas locais foram também cristianizados, assimilando-se metáforas e símbolos considerados "pontos de contato", passíveis de representar a fé do Cristo entre as nações.

Tamanho processo hermenêutico não escapou de controvérsias, resolvidas em concílios e ortodoxias, ou resultando em divisões que permanecem e se multiplicam até hoje. Assim, produziu-se uma pluralidade de tradições cristãs ao redor do mundo.

Durante esse processo, o que era mais explicitamente judaico entre os cristãos — como simbologia e liturgia — foi-se perdendo. Comunidades judaicas também sofreram um processo de marginalização crescente, chegando mesmo a se tornarem párias em sociedades cristianizadas da Europa. Podemos afirmar que a raiz do antissemitismo está nessa postura. Tal situação, entretanto, teria uma virada a partir da Reforma Protestante, impulsionada por dois fenômenos: a rejeição da tradição e a emergência da Bíblia cristã como única autoridade. Com o passar do tempo e a supremacia da hermenêutica literalista, os judeus ganharam novamente espaço no imaginário cristão como personagens literais das narrativas bíblicas, e não mais apenas como tipos dos cristãos que viriam. Sua existência voltou a ser legitimada.

Do literalismo bíblico radical, retornou a preocupação com os judeus e sua participação no Reino de Deus, governado por Jesus Cristo. Entretanto, permaneceu o fato de os diversos judaísmos não reconhecerem o pregador de Nazaré como o cumprimento das Escrituras. Isso é um problema para a escatologia cristã, especialmente nas vertentes milenaristas protestantes. A formação do Estado de Israel, por sua vez, reforçou a narrativa dos dispensacionalistas e de outras linhas escatológicas, que passaram a alimentar suas teologias com as notícias de jornais na ardente expectativa da volta de Cristo. Junto a esse movimento de entusiasmo por Israel, surgia uma nova vertente, pentecostal e neopentecostal, muito mais voltada ao aspecto simbólico da experiência dos tempos bíblicos, mas revivida na atualidade.

A Bíblia cristã está na base do fenômeno, pois é a fonte das metáforas e dos símbolos que movem as experiências do presente. Os entrecruzamentos das narrativas do nacionalismo judaico com as narrativas da escatologia evangélica produziram comunidades ardentemente interessadas no que acontece em Israel. Ao mesmo tempo, novas identidades evangélicas foram forjadas a partir de um imaginário bíblico supostamente original, livre da tradição "deturpada" pelo contato com as "culturas mundanas". Enfim, a multiplicação de identidades cristãs continua a pleno vapor, agora entrando no campo judaico e produzindo novas sínteses ainda mais plurais e híbridas do que no princípio. Sinais da globalização ou da busca de sentido no passado puro das origens?

Capítulo 10

BÍBLIA, ISRAEL E IGREJA

Percorremos uma longa trajetória. Tão longa e complexa que precisei dividir o livro em três partes para dar conta do tema. Afinal, são milênios de história. Na primeira parte, trabalhamos os conceitos que elucidam o fenômeno estudado: como nós, seres simbólicos e litúrgicos, nos relacionamos com a Bíblia e dela recebemos influências para construir nossas identidades. Esse "nós" foi verificado nas duas colossais tradições que cresceram tendo a Bíblia como livro fundador: judaísmo e cristianismo. Duas outras partes foram separadas para entendermos os processos hermenêuticos que levaram cada tradição a trilhar caminhos diferentes. Creio que essa retomada histórica tenha ajudado a compreender as razões para as semelhanças, mas principalmente para as diferenças, estabelecidas entre judeus e cristãos ao longo do tempo, embora partindo do mesmo texto.

Como a Bíblia produziu Israel e a igreja

A Bíblia é um livro exuberante. Sim, é a Palavra de Deus revelada para nossa salvação. Ela é a fonte de doutrinas, práticas, rituais e tudo o mais que compõe nossas tradições religiosas. Mas, como tratei no início, para além do aspecto sobrenatural da inspiração divina, a Bíblia também pode ser compreendida em seu caráter humano e natural. E, nesse aspecto, também continua a ser uma obra monumental. Simplesmente é o maior clássico literário de todos os tempos.

A Bíblia

A Bíblia é uma obra de literatura inovadora na Antiguidade: utilizando recursos da prosa, apresenta a realidade humana em toda a sua complexidade e em toda a sua contradição. Por isso, ela é profundamente verdadeira em sua apresentação de gente como eu e você. Apesar de narrar a vida de milhares de pessoas e comunidades, a Bíblia tem um único e grande personagem e agente central: Deus. Por isso, deve ser entendida por seu caráter teológico, como o depósito de discursos sobre Deus. A Bíblia é tão comprometida com o real que deve ser entendida também em sua polifonia, pois privilegia a diversidade de testemunhos dos antigos sobre seu Deus.

Dada a pluralidade de testemunhos, a Bíblia também inspira a pluralidade de interpretações. Isso causa certo constrangimento, uma vez que tendemos a fazer suas múltiplas vozes cantarem em uníssono em nossas teologias sistemáticas. A realidade, porém, é dura conosco, e descobrimos que os mesmos textos são interpretados de maneiras muito diferentes por cada comunidade interpretativa, com variações significativas até mesmo entre intérpretes da mesma tradição religiosa. Muitas vezes, cristãos não concordam com cristãos. Sinto isso na pele a cada postagem no Instagram, quando temas tão simples quanto a dieta dos patriarcas provoca debates entusiasmados. Retomarei esse problema na conclusão, quando, então, vou refletir sobre a questão da verdade.

CAPÍTULO 10: BÍBLIA, ISRAEL E IGREJA

Também vimos que os autores bíblicos utilizaram a metáfora como método principal ao falar sobre Deus. Invocando as vias indiretas da comparação, a Bíblia está repleta de símbolos profundos, relacionados com o que há de mais caro a nós. Os mitos fundadores combinam com o desejo de sermos escolhidos para propósitos especiais (chamada de Abraão); a ansiedade de sermos libertados de nossas escravidões (o êxodo); a expectativa de um salvador a nos conduzir àquilo que nos falta (o Messias). Os mitos são narrativas com início, meio e fim que nos contam o que é essencial sobre nós e sobre o que Deus pretende fazer. Então, as ideias de povo escolhido, êxodo e Messias se tornam imagens de outras realidades possíveis, a serem conduzidas pelo Deus que tudo promete e tudo executa.

A Bíblia, por sua estrutura de linguagem e a própria forma lacunar de seus textos, tem uma grande capacidade de ressonância. Seu potencial de sentido faz com que não fique presa nas histórias contadas do passado. As aventuras e desventuras de seus personagens são recontadas ao longo das eras, produzindo novas experiências e emprestando sentido à vida das pessoas pelo mundo afora.

A hermenêutica

Vista a potência criadora de sentidos, procuramos entender de que forma a Bíblia poderia ter tamanhas eficácia e penetrabilidade. Entramos no campo da hermenêutica, que se trata de investigar como um texto é compreendido e apropriado por seus leitores. Meu objetivo não era expor regras para fazer uma "boa interpretação", mas, sim, entender como ela acontece — e principalmente por que é tão vital para nós. Tratamos de uma hermenêutica mais profunda, uma hermenêutica filosófica que trata da "compreensão de si". Por isso examinamos o que é ser humano.

Os seres humanos são simbólicos por natureza. Os relacionamentos humanos são estabelecidos basicamente pela linguagem, o que nos diferencia sensivelmente dos animais. Somos seres que interpretam o próprio mundo e uns aos outros. De nossa linguagem, emergem os símbolos, caracterizados pelo fato de abrigarem múltiplos sentidos, mais profundos do que aquilo que expressam originalmente. Por isso a linguagem nunca é inequívoca, mas passível de interpretação. O símbolo não é unânime porque ele trata do ser, e este se diz de múltiplas maneiras. Não tenho como falar tudo a respeito de mim mesmo com uma única palavra, única frase ou mesmo um livro inteiro. Ou seja, o humano é um ser que necessita de interpretação.

Também vimos que somos seres que desejam. Nosso objetivo ou propósito de vida é regido pela imagem do que consideramos ser a felicidade. O que nos direciona é aquilo que amamos, e isso está relacionado muito mais com as experiências pelas quais nossos corpos e sentidos passaram do que por nossas opções racionais. Daí o entendimento de que somos seres litúrgicos, pois nossos desejos foram moldados pelos hábitos que recebemos por meio de histórias que nos foram recontadas ao longo da vida, assim como pelos rituais que reforçam essas histórias. Cotidianamente, nós os celebramos — na escola, na empresa, no estádio ou na igreja.

Isso nos levou ao terceiro caráter da experiência humana: o caráter narrativo. O mundo é uma profusão de acontecimentos que nos enlouqueceriam se os registrássemos todos de uma só vez. Cada dia da nossa vida é repleto de fatos que não têm razão em si mesmos. Então, precisamos organizar esse caos de uma forma que faça sentido. E o que empresta sentido é aquilo que entendemos com um propósito, com algo que tenha início, meio e fim. Por isso, a importância da narrativa. É o que fazemos quando buscamos um psicólogo ou mesmo quando escrevemos a história de nossas comunidades e até mesmo países: tomamos uma série de fatos esparsos e os organizamos em uma lógica própria que tenha sentido. Fazemos isso porque o ser humano necessita narrar para organizar a existência. Nossas narrativas, por sua vez, são expressões de entendimento de mundo que acabam fixadas em textos. Os textos têm uma peculiaridade que os diferencia brutalmente do enunciado oral: eles vão além de nós mesmos, eles descolam de seus autores

CAPÍTULO 10: BÍBLIA, ISRAEL E IGREJA 281

e chegam a leitores desconhecidos, que não têm, necessariamente, a mesma experiência de vida do autor. Assim, o texto provoca um estranhamento na recepção do leitor, que o absorve dentro de seu próprio entendimento do mundo.[1]

Outro aspecto que observamos na recepção de textos é que somos influenciados tanto por narrativas históricas, que pretendem apresentar os fatos do passado tal como ocorreram, como pelos textos ficcionais, que não tratam do que aconteceu, mas do que poderia ter acontecido. Ambos compõem o tempo humano. Somos estimulados tanto por obras históricas como pelos romances que nos emocionaram. Essas obras nos inspiram e produzem em nós imaginação de outras realidades possíveis. E por isso podem reformular o mundo, pois textos inspiram ações.

Considerando aquilo que verificamos a respeito do potencial ressonante das narrativas da Bíblia, e do ser humano como ser simbólico, litúrgico e narrativo, podemos compreender melhor o impacto dos textos bíblicos. Por isso a última parte da teoria tratou das identidades narrativas — como as identidades são forjadas a partir das histórias que as pessoas e comunidades contam sobre si mesmas; em nosso caso, como as identidades judaica e cristã se constituíram a partir das mesmas narrativas de origem.

As identidades judaica e cristã

Um nome, um título ou um cargo dizem muito pouco sobre nós. Para explicar quem somos, temos de contar histórias que nos situem em contextos, que apresentem de onde viemos, as escolhas que fizemos, nossas ideias e tudo mais. Isso não acontece apenas com pessoas, mas também com famílias, comunidades e até mesmo países. Onde há humanos, sempre haverá histórias. Construímos nossas identidades com narrativas que explicam nossa origem, nossos caminhos e esperanças. Foi assim que os antigos

---

1 Percebo isso claramente pelas formas como meus livros são entendidos pelos leitores. Há situações que me causam estranheza e me levam a perguntar: Como ele chegou a essa ideia? Se não há como controlar as interpretações dos leitores contemporâneos, imagine quando tratamos de um texto que foi escrito muitos séculos atrás.

judeus escreveram sobre seus encontros com Deus e deixaram registrados os textos que dariam origem à Bíblia hebraica. Foi assim que alguns judeus desse mesmo povo escreveram sobre seus encontros com Jesus de Nazaré e deixaram registrados os textos que dariam origem à Bíblia cristã. Das histórias vividas, brotaram as narrativas fixadas em textos, e esses mesmos textos viriam a alimentar experiência e esperança de novas gerações das mesmas comunidades.

Assim, observamos a formação de duas grandes tradições religiosas derivadas da mesma origem histórica: a judaica e a cristã. Um primeiro dado importante sobre a construção das identidades é que as próprias comunidades de fé delimitam a interpretação de seus textos sagrados. Por essa razão, as tradições judaicas foram tão diferentes das tradições cristãs. Apesar de terem iniciado nas mesmas revelações dos textos hebraicos, delimitaram suas interpretações a partir de entendimentos diversos. O judaísmo centralizou seu desenvolvimento simbólico e cultural no entorno do Talmude, a tradição constituída sobre a Mishná como interpretação da Torá; o cristianismo entendeu que Jesus Cristo era o cumprimento das Escrituras, apontando para a realização presente das expectativas hebraicas do passado. Por isso, há uma imensa diferença entre a Bíblia cristã, lida à luz do Cristo ressuscitado, e a Bíblia hebraica, lida pelos judeus à luz do Talmude.[2] A Bíblia com Jesus produz um tipo de interpretação, enquanto a Bíblia sem Jesus produz outra, bastante diferente, podendo ser complementar ou mesmo contraditória, como atestam os professores Amy-Jill Levine e Marc Zvi Brettler:

> Às vezes, as leituras judaicas e cristãs podem complementar uma à outra; outras, uma comunidade adota uma leitura que a outra pode achar impossível. As semelhantes estratégias de leitura podem levar a conclusões completamente diferentes, já que a interpretação depende de um referencial em particular, tanto na vida judaica como na doutrina cristã.[3]

---

2   GEFFRÉ, 2004, p. 191.
3   LEVINE, Amy-Jill; BRETTLER, Marc Z. *A Bíblia com e sem Jesus*: como judeus e cristãos leem as mesmas histórias com diferentes perspectivas. Rio de Janeiro: Thomas Nelson Brasil, 2022. p. 50.

CAPÍTULO 10: BÍBLIA, ISRAEL E IGREJA   283

O resultado foi a produção de tradições completamente separadas, com universos simbólicos ricos e próprios, embora provenientes da mesma origem de mitos, metáforas e símbolos. Isso acontece
especialmente porque as narrativas originais não são estáticas, mas
exercem a função mítica de apresentar a origem e a essência de um
povo que continua vivendo novas experiências e tem novos horizontes de vida. Assim, elas são sempre aprimoradas e expandidas
para novos sentidos. O êxodo foi relembrado e recontado pelos
antigos judeus em festas anuais da Páscoa; serviu também como
base para contar outros "êxodos", como o de Abraão e até mesmo
o exílio de Judá. *Exodus* era o nome do navio que conduzia os refugiados judeus da Europa para a Palestina, em 1947. E o mesmo
êxodo forneceu a estrutura narrativa para os evangelistas contarem
a história de Jesus, ressuscitado no dia da Páscoa, com toda a sua
carga de significados relacionados ao cordeiro pascal. E essa mesma Páscoa se desdobrou em novos símbolos e festividades cristãs
ao longo de milênios.

Mas nossas identidades também são construídas em relação ao
que esperamos do futuro. A interpretação cristã foi firmada em Jesus, à luz de seus feitos ou ditos, como cumprimento de algo aguardado no Antigo Testamento; já a interpretação judaica partiu unicamente do texto da Bíblia hebraica, nunca remetendo a qualquer
acontecimento posterior ao cânon, pois não buscava seu sentido
em uma salvação realizada, mas ainda aguardada.[4] Há uma grande diferença entre as comunidades judaica e cristã: enquanto uma
aguarda o Messias, a outra crê que já o recebeu e espera sua volta. A
hermenêutica da mesma Bíblia hebraica muda a partir dessa perspectiva.

As narrativas bíblicas também são replicadas na vida cotidiana das pessoas crentes. Assim, tanto judeus como cristãos tomam
Abraão como pai de suas experiências de fé e seguem seu exemplo

---

4   TREBOLLE BARRERA, 1995, p. 597.

na caminhada com Deus. A Bíblia estimula comunidades judaicas e cristãs a progredir na vida e nos empreendimentos. Foi assim que os puritanos peregrinos conquistaram sua Terra Prometida na América, e os judeus reconquistaram sua pátria depois da Segunda Guerra Mundial — ambos estimulados pelo imaginário de outra realidade possível. Além disso, por vezes essas narrativas se entrecruzam: a história recente do Estado de Israel bebe das narrativas bíblicas para produzir seu nacionalismo, e os protestantes entusiasmados pela escatologia observam tal história com interesse especial não por causa dos judeus, mas por seu próprio futuro e esperança.

Enfim, o estudo das identidades narrativas é fascinante. E ainda mais fascinante quando o observamos sob a ótica do maior de todos os livros, a Bíblia, e das comunidades desenvolvidas no entorno de suas ressonâncias. Reverberações para todos os lados, multiplicando identidades até dentro da mesma tradição. Assim, não há apenas um judaísmo, nem um cristianismo, embora todas as vertentes reivindiquem, sem qualquer sombra de dúvida, serem absolutamente fiéis ao passado original e puro, quando tudo começou.

Judeus e cristãos no Brasil

Ao longo deste livro, apresentei uma história global do judaísmo e do cristianismo. O Brasil esteve na rota das duas tradições, embora a judaica seja minoria em terras brasileiras. Vamos dar uma olhada rápida para compreender quais tipos de judaísmo e cristianismo temos no Brasil.

Os judeus no Brasil

Os judeus no Brasil se concentram em grandes centros urbanos, apresentam alta escolaridade e renda acima da média. Em geral, são brancos, de origem europeia e formação superior. Têm origem nas duas vertentes fundamentais do judaísmo: a sefardita e asquenaze. Os judeus sefarditas, de formação religiosa tradicional, vieram de dois grupos: uma imigração minoritária ao final da Primeira Guerra Mundial, formando instituições comunitárias; e outra imigração majoritária na passagem dos anos 1940 a 1950. Já os judeus asquenazes são resultado de uma imigração contínua desde os anos 1920, de diversas origens europeias, desenvolvendo comunidades que tentaram reproduzir no Brasil a vida de seus locais de origem, não apenas em termos religiosos, mas também totalmente seculares. Constituíram tanto sinagogas ortodoxas como instituições judaicas de cunho cultural e político. Devemos, portanto, compreender que aquele que se apresenta como judeu no Brasil pode ser tanto um praticante fervoroso dos preceitos da religião como alguém totalmente secular, ligado à comunidade por cultura, fator étnico ou identificação histórica.[5]

Conforme contei na introdução, tive contato com vários judeus ao longo da vida, mas nenhum deles era religioso. Isso significa que alguns simplesmente não professam a religião judaica, eventualmente cumprindo ritos na sinagoga apenas por tradição familiar. Por outro lado, as comunidades judaicas são plurais e um tanto elitizadas ou relativamente isoladas se comparadas com outras camadas da população brasileira.

Os cristãos no Brasil

O Brasil é um país de base católica. Embora o catolicismo tenha decrescido, em 2021 ainda representava a maioria da confissão religiosa no Brasil, em torno de 50%.[6] Mas não imagine esse universo católico como monolítico. Muitas mudanças aconteceram nas últimas décadas. Antes do Concílio do Vaticano II (1962-1965), ser católico romano era algo evidente e claro para o brasileiro médio: significava ir à missa aos domingos, prestar culto à Virgem e obedecer ao Papa. Depois, a variedade tomou conta: a Fraternidade Pio X, a Opus Dei, a Renovação Carismática, os Focolarinos, as

---

5   MAGALHÃES, Thamiris. "Cultura judaica e brasileira. Uma síntese?", *IHU On-line, Revista do Instituto Humanitas Unisinos*, ed. 400, 2012. Disponível em: www.ihuonline.unisinos.br/artigo/4596-monica-grin--e-michel-gherman. Acesso em: 29 set. 2022.

6   ALVES, Eduardo Leandro. *A sociedade brasileira e o pentecostalismo clássico*: razões socioculturais entre a teologia pentecostal e a religiosidade brasileira. Rio de Janeiro: CPAD, 2021. p. 57.

Comunidades Eclesiais de Base e a Pastoral da Terra são alguns exemplos da diversidade da Igreja Católica, com cada grupo pensando a identidade católica romana de maneira completamente diferente do outro.[7]

Se tamanha pluralidade pode ser percebida dentro de um organismo de milenar tradição como a católica romana, imagine o que acontece no protestantismo, cuja origem remete ao rompimento com a tradição. Devemos lembrar que o protestantismo já veio fragmentado para o Brasil. A historiografia o tem classificado em três grandes vertentes: a de imigração, a de caráter missionário e o pentecostalismo. Na minha opinião, todas essas três vertentes básicas têm bases históricas que remetem aos Estados Unidos. O *protestantismo de imigração*, que aqui no Brasil é majoritariamente luterano de matriz alemã, também teve um representante americano, o Sínodo do Missouri. O *protestantismo missionário* foi resultado do empenho nas missões oriundo dos Estados Unidos em quase todas as grandes denominações históricas (como batista, metodista, episcopal e presbiteriana). Finalmente, o *pentecostalismo clássico*, como a Assembleia de Deus, embora tenha tido origem europeia, passou por um intenso processo de inovação teológica e institucional, com a afluência de missionários americanos a partir dos anos 1950. Já as novas *ondas pentecostais* (como a Igreja Quadrangular, O Brasil para Cristo) e depois as *neopentecostais* também bebem na fonte da teologia americana. A teologia da prosperidade, por exemplo, nasceu e foi projetada mundialmente a partir dos Estados Unidos. Tal origem significou também a absorção de algumas características do movimento protestante americano, entre as quais se destacam o fundamentalismo e o milenarismo dispensacionalista como base doutrinária para a escatologia brasileira.[8]

---

7   ZUGNO, Vanildo Luiz. *Vocês todos são irmãos!* Reflexões sobre a identidade e vida religiosa. Porto Alegre: ESTEF, 2013. Disponível em: freivanildo.files.wordpress.com/2020/09/voces-todos-sao-irmaos.pdf. Acesso em: 29 set. 2022, p. 17.

8   Para entender melhor a origem e a influência do protestantismo norte-americano sobre o brasileiro, veja a pesquisa que publiquei em WACHHOLZ, Wilhelm; REINKE, André Daniel. "'Pela paz em Jerusalém': a origem do sionismo cristão, sua influência na igreja protestante brasileira e sua atuação no Congresso Nacional", p. 253-273, *Revista Brasileira de História das Religiões*, v. 13, n. 37, maio/ago. 2020. Disponível em: periodicos.uem.br/ojs/index.php/RbhrAnpuh/article/view/51190. Acesso em 29 set. 2022, p. 262-264.

CAPÍTULO 10: BÍBLIA, ISRAEL E IGREJA

Essa forte ligação do contexto protestante brasileiro com os Estados Unidos esclarece a semelhança que você deve ter percebido na descrição que fiz do protestantismo anglo-saxão com o que você encontra no Brasil e possivelmente em sua igreja. Essa foi a razão para eu ter me concentrado nessa linha histórica no Capítulo 9. Ela está firmemente encravada em nossas tradições.

Além da influência americana nas mais variadas denominações, temos ainda de considerar o absoluto sucesso do pentecostalismo entre os brasileiros. O neopentecostalismo também caminhou na esteira desse sucesso. O crescimento de evangélicos ultrapassou 30% da população e, hoje, o Brasil é a sede do maior movimento pentecostal do mundo.[9] O pentecostalismo é o protestantismo que deu certo no Brasil.

O olhar das igrejas evangélicas brasileiras para Israel

Se a história do judaísmo e do cristianismo foi marcada pela separação e até mesmo pela hostilidade, dois desenvolvimentos recentes levaram a uma reaproximação das tradições, conforme verificamos no final do capítulo anterior.

O primeiro desenvolvimento ocorreu pela vertente protestante do cristianismo, que rejeitou a autoridade da tradição e reposicionou a Bíblia não apenas como *uma* autoridade, mas como a *única* autoridade. A prioridade da interpretação literalista sobre as demais trouxe de volta a atenção ao povo judeu literal. O segundo desenvolvimento foi pela vertente sionista do judaísmo. O nacionalismo laico e moderno de Israel reposicionou a Bíblia não mais como Escritura Sagrada, mas como origem dos mitos fundadores da nação. Ou seja, ela laicizou a Bíblia como uma fonte histórica para provar a posse da Terra Santa, além de resgatar de suas páginas o panteão de mitos e heróis a inspirarem sua Aliá e posterior independência.

---

9   ALVES, 2021, p. 56-59.

Esses dois desenvolvimentos — o retorno do judeu literal para o imaginário protestante e a emergência do Estado de Israel com um discurso fundante na Bíblia — impulsionaram o entusiasmo protestante pelas profecias escatológicas. Isso fez emergir um apoio aos judeus e à sua causa nacional como nunca se viu na história do cristianismo. Também trouxe uma inovação litúrgica em vertentes pentecostais e neopentecostais: o uso da simbologia judaica nos cultos cristãos. Esse entusiasmo pelos judeus revela um problema que preciso considerar.

O Israel imaginado pelos protestantes

Até agora, tenho falado muito da pluralidade do judaísmo e do cristianismo, e nessa reta final abordamos também a pluralidade do protestantismo e de seus derivados no contexto brasileiro atual. Neste ponto, preciso ressaltar uma questão importante: na atualidade, não é possível classificar precisamente como é um judeu, assim como não é possível defender uma identidade única que defina um cristão. Como verificamos na segunda parte, o desenvolvimento histórico da diáspora judaica levou à consolidação de diversos judaísmos e, no mundo contemporâneo, a diversas formas de ser e se identificar como judeu. Dentro dessa cultura, podem ser encontrados tanto judeus ultraortodoxos como ateus, tanto pessoas preocupadas seriamente com questões religiosas como outras absolutamente laicas em suas expectativas, tanto conservadores como progressistas em se tratando de concepções políticas. Como qualquer Estado nacional, Israel é um país portador de imensa pluralidade.

No Brasil, a questão se complica porque aqui o judaísmo é minoritário e distante da realidade da maioria das igrejas cristãs, incluindo as protestantes, e principalmente da grande massa pentecostal e neopentecostal. Esse fato traz consigo um perigo: que os protestantes que apoiam Israel ou imitam os símbolos dos judeus não os conheçam nem os compreendam em suas especificidades.

CAPÍTULO 10: BÍBLIA, ISRAEL E IGREJA

Essa também é a percepção de Igor Sabino, cientista político que tem pesquisado a questão judaica do antissemitismo e defendido a causa de um novo sionismo cristão. Para ele, a maioria dos evangélicos que expressa sinceramente seu amor a Israel jamais conversou com um judeu.[10]

Voltamos àquele estranhamento que eu senti com o judeu ultraortodoxo fumando. Meu choque com a cena revelou minha ignorância. Na verdade, a imagem de judeu que estava em minha mente não era a de um judeu real, mas a de um judeu imaginado de acordo com minhas cargas de leitura, teologias e doutrinas. E tudo isso deslocado no tempo, baseado no entendimento de como se comportavam os personagens da Bíblia segundo uma perspectiva bem protestante. Então, temos de retomar um aspecto importante que também apresentei ao tratarmos da hermenêutica filosófica de Paul Ricoeur: o símbolo dá o que pensar, mas também carrega potencial para produzir confusões, derivações fantasiosas e imaginários desvinculados do real. O resultado é que misturamos em nosso imaginário o judeu da Antiguidade com o medieval e o contemporâneo. Muitas pessoas entusiasmadas com o judaísmo de Jesus o imaginam como um sefardita do século XIII e aplicam às suas liturgias as práticas judaicas medievais como se fossem as mesmas da igreja primitiva de Atos. A bandeira de Israel é tremulada como se representasse os mandamentos divinos ou fosse uma manifestação simbólica da teocracia do antigo Israel redivivo.

Esse tipo de anacronismo foi percebido pela antropóloga Sonia Bloomfield Ramagem. Ela trabalhou, durante muitos anos, na Seção Cultural da Embaixada Israelense no Brasil. O fato de ela atuar na recepção lhe rendeu uma boa experiência sobre as expectativas protestantes em relação a Israel e aos judeus em geral. O que Ramagem descobriu foi que os pentecostais percebem os judeus como entidades míticas, e não como seres reais em um Estado moderno.

---

10 SABINO, Igor. *Por amor aos patriarcas:* reflexões brasileiras sobre antissemitismo e sionismo cristãos. Brasília: Editora 371, 2020. p. 23.

O Israel que os pentecostais amam e com o qual se identificam é um Israel idealizado, parecido com o descrito na Bíblia. Além disso, eles identificam suas próprias lutas com os sofrimentos de Israel ao longo da história.[11] Os pentecostais com quem ela interagia ficavam surpresos com o fato de ela não estar usando "aquelas roupas", referindo-se a longas túnicas, mantos e véus associados às figuras bíblicas. Os visitantes também manifestavam estranhamento com o comportamento moderno dos judeus em geral. Para Ramagem, foi fácil perceber que o Israel procurado não era aquele encontrado na Embaixada, onde havia homens de terno e mulheres de saias ou calças, ou o Israel dos folhetos turísticos. O Israel dos protestantes é uma Terra Santa atemporal. Por isso, muitos visitantes se decepcionavam e deixavam de frequentar os espaços judaicos. Ou seja, o Estado de Israel existente não pode ser o verdadeiro Israel, pois este deveria ser um país santo e diferente dos demais países. Simplesmente os judeus encontrados não estavam de acordo com as ideias de como um judeu deveria ser.[12]

O sociólogo Michel Gherman também pesquisou a relação dos pentecostais com os judeus. Segundo ele, nas igrejas há um processo de "santificação" do povo e do Estado de Israel, as quais veem certa propriedade mágica em seus símbolos e objetos culturais. Na conversão, o fiel assumiria uma nova identidade, a qual se aproximaria da imagem dos judeus e de Israel. Desde esse momento, eles se sentem parte do "Povo Escolhido" e do imaginário do Reino de Israel, do qual são sujeitos.[13] Nessa nova configuração identitária, os pentecostais também converteriam os judeus modernos e o Estado de Israel contemporâneo à sua perspectiva bíblica. Como Gherman conclui, "o uso de objetos religiosos judaicos é visto como parte de um processo de 'autoconversão e conversão do outro'".[14]

---

11   RAMAGEM, Sonia Bloomfield. "Jews as perceived by neo-evangelicals in Brazil", p. 235-249. In: Judaica Latinoamericana. Jerusalém: Universidad Hebrea, 2001. p. 242.
12   RAMAGEM, 2001, p. 246-247.
13   GHERMAN, Michel. "Deus e Diabo na Terra Santa: pentecostalismo brasileiro em Israel". WebMosaica, *Revista do Instituto Cultural Judaico Marc Chagall*, v. 1, n. 1, jan.-jun. 2009, p. 58. Disponível em: seer.ufrgs.br/webmosaica/article/view/9767. Acesso em: 29 set. 2022.
14   GHERMAN, 2009, p. 59.

Ou seja, quando o povo protestante encontra o judeu e o Israel reais, fica escancarada a crise pela contradição com o judeu e o Israel imaginados. Na minha opinião, esse é um problema duplo, porque o Israel histórico descrito na Bíblia também é imaginado de acordo com pressupostos e teologias bem cristãos. Esse foi justamente um dos motivos principais para eu ter escrito *Aqueles da Bíblia:* tentar aproximar nossa imaginação sobre o antigo Israel de sua realidade histórica. Então, temos um duplo problema em andamento: o protestante imagina os judeus, tanto do antigo Israel da Bíblia como do atual Estado de Israel, de acordo com sua própria imagem e semelhança.

Problemas para reflexão

Temos um problema de diálogo religioso nas mãos. Não existe relacionamento entre as comunidades judaicas e protestantes no Brasil. A maioria dos cristãos simplesmente não conhece a cultura judaica e, quando se aproxima dela, cai em um anacronismo: imaginar os judeus do tempo de Jesus com os hábitos e práticas do judaísmo atual ou vice-versa. Ou, então, copiam vestimentas, símbolos e liturgias que nem sequer são bíblicos, mas oriundos de tradições construídas séculos depois de Cristo, imaginando estarem mais próximos das tradições judaicas do tempo dos apóstolos.

Penso que o maior problema é o olhar protestante sobre os judeus chegar por vias indiretas, por meio de livros judaicos ou de pesquisas na internet. No geral, parece-me que a maioria dos membros das igrejas não tem conhecidos judeus. Lembro aqui do que comentei na introdução: eu tive muitos colegas de origem judaica no trabalho e na faculdade, mas nenhum deles era religioso. Eu simplesmente não os entendia como judeus porque não se adequavam à imagem que eu tinha de um judeu. Fico pensando se isso não é um sentimento antissemita, pois desacredita a identidade real a partir de um ideal.

Esse imaginário parcial fica ainda mais ressaltado quando viajamos para Israel e visitamos apenas aquilo que remete aos nossos interesses bíblicos. Nada de Tel Aviv e de sua famosa parada gay, já que ela não cabe em nosso conceito de Israel. Com isso, acabamos criando uma imagem moldada que corresponde muito mais às nossas próprias expectativas do que à realidade complexa do verdadeiro Israel.

Mas como estabelecer diálogo entre cristãos e judeus, ou no caso específico deste livro, entre protestantes e judeus, se estes não são vistos como de fato são, mas, sim, por uma representação espelhada da perspectiva cristã? Por isso, tenho refletido ao longo do livro a respeito das identidades narrativas. Elas apresentam discursos. Isso não significa que os fatos são inventados, mas que são lidos a partir de perspectivas e experiências muito próprias. Porém, se a nossa aproximação acontece com um judeu imaginado, continuamos tão distantes dos reais quanto o cristianismo esteve durante séculos e séculos. Temos de rever o caminho que estamos trilhando.

Enfim, neste livro procurei suprir um pouco da deficiência no conhecimento da complexidade tanto de Israel como da igreja. Tentei esboçar algumas linhas gerais da história desses dois colossos culturais para compreendermos como chegamos aqui. E que possamos entender melhor o que é essa cultura judaica que tanto admiramos — e desconhecemos!

CONCLUSÃO

Cada um de nós crê que a interpretação da Bíblia que segue é a correta. As pessoas confessam sinceramente determinada religião. Eu sou de família batista e permaneço nessa tradição porque acredito que nossas crenças estão ancoradas na verdade. Por isso também estou educando meus filhos no mesmo caminho. Enfim, este é um ensino bíblico: "Educa a criança no caminho em que deve andar; e até quando envelhecer não se desviará dele" (Provérbios 22:6, ACF). Creio firmemente na doutrina cristã e confio a Jesus minha existência e minha esperança, a ponto de desejar que toda a minha família siga no mesmo lugar.

Acredito em uma verdade eterna e absoluta, e creio que estou próximo dela na tradição em que vivo. Se eu achasse que é uma mentira ou algum tipo de ilusão, naturalmente a teria deixado. Mas não é o caso. Penso que o mesmo acontece com os crentes de outras vertentes cristãs. Mas também preciso aceitar o fato de que pessoas de tradições judaicas — e de tantas outras religiões — também estão convictas de sua posição junto à verdade.

Então, surge o problema final de minha reflexão. A verdade que eu entendo como eterna e absoluta precisa entrar em diálogo com as pessoas que acreditam de outra maneira. Pessoas que são diferentes de mim e que também estão defendendo a verdade.

O problema na busca pela verdade

Volto a Paul Ricoeur para nos auxiliar no dilema da busca da verdade. Segundo o filósofo, vivemos entre dois polos na caminhada humana interpretativa da realidade: por um lado, devemos levar em conta a absoluta validade da ideia de verdade; por outro, considerar a indiscutível finitude da compreensão humana. Ou seja, existe uma verdade, ela é absoluta e imutável, mas não conseguimos ter acesso pleno e direto a ela justamente porque somos falhos e limitados em nossa percepção. Nunca conseguiremos ver o todo, mas apenas parte dele. Por isso, para Ricoeur, nunca poderemos discernir uma verdade absoluta, mas apenas uma *verdade presumida*.[1] Temos conclusões sobre a verdade em diversos níveis, mas essas conclusões não podem ser tomadas como definitivas.

Mas nós, cristãos, não temos a revelação divina da verdade? Bem, os judeus também afirmam isso e partem do mesmo livro inspirado; veja, porém, como chegaram a lugares diferentes de nós. Volto a James Smith. Em sua obra A queda da interpretação, o filósofo defende que esse lapso entre a realidade e a pessoa humana, essa incapacidade de ver o todo, não está relacionada apenas à Queda, que é justamente o evento que nos separou de Deus e, portanto, da verdade plena. Ele entende que a intersubjetividade e a finitude são condições naturais e criacionais do ser humano. Em outras palavras, o ser humano não é um ser que precisa interpretar o mundo porque caiu e ficou com a visão falha da realidade; pelo contrário, essa condição seria parte essencial de ser e viver no mundo. É a condição fundamental de criatura: finita e interpretadora. Daí a

---

1   RICOEUR, 2010, v. 3, p. 387.

CONCLUSÃO 295

universalidade da hermenêutica, da necessidade de interpretação. Isso não acontece apenas para as pessoas sobreviverem no mundo, mas para se enriquecerem e crescerem mutuamente.[2] A interpretação da realidade significa também conviver com a interpretação de outra pessoa. E formas diferentes de perceber a mesma realidade podem incrementar e melhorar a minha leitura do mundo.

Vou dar um exemplo prático nos estudos historiográficos para você entender como isso funciona. Uma vez que estão diante de verdades presumidas, os historiadores precisam realizar uma "retificação sem-fim" de seu discurso a partir das novas descobertas de documentos e vestígios do passado.[3] Isso significa que há uma espécie de consenso historiográfico sobre determinado fato do passado, mas que está em permanente construção. Veja o caso da escravização negra no Brasil Colonial. Esse foi um sistema absurdamente desumano e cruel, com regimes de trabalho exaustivos e marcados por todo tipo de violência. Entretanto, as novas pesquisas baseadas em documentos que ainda não haviam sido investigados não desqualificaram os trabalhos anteriores nem mudaram suas narrativas. Elas aprofundaram o tema, mostrando, por exemplo, os focos de resistência negra, ou as peculiaridades do sistema escravista, permitindo brechas e jogos de negociação. Isso não significa que se passou a considerar a escravidão mais suave, mas os historiadores repensaram os limites dos escravizados na conquista de suas liberdades. É uma retificação constante do discurso, mas no sentido construtivo do conhecimento histórico.

Os historiadores acreditam haver decifrado o passado e apresentado uma narrativa vinculada à realidade. Mas eles também sabem que podem ter errado o alvo. Acreditam que existe uma verdade absoluta a ser buscada, um fato realmente ocorrido, e que esse fato está sendo apresentado da melhor maneira possível em seus artigos ou livros. Entretanto, eles sabem que a narrativa que estão apresentando está sujeita à revisão porque as conclusões podem ter sido

---

2   SMITH, James K. A. *A queda da interpretação:* fundamentos filosóficos para uma hermenêutica criacional. Rio de Janeiro: Thomas Nelson Brasil, 2021. p. 219-220.
3   RICOEUR, 2010, v. 3, p. 263.

equivocadas em determinado ponto, ou o fato descrito talvez apresente mais nuances do que antes descoberto. Por isso, é necessário ter humildade epistemológica no garimpo humano pela verdade. Não somos donos da verdade dos fatos e do mundo, e precisamos reconhecer isso — em qualquer área.

Isso significa que tudo é apenas discurso e que não é possível encontrar a realidade buscada? Não se cairia, nesse caso, no relativismo? Voltando a Smith, a resposta é negativa. Há limites na interpretação. Esses limites estão postos nas próprias coisas da realidade, seu horizonte estrutural — o que está *diante* ou *fora* da interpretação, os "transcendentais empíricos". A interpretação é plural, mas a realidade não permite um número infinito de possibilidades interpretativas. A interpretação "não é meramente uma apropriação subjetiva: é a construção subjetiva de uma realidade objetiva".[4] Nosso discurso sobre a realidade é parcial e sujeito às falhas de nossa percepção, mas a realidade é concreta, apesar de sua complexidade. A própria realidade não permite que eu olhe para um elefante e diga que ele é menor que um rato. Assim, a interpretação do que vejo está limitada pelo próprio fato. Não posso simplesmente afirmar *qualquer coisa*.

Com isso em mente, volto para a questão do diálogo entre judeus e protestantes. Ambos estão empenhados na busca da verdade sobre seu passado, que reverbera no presente e certamente terá implicações no futuro. Parto do princípio de que todos defendem suas ideias porque creem estar ancoradas na verdade. As pessoas não assumem crenças que consideram mentira. Então, entro no dilema dos discursos tão diferentes de cristãos e judeus. A cristologia é ponto central da discordância, o que produziu uma distância enorme, tanto teológica como cultural e litúrgica. Somado a esse princípio hermenêutico diferente, também ficou o resquício histórico de mágoa e desconfiança que remete a séculos de opressão ou discriminação da parte dos cristãos. Como lidar com isso?

---

4   SMITH, 2021, p. 253.

Breves sugestões para o diálogo religioso

Não pretendo aqui apresentar uma solução para o problema do relacionamento entre judeus e cristãos. Pessoas muito mais sábias que eu podem elaborar teses melhores e talvez tenham influência para produzir algo prático. O que posso fazer é sugerir algumas posturas para aproximar os debates.

Invoco o teólogo croata Miroslav Volf. Para ele, o debate público entre as religiões deve acontecer a partir da própria voz religiosa, considerando que cada religião é irredutivelmente diversa da outra. O que é mais importante para qualquer religião é justamente o que a diferencia das outras. No meu caso, como cristão, entendo que o irredutível da minha fé é Jesus Cristo. Desejo que todos os povos o conheçam e que os judeus o recebam como o Messias de Israel. Por outro lado, há concordâncias da religião que confesso com o judaísmo e todas as outras religiões do mundo. É uma abordagem ruim tanto a concentração nas igualdades entre as religiões como apenas em suas diferenças. Assim, a melhor saída seria buscar os recursos internos de cada religião para o fomento de uma cultura de paz. Pensando na tradição da qual eu — e provavelmente a maior parte dos meus leitores — faço parte, quais seriam os recursos de que os cristãos dispõem para uma cultura de paz? Para Miroslav, são dois: o amor e a natureza da identidade.[5]

O amor para a cultura de paz

O amor é simplesmente o centro da fé cristã. Deus amou o mundo pecaminoso e Cristo morreu pelos ímpios (João 3:16; Romanos 5:6), razão pela qual os discípulos de Jesus devem também amar ao próximo como a si mesmos (Mateus 22:37-39).[6] Esse amor se relaciona com a verdade, mas em sentido muito maior do que enunciar corretamente a realidade. Claro que há uma verdade que

---

5   VOLF, Miroslav. *Uma fé pública*: como o cristão pode contribuir para o bem comum. São Paulo: Mundo Cristão, 2018. p. 156-159.
6   VOLF, 2018, p. 158.

descobrimos racionalmente no estudo consciente da Bíblia. Entretanto, aproximamo-nos do conteúdo dessa verdade pelo nível inconsciente, por meio das metáforas que moldam a compreensão da verdade.[7] Então, o que define a verdade no Novo Testamento não são tanto as proposições doutrinárias, também presentes no texto bíblico, mas a relação do povo de Deus com um caminho, uma *ortopodia*. Há um jeito certo de caminhar, e esse jeito é viver a vida espelhado em Jesus por meio do discipulado aprendido durante a própria caminhada.[8] Assim, a verdade do evangelho pode ser comprovada na vida das pessoas que se relacionam com Jesus, produzindo uma consciência da morte e da ressurreição que se replica na experiência de ser liberto de si mesmo para ser posto a serviço do próximo.[9] O serviço ao próximo é fundamentalmente expressão do amor de Deus atuando na vida do cristão.

Por isso hermeneutas como Anne-Marie Pelletier afirmam que o maior critério hermenêutico continua sendo o do amor. Santo Agostinho apresentou uma ideia radical de que, se a interpretação de um texto edificou o amor, mesmo que não tenha refletido o pensamento original do autor, não houve erro nem qualquer mentira.[10] Tal ideia é inconcebível para a hermenêutica contemporânea. Entretanto, "a caridade supera os limites da pesquisa que ela constitui, na verdade, em seu verdadeiro horizonte". Assim, o melhor sentido de uma interpretação é prático, invocando um agir do leitor que, em última instância, é o amor. E a perfeição do amor anda de mãos dadas com a humildade.[11]

Então, amor e humildade são os primeiros requisitos para dialogarmos com outras tradições religiosas, tanto as de dentro do cristianismo como as do judaísmo — e quiçá de outras religiões!

---

7   MUELLER, Enio R. *Teologia cristã*: em poucas palavras. São Paulo: Teológica; São Leopoldo: Escola Superior de Teologia, 2005. p. 15-20.
8   MUELLER, 2005. p. 24-25.
9   MUELLER, 2005, p. 37.
10   AGOSTINHO. *A doutrina cristã*: manual de exegese e formação cristã. São Paulo: Paulus, 2002. [Patrística, 17]. Livro I, XXXVI, 40.
11   PELLETIER, 2006, p. 189-190.

Há um jeito certo de falar e um jeito certo de defender a própria fé, marcado por amabilidade e respeito (2Timóteo 2:24; 1Pedro 3:15). Apologia e diálogo religioso têm de ter a cara de Jesus.

Conhecer as identidades para a cultura de paz

O segundo ponto considerado por Miroslav Volf diz respeito às identidades, exatamente o tema central deste livro. Cada identidade tem suas fronteiras, em relação às quais algumas questões estão incluídas e outras excluídas. Cada religião tem suas características; do contrário, não haveria qualquer identidade. Entretanto, as necessárias fronteiras de cada religião não devem ser impermeáveis, mas podem ser eventualmente atravessadas. Isso acontece, segundo Volf, porque "os contatos com outros não servem apenas para afirmar nossa posição e reivindicar nosso território; eles são também ocasiões para aprender e ensinar". Manter a própria fronteira religiosa mais elástica requer uma atitude bastante positiva para com o outro, em sintonia com o mandamento de amar ao próximo.[12]

Isso significa também que estão em pauta perspectivas diferentes de "amor" e "ser humano". Cada uma das religiões considera a própria visão como expressão plena da verdade, da existência e da realidade. Suas afirmações pretendem ter validade universal, embora partam de pontos de vista particulares. Essa característica se aplica perfeitamente ao caso judaico e ao cristão. Por isso, Volf propõe que haja uma troca entre as religiões na "*busca da verdade e do mútuo entendimento*":

> No nível mais básico, as alegações de verdade de muitas religiões — particularmente as de fés abraâmicas — estão contidas nos seus textos sagrados. Minha sugestão é que as pessoas pratiquem a "hospitalidade hermenêutica" em relação aos textos sagrados de cada fé e, agindo assim, troquem presentes. Essas pessoas devem, cada uma, adentrar com simpatia nos esforços dos outros para interpretar os textos sagrados deles, e elas devem também ouvir como os outros as percebem como leitoras dos seus próprios textos.[13]

---

12 VOLF, 2018, p. 159.
13 VOLF, 2018, p. 162.

O adentrar com simpatia no esforço do outro requer uma posição nova em relação ao próprio entendimento da verdade absoluta. Os encontros podem transformar a nós mesmos. É o que aponta Claude Geffré:

> E devo no diálogo lembrar-me que o outro tem o mesmo tipo de engajamento absoluto em relação à sua própria verdade. É esta coexistência entre o absoluto de meu engajamento e minha abertura ao que o outro representa como outro caminho para Deus que é extremamente difícil. E, não obstante, o resultado deste diálogo é descobrir que há um além do diálogo, a saber, a transformação de cada um dos interlocutores. Eu sou mudado na maneira de apropriar-me de minha própria fé quando sou confrontado com a verdade do outro.[14]

Este é, então, o corolário do amor: que o cristão veja e ouça o judeu com simpatia a partir das experiências e hermenêuticas dos próprios judeus, procurando compreender suas identidades a partir de suas premissas. Ou seja, que se conheça quem o judeu *de fato é*, e não *como deveria ser* a partir das leituras da Bíblia da forma que a compreendemos.

Isso significa que a compreensão do judeu real vai além da forma em que ele faz a hermenêutica da Bíblia. Também significa compreender as identidades judaicas contemporâneas que bem pouco devem ao texto sagrado, mas nem por isso deixam de ser parte dessa grande e bela cultura. Ou seja, que o cristão se aproxime dos judeus para conhecer quem de fato eles são. E que passe a vê-los menos como personagens de um drama cósmico e mais como gente a ser percebida e, no caminho da verdade, realmente amada.

---

14 GEFFRÉ, 2004, p. 146.

REFERÊNCIAS

AGOSTINHO. *A doutrina cristã:* manual de exegese e formação cristã. São Paulo: Paulus, 2002. [Patrística, 17.]

ALT, Albrecht. *Terra prometida:* ensaios sobre a história do povo de Israel. São Leopoldo: Sinodal, 1987.

ALTER, Robert. *A arte da narrativa bíblica.* São Paulo: Companhia das Letras, 2007.

ALVES, Eduardo Leandro. *A sociedade brasileira e o pentecostalismo clássico:* razões socioculturais entre a teologia pentecostal e a religiosidade brasileira. Rio de Janeiro: CPAD, 2021.

ANDERSON, Benedict R. *Comunidades imaginadas:* reflexões sobre a origem e a difusão do nacionalismo. São Paulo: Companhia das Letras, 2008.

ARENDT, Hannah. *A condição humana.* 10. ed. Rio de Janeiro: Forense Universitária, 2007.

_____. *Origens do totalitarismo.* São Paulo: Companhia das Letras, 1989.

ARENHOEVEL, Diego. "A era pós-exílica: época do anonimato", p. 314-29. In: SCHREINER, Josef. *O Antigo Testamento:* um olhar atento para sua palavra e mensagem. São Paulo: Hagnos, 2012.

ARISTÓTELES. *Poética.*

AUERBACH, Erich. *Mimesis:* a representação da realidade na literatura ocidental. São Paulo: EdUSP; Perspectiva, 1971.

BARRETT, Matthew. *Teologia da Reforma.* Rio de Janeiro: Thomas Nelson Brasil, 2017.

BASS, Clarence B. *Backgrounds to dispensationalism:* its historical genesis and ecclesiastical implications. Grand Rapids: Wm. B. Eerdmans, 1960.

BENDER, Arthur. *Paixão e significado da marca.* São Paulo: Integrare, 2012.

BENEDICT, Ruth. *O crisântemo e a espada:* padrões da cultura japonesa. São Paulo: Perspectiva, 1972.

BENTHO, Esdras Costa. *Da história à palavra:* a teologia da Revelação em Paul Ricoeur. São Paulo: Reflexão, 2016.

BERLESI, Josué. *História, arqueologia e cronologia do Êxodo:* historiografia e problematizações. São Leopoldo: Sinodal; EST, 2008.

BOCK, Darrel L. (org.). *O Jesus histórico:* critérios e contextos no estudo das origens cristãs. Rio de Janeiro: Thomas Nelson Brasil, 2020.

BORGER, Hans. *Uma história do povo judeu:* de Canaã à Espanha. 5. ed. São Paulo: Sêfer, 2015, v. I.

_____. *Uma história do povo judeu:* das margens do Reno ao Jordão. São Paulo: Sêfer, 2002, v. 2.

BRAKEMEIER, Gottfried. *A autoridade da Bíblia:* controvérsias, significado, fundamento. 2. ed. São Leopoldo: Sinodal, 2003.

BRAY, Gerald. *História da interpretação bíblica.* São Paulo: Vida Nova, 2017.

BRUEGGEMANN, Walter. *A imaginação profética.* São Paulo: Paulinas, 1983.

_____. *Teologia do Antigo Testamento:* testemunho, disputa e defesa. Santo André: Academia Cristã; São Paulo: Paulus, 2014.

BURKE, Peter. *Hibridismo cultural.* São Leopoldo: Unisinos, 2009.

CAMPBELL, Jonathan G. *Deciphering the Dead Sea Scrolls.* 2. ed. Oxford: Blackwell, 2002.

CARSON, D. A. *Introdução ao Novo Testamento.* São Paulo: Vida Nova, 1997.

CARVALHO, José Murilo de. *A formação das almas:* o imaginário da República no Brasil. 2. ed. São Paulo: Companhia das Letras, 2017.

CASSIRER, Ernst. *Antropologia filosófica:* ensaio sobre o homem. Introdução a uma filosofia da cultura humana. São Paulo: Mestre Jou, 1972.

CATROGA, Fernando. *Entre deuses e césares:* secularização, laicidade e religião civil. Uma perspectiva histórica. Coimbra: Almedina, 2006.

CHABAD. "A estrela de Davi". Disponível em: www.chabad.org.br/biblioteca/artigos/EstrelaDavi/home.html. Acesso em: 29 set. 2022.

CHADWICK, Henry; EVANS, Gilian. *Igreja cristã.* Barcelona: Folio, 2007. [Grandes livros da religião.]

CHO, Bernardo. *O enredo da salvação:* presença divina, vocação humana e redenção cósmica. São Paulo: Mundo Cristão, 2021.

CROATTO, José Severino. *História da salvação:* a experiência religiosa do povo de Deus. 2. ed. São Paulo: Paulinas, 1968.

CROUZET, Maurice. *A época contemporânea:* o desmoronamento dos impérios coloniais; o surto das ciências e técnicas. São Paulo: Difusão Europeia do Livro, 1958, v. 3. [História Geral das Civilizações.]

CULLMANN, Oscar. *Cristo e o tempo.* 2. ed. São Paulo: Fonte Editorial, 2020.

_____. *História da Salvação.* São Paulo: Fonte Editorial, 2020.

DAVIS, John. *Dicionário da Bíblia.* São Paulo: Hagnos, 2005.

DICIONÁRIO DE SÍMBOLOS. "Logo da Apple: você sabe como surgiu o símbolo da maçã mordida?". Disponível em: www.dicionariodesimbolos.com.br/logo-apple-voce-sabe-como-surgiu-simbolo-da-maca-mordida/. Acesso em: 29 set. 2022.

DONDIS, Donis A. *Sintaxe da linguagem visual.* 2. ed. São Paulo: Martins Fontes, 1997.

DONNER, Herbert. *História de Israel e dos povos vizinhos:* da época da divisão do reino até Alexandre Magno. São Leopoldo: Sinodal; Petrópolis: Vozes, 1997, v. 2.

ELIADE, Mircea. *O mito do eterno retorno:* arquétipos e repetição. Lisboa: Edições 70, 1984.

_____. *O sagrado e o profano:* a essência das religiões. 2. ed. São Paulo: Martins Fontes, 2008.

_____. *Tratado de história das religiões.* 5. ed. São Paulo: WMF Martins Fontes, 2016.

REFERÊNCIAS

FEE, Gordon D.; STUART, Douglas. *Entendes o que lês?* Um guia para entender a Bíblia com auxílio da exegese e da hermenêutica. 2. ed. São Paulo: Vida Nova, 2009.

FINKELSTEIN, Israel. *O reino esquecido:* arqueologia e história de Israel Norte. São Paulo: Paulus, 2015.

_____; SILBERMAN, Neil Asher. *A Bíblia desenterrada:* a nova visão arqueológica do antigo Israel e das origens dos textos sagrados. Petrópolis: Vozes, 2018.

FOCANT, Camille. "Verdade histórica e verdade narrativa: o relato da Paixão em Marcos", p. 79-97. In: HERMANS, Michel; SAUVAGE, Pierre (orgs.). *Bíblia e história:* Escritura, interpretação e ação no tempo. São Paulo: Loyola, 2006.

FRYE, Northrop. *Anatomia da crítica.* São Paulo: Cultrix, 1957.

_____. *O código dos códigos:* a Bíblia e a literatura. São Paulo: Boitempo, 2004.

GABEL, John B.; WHEELER, Charles B. *A Bíblia como literatura:* uma introdução. São Paulo: Loyola, 1993.

GEFFRÉ, Claude. *Crer e interpretar:* a virada da hermenêutica da teologia. Petrópolis: Vozes, 2004.

GELLNER, Ernest. *Naciones y nacionalismo.* Madrid: Alianza, 2001.

GEORGE, Timothy. *Teologia dos reformadores.* São Paulo: Vida Nova, 1993.

GERSTENBERGER, Erhard S. *Israel no tempo dos persas:* séculos V e IV antes de Cristo. São Paulo: Loyola, 2014.

GHERMAN, Michel. "Deus e Diabo na Terra Santa: pentecostalismo brasileiro em Israel". WebMosaica, Revista do Instituto Cultural Judaico Marc Chagall, v. 1, n. 1 (jan.-jun.) 2009, p. 58. Disponível em: seer.ufrgs.br/webmosaica/article/view/9767. Acesso em: 29 set. 2022.

GIGLIO, Auro del. *Iniciação ao Talmud*. São Paulo: Sêfer, 2000.

GIRARDET, Raoul. *Mitos e mitologias políticas*. São Paulo: Companhia das Letras, 1987.

GOLDINGAY, John. *Teologia bíblica:* o Deus das escrituras cristãs. Rio de Janeiro: Thomas Nelson Brasil, 2020.

GOLDMAN, Shalom. *Zeal for Zion:* Christians, Jews & the idea of the Promised Land. Chapel Hill: The University of North Carolina Press, 2009.

GONZÁLEZ, Justo L. *Atos, o evangelho do Espírito Santo*. São Paulo: Hagnos, 2011.

_____. *Cultura & evangelho:* o lugar da cultura no plano de Deus. São Paulo: Hagnos, 2011.

_____. *Retorno à história do pensamento cristão:* três tipos de teologia. São Paulo: Hagnos, 2011.

GOODMAN, Martin. *A história do judaísmo*. São Paulo: Planeta, 2020.

GOTTWALD, Norman K. *As tribos de Iahweh:* uma sociologia da religião de Israel liberto, 1250-1010 a.C. São Paulo: Paulinas, 1986.

GRENZ, Stanley J.; OLSON, Roger E. *A teologia do século 20:* Deus e o mundo numa era de transição. São Paulo: Cultura Cristã, 2003.

REFERÊNCIAS

GRONDIN, Jean. *Paul Ricoeur.* São Paulo: Loyola, 2015.

GUNNEWEG, Antonius H. J. *História de Israel:* dos primórdios até Bar Kochba e de Theodor Herzl até os nossos dias. São Paulo: Teológica; Loyola, 2005.

HEINZ-MOHR, Gerd. *Dicionário dos símbolos:* imagens e sinais da arte cristã. São Paulo: Paulus, 1994.

HERMANS, Michel; SAUVAGE, Pierre (orgs.). *Bíblia e história:* Escritura, interpretação e ação no tempo. São Paulo: Loyola, 2006.

HOBSBAWM, Eric J. *A invenção das tradições.* 12. ed. Rio de Janeiro: Paz e Terra, 2018.

_____. *Nações e nacionalismo desde 1780:* programa, mito e realidade. Rio de Janeiro: Paz e Terra, 1990.

ICE, Thomas. "Lovers of Zion: A history of Christian Zionism". *Article Archives*, Liberty University, 29, p. 1-27, 2009. Disponível em: digitalcommons.liberty.edu/pretrib_arch/29. Acesso em: 29 set. 2022.

IRVIN, Dale T.; SUNQUIST, Scott W. *História do movimento cristão mundial:* do cristianismo primitivo a 1453. São Paulo: Paulus, 2004, v. 1.

ISER, Wolfgang. *O ato da leitura:* uma teoria do efeito estético. São Paulo: Editora 34, 1999, v. 2.

_____. *O fictício e o imaginário:* perspectivas de uma antropologia literária. Rio de Janeiro: EdUERJ, 1996.

JACOBS, Joseph; BLAU, Ludwig. "Magen David ('David's shield')". Jewish Encyclopedia. Disponível em: www.jewishencyclopedia.com/articles/10257-magen-dawid. Acesso em: 29 set. 2022.

JACOBS, Joseph; EISENSTEIN, Judah. "Tallit". Jewish Encyclopedia. Disponível em: www.jewishencyclopedia.com/articles/14210--tallit. Acesso em: 29 set. 2022.

JEWISH Virtual Library. "Ancient Jewish history: the ark of the covenant". Disponível em: www.jewishvirtuallibrary.org/the-ark-of--the-convenant. Acesso em: 29 set. 2022.

_____. "Ancient Jewish history: the Menorah". Disponível em: www.jewishvirtuallibrary.org/the-menorah. Acesso em: 29 set. 2022.

_____. "Jewish practices & rituals: kippah (Yarmulke)". Disponível em: www.jewishvirtuallibrary.org/kippah-yarmulke. Acesso em: 29 set. 2022.

_____. "Jewish holidays: chanukah". Disponível em: www.jewishvirtuallibrary.org/hannukah. Acesso em: 29 set. 2022.

_____. "Jewish practices & rituals: the mezuzah". Disponível em: www.jewishvirtuallibrary.org/the-mezuzah. Acesso em: 29 set. 2022.

_____. "Magen David: star of David". Disponível em: www.jewishvirtuallibrary.org/magen-david. Acesso em: 29 set. 2022.

_____. "Rosh HaShanah: the shofar". Disponível em: www.jewishvirtuallibrary.org/the-shofar. Acesso em: 29 set. 2022.

JUNG, Carl (org.). *O homem e seus símbolos*. Rio de Janeiro: HarperCollins Brasil, 2016.

JUSTER, Daniel. *Raízes judaicas:* entendendo as origens da nossa fé. Ed. rev. São Paulo: Impacto, 2018.

KAEFER, José Ademar. A *Bíblia, a arqueologia e a história de Israel e Judá*. São Paulo: Paulus, 2015.

REFERÊNCIAS

_____. *Arqueologia das terras da Bíblia II*. São Paulo: Paulus, 2016.

KARNAL, Leandro et al. *História dos Estados Unidos:* das origens ao século XXI. São Paulo: Contexto, 2007.

KEENER, Craig S. *Comentário histórico-cultural da Bíblia:* Novo Testamento. São Paulo: Vida Nova, 2017.

KESSLER, Rainer. *História social do antigo Israel*. São Paulo: Paulinas, 2009.

KINZIG, Wolfram. "'Non-separation': closeness and co-operation between Jews and Christians in the fourth century". *Vigilae Christianae*, v. 45, n. 1, mar. 1991, p. 27-53, E. J. Brill, Leiden. Disponível em: doi.org/10.1163/157007291X00233. Acesso em: 29 set. 2022

KLEIN, William W.; HUBBARD JR., Robert L.; BLOMBERG, Craig L. *Introdução à interpretação bíblica*. Rio de Janeiro: Thomas Nelson Brasil, 2017.

KLUGE, Charlie. *O talit:* descubra os segredos milenares do manto de oração judaico. Rio de Janeiro: Renova, 2018.

KOCHAV, Sarah. *Israel*. Barcelona: Fólio, 2006. [Grandes civilizações do passado.]

KOESTER, Helmut. *Introdução ao Novo Testamento:* história, cultura e religião do período helenístico. São Paulo: Paulus, 2005, v. 1.

KÖRTNER, Ulrich H. J. *Introdução à hermenêutica teológica*. São Leopoldo: Sinodal/EST, 2009.

LAHAYE, Tim. *Deixados para trás:* uma história dos últimos dias. Rio de Janeiro: Thomas Nelson Brasil, 2019, v. 1.

LAITMAN, Michael. *O Zohar*. Rio de Janeiro: Imago Editora, 2012.

LANGE, Nicholas. *Povo judeu*. Barcelona: Folio, 2007. [Grandes civilizações do passado.]

LASOR, William S.; HUBBARD, David A.; BUSH, Frederic W. *Introdução ao Antigo Testamento*. São Paulo: Vida Nova, 1999.

LEVINE, Amy-Jill; BRETTLER, Marc Z. *A Bíblia com e sem Jesus:* como judeus e cristãos leem as mesmas histórias com diferentes perspectivas. Rio de Janeiro: Thomas Nelson Brasil, 2022.

LEWIS, Clive Staples. *Um experimento em crítica literária*. Rio de Janeiro: Thomas Nelson, 2019.

LINDBERG, Carter. *História da reforma*. Rio de Janeiro: Thomas Nelson Brasil, 2017.

LINDSAY, Hal. *A agonia do grande planeta terra*. 7. ed. São José dos Campos: CLC, 1984.

LOWENTHAL, David. *The past is a foreign country:* revisited. Cambridge: Cambridge University Press, 2015.

MACDONALD, Dennis R. *The Gospels and Homer:* imitations of Greek epic in Mark and Luke-Acts. [The New Testament and Greek Literature, Volume I]. Londres: Rowman & Littlefield, 2015.

MAGALHÃES, Thamiris. "Cultura judaica e brasileira. Uma síntese?", *IHU On-line, Revista do Instituto Humanitas Unisinos*, ed. 400, 2012. Disponível em: www.ihuonline.unisinos.br/artigo/4596- -monica-grin-e-michel-gherman. Acesso em: 29 set. 2022.

MAIER, Johann. *Entre os dois Testamentos:* história e religião na época do Segundo Templo. São Paulo: Loyola, 2005.

MARGUERAT, Daniel; BOURQUIN, Yvan. *Para ler as narrativas bíblicas:* iniciação à análise narrativa. São Paulo: Loyola, 2009.

REFERÊNCIAS

MATA, Sérgio da. *História & religião*. Belo Horizonte: Autêntica, 2010.

MAZZINGHI, Luca. *História de Israel das origens ao período romano*. Petrópolis: Vozes, 2017.

MCDERMOTT, Gerald R. *A importância de Israel*: por que o cristão deve pensar de maneira diferente em relação ao povo e à terra. São Paulo: Vida Nova, 2018.

MCGRATH, Alister. *Heresia*: em defesa da fé. São Paulo: Hagnos, 2014.

MENDONÇA, Élcio Valmiro Sales de. *O primeiro Estado de Israel*: redescobertas arqueológicas sobre suas origens. São Paulo: Recriar, 2020.

MENDONÇA, José Tolentino. *A leitura infinita*: a Bíblia e sua interpretação. São Paulo: Paulinas; Pernambuco: Universidade Católica de Pernambuco, 2015.

MENDONÇA, Kátia Marly Leite; RENDERS, Helmuth; HIGUET, Etienne Alfred. *Religião e cultura visual no Brasil*: desafios e métodos. Belém: EDUEPA, 2020, v. 1. [Coleção Ciências da Religião.]

MISHORY, Alec. "Israel National Symbols: the Israeli flag". Jewish Virtual Library. Disponível em: www.jewishvirtuallibrary.org/the--israeli-flag. Acesso em: 29 set. 2022.

MUELLER, Enio R. *Teologia cristã*: em poucas palavras. São Paulo: Teológica; São Leopoldo: Escola Superior de Teologia, 2005.

NASCIMENTO, Fernando; SALLES, Walter. *Paul Ricoeur*: ética, identidade e reconhecimento. São Paulo: Loyola; Rio de Janeiro: PUC-Rio, 2013.

NASCIMENTO, José Roberto do. "Apócrifos e pseudepígrafos do Antigo Testamento e sua importância para uma adequada compreensão do cristianismo primitivo e do Novo Testamento". Reflexus, v. 12, n. 20, 2018, p. 627-50. Disponível em: revista.fuv.edu.br/index.php/reflexus/article/view/627/736. Acesso em: 29 set. 2022.

NEUMEIER, Marty. *The brand gap*: how to bridge the distance between business strategy and design. Ed. rev. Berkeley: New Riders, 2006.

NOGUEIRA, Paulo Augusto de Souza. "Do silêncio do texto às imagens da ressurreição: Cultura visual e interpretação bíblica", p. 52-100. In: MENDONÇA, Kátia Marly Leite; RENDERS, Helmuth; HIGUET, Etienne Alfred. *Religião e cultura visual no Brasil*: desafios e métodos. Belém: EDUEPA, 2020, v. 1. [Coleção Ciências da Religião.]

OLSON, Roger E. *História da teologia cristã*: 2000 anos de tradição e reformas. São Paulo: Vida, 2001.

OTTO, Rudolf. *O sagrado*: os aspectos irracionais na noção do divino e sua relação com o racional. São Leopoldo: Sinodal/EST; Petrópolis: Vozes, 2007.

PAIVA, Lucas Gesta Palmares Munhoz. "Os cristianismos orientais e seu desaparecimento na historiografia eclesiástica ocidental". *Teológica*, Revista Brasileira de Teologia, Rio de Janeiro, n. 5, jan./jun. 2018, p. 76-94.

PAUL, André. *O judaísmo tardio*: história política. São Paulo: Paulinas, 1983.

PELLETIER, Anne-Marie. *Bíblia e hermenêutica hoje*. São Paulo: Loyola, 2006.

REFERÊNCIAS

PIZA, Pedro Luís de Toledo. "O judaísmo na perspectiva de Inácio de Antioquia", *Revista Alétheia*, v. 9, n. 2, p. 86-96, fev. 2015. Disponível em: periodicos.ufrn.br/aletheia/article/view/6679. Acesso em: 29 set. 2022.

POCOCK, Michael. "The influence of premillennial eschatology on evangelical missionary theory and praxis from the late nineteenth century to the present", *International Bulletin of Missionary Research*, New Heaven, v. 33, n. 3, p. 137-44, jul. 2009.

PROST, Antoine. *Doze lições sobre a história*. Belo Horizonte: Autêntica, 2008.

PROVAN, Iain; LONG, V. Philips; LONGMAN III, Tremper. *Uma história bíblica de Israel*. São Paulo: Vida Nova, 2016.

RAMAGEM, Sonia Bloomfield. "Jews as perceived by neo-evangelicals in Brazil", p. 235-49. In: *Judaica Latinoamericana*. Jerusalém: Universidad Hebrea, 2001.

REIMER, Haroldo. *O antigo Israel:* história, textos e representações. São Paulo: Fonte Editorial, 2017.

REINKE, André Daniel. *Aqueles da Bíblia:* história, fé e cultura do povo bíblico de Israel e sua atuação no plano divino. Rio de Janeiro: Thomas Nelson Brasil, 2021.

_____. *Os outros da Bíblia:* história, fé e cultura dos povos antigos e sua atuação no plano divino. Rio de Janeiro: Thomas Nelson Brasil, 2019.

RICHARDSON, Don. *O fator Melquisedeque:* o testemunho de Deus nas culturas através do mundo. São Paulo: Vida Nova, 1995.

RICHELLE, Matthieu. *A Bíblia e a arqueologia*. São Paulo: Vida Nova, 2017.

RICOEUR, Paul. *A hermenêutica bíblica*. São Paulo: Loyola, 2006.

_____. *A ideologia e a utopia*. Belo Horizonte: Autêntica, 2017.

_____. *A simbólica do mal*. Lisboa: Edições 70, 2019.

_____. *Del texto a la acción*: ensayos de hermenéutica II. México: Fondo de Cultura Económica, 2002.

_____. *O conflito das interpretações*: ensaios de hermenêutica. Porto: Rés, 1988.

_____. *Tempo e narrativa*: a intriga e a narrativa histórica. São Paulo: WMF Martins Fontes, 2010, v. 1.

_____. *Tempo e narrativa*: a configuração do tempo na narrativa de ficção. São Paulo: WMF Martins Fontes, 2010, v. 2.

_____. *Tempo e narrativa*: o tempo narrado. São Paulo: WMF Martins Fontes, 2010, v. 3.

RITSCHL, Dietrich. *Fundamentos da teologia cristã*. São Leopoldo: Sinodal/EST, 2012.

ROOKMAAKER, H. R. *A arte moderna e a morte de uma cultura*. Viçosa: Ultimato, 2015.

ROSENBERG, Roy. *Guia conciso do judaísmo*: história, prática, fé. Rio de Janeiro: Imago, 1992.

SABINO, Igor. *Por amor aos patriarcas*: reflexões brasileiras sobre antissemitismo e sionismo cristãos. Brasília: Editora 371, 2020.

SALDANHA, Marcelo Ramos. "Um teatro 'não espetacular': para além da catarse colonial", *Estudos Teológicos*, v. 58, n. 2, p. 356-69, jul./dez. 2018. Disponível em: periodicos.est.edu.br/index.php/estudos_teologicos/article/view/3403. Acesso em: 29 set. 2022.

SAND, Shlomo. *A invenção da Terra de Israel:* de Terra Santa a terra pátria. São Paulo: Benvirá, 2014.

_____. *A invenção do povo judeu:* da Bíblia ao sionismo. São Paulo: Benvirá, 2011.

SCARDELAI, Donizete. *Da religião bíblica ao judaísmo rabínico:* origens da religião de Israel e seus desdobramentos na história do povo judeu. São Paulo: Paulus, 2008.

_____. *O escriba Esdras e o judaísmo:* um estudo sobre Esdras na tradição judaica. São Paulo: Paulus, 2012.

SCHELLEY, Bruce L. *História do cristianismo:* uma obra completa e atual sobre a trajetória da igreja cristã desde as origens até o século 21. Rio de Janeiro: Thomas Nelson Brasil, 2018.

SCHNIEDEWIND, William M. *Como a Bíblia tornou-se um livro:* a textualização do antigo Israel. São Paulo: Loyola, 2011.

SCHREINER, Josef. "Abraão, Isaque e Jacó: a interpretação da época dos patriarcas em Israel", p. 97-112. In: SCHREINER, Josef (org.). *O Antigo Testamento:* um olhar atento para sua palavra e mensagem. São Paulo: Hagnos, 2012.

_____ (org.). *O Antigo Testamento:* um olhar atento para sua palavra e mensagem. São Paulo: Hagnos, 2012.

SELVATICI, Monica. "Identidades cristãs e práxis judaizantes na Ásia Menor romana do século II d.C.: um exame das epístolas de Inácio de Antioquia". *Diálogos*. Maringá-PR, Brasil, v. 24, n. 2, p. 325-41, mai/ago. 2020. Disponível em: doi.org/10.4025/dialogos.v24i2.45651. Acesso em: 29 set. 2022.

SHAPIRA, Anita. *Israel:* uma história. Rio de Janeiro; São Paulo: Paz e Terra, 2018.

SIQUEIRA, Gutierres; TERRA, Kenner. *Autoridade bíblica e experiência no Espírito:* a contribuição da hermenêutica pentecostal-carismática. Rio de Janeiro: Thomas Nelson Brasil, 2020.

SIZER, Stephen. *Christian Zionism:* road-map to Armageddon? Downers Grove: InterVarsity Press, 2004.

SMITH, James K. A. *Aguardando o Rei:* reformando a teologia pública. São Paulo: Vida Nova, 2020.

_____. *A queda da interpretação:* fundamentos filosóficos para uma hermenêutica criacional. Rio de Janeiro: Thomas Nelson Brasil, 2021.

_____. *Desejando o reino:* culto, cosmovisão e formação cultural. São Paulo: Vida Nova, 2018.

_____. *Imaginando o reino:* a dinâmica do culto. São Paulo: Vida Nova, 2019.

STAFFORD, Thomas Albert. *Christian symbolism in the evangelical churches:* with definitions of church terms and usages. New York: Abingdon-Cokesbury, c. 1942.

STEGEMANN, Wolfgang. *Jesus e seu tempo.* São Leopoldo: Sinodal/EST, 2012.

STEINSALTZ, Adin. *Talmud essencial.* São Paulo: Sêfer, 2019.

STERN, David H. *Comentário judaico do Novo Testamento.* São Paulo: Didática Paulista; Belo Horizonte: Atos, 2008.

TAYLOR, George. "Identidade prospectiva", p. 127-48. In: NASCIMENTO, Fernando; SALLES, Walter. *Paul Ricoeur:* ética, identidade e reconhecimento. São Paulo: Loyola; Rio de Janeiro: PUC-Rio, 2013.

REFERÊNCIAS

TEMPESTA, Orani João. *A Bíblia, tradição e magistério.* Disponível em: www.cnbb.org.br/a-biblia-tradicao-e-magisterio/. Acesso: 29 set. 2022.

TERRA, Kenner. "Experiência no Espírito, racionalidade e hermenêutica", p. 173-205. In: SIQUEIRA, Gutierres; TERRA, Kenner. *Autoridade bíblica e experiência no Espírito:* a contribuição da hermenêutica pentecostal-carismática. Rio de Janeiro: Thomas Nelson Brasil, 2020.

TERRA, Kenner; LELLIS, Nelson. *Judaísmo e período persa:* imaginários, textos e teologias. São Paulo: Recriar, 2021.

THOMPSON, Mark D. "Sola Scriptura", p. 129-64. In: BARRETT, Matthew. *Teologia da Reforma.* Rio de Janeiro: Thomas Nelson Brasil, 2017.

TILLICH, Paul. *História do pensamento cristão.* São Paulo: ASTE, 2015.

TORREY, R. A. (org.). *Os fundamentos:* a famosa coletânea de textos das verdades bíblicas fundamentais. São Paulo: Hagnos, 2005.

TREBOLLE BARRERA, Julio. *A Bíblia hebraica e a Bíblia cristã:* introdução à história da Bíblia. Petrópolis: Vozes, 1995.

TREVISAN, Armindo. *O rosto de Cristo:* a formação do imaginário e da arte cristã. Porto Alegre: AGE, 2003.

VOLF, Miroslav. *Uma fé pública:* como o cristão pode contribuir para o bem comum. São Paulo: Mundo Cristão, 2018.

WACHHOLZ, Wilhelm; REINKE, André Daniel. "'Pela paz em Jerusalém': a origem do sionismo cristão, sua influência na igreja protestante brasileira e sua atuação no Congresso Nacional", *Revista Brasileira de História das Religiões*, v. 13, n. 37, maio/ago. 2020, p. 262-64. Disponível em: periodicos.uem.br/ojs/index.php/RbhrAnpuh/article/view/51190. Acesso em: 29 set. 2022.

WALTON, John. *Comentário histórico-cultural da Bíblia:* Antigo Testamento. São Paulo: Vida Nova, 2018.

WEBER, Timothy P. *On the road to Armageddon:* how evangelicals became Israel's best friend. Grand Rapids: Baker Academic, 2004.

WILKINSON, Paul Richard. *For Zion's sake:* Christian Zionism and the role of John Nelson Darby. Milton Keynes: Paternoster, 2007.

WILLIAMS, Joseph. "The pentecostalization of Christian Zionism", Church History, v. 84, Issue 1, p. 159-94, 2015. Disponível em: doi. org/10.1017/S0009640714001747. Acesso em: 29 set. 2022.

WON, Paulo. *E Deus falou na língua dos homens:* uma introdução à Bíblia. Rio de Janeiro: Thomas Nelson Brasil, 2020.

WRIGHT, Nicholas Thomas. *Como Deus se tornou rei.* Rio de Janeiro: Thomas Nelson Brasil, 2019.

_____. *História e escatologia:* Jesus e a promessa da teologia natural. Rio de Janeiro: Thomas Nelson Brasil, 2021.

_____. *O dia em que a revolução começou:* reinterpretando a crucificação de Jesus. Brasília: Chara, 2017.

_____. *Paulo:* uma biografia. Rio de Janeiro: Thomas Nelson Brasil, 2018.

_____. *Simplesmente Jesus.* Rio de Janeiro: Thomas Nelson Brasil, 2020.

ZABATIERO, Júlio Paulo Tavares; LEONEL, João. *Bíblia, literatura e linguagem.* São Paulo: Paulus, 2011.

_____. *Uma história cultural de Israel.* São Paulo: Paulus, 2013.

REFERÊNCIAS

ZUGNO, Vanildo Luiz. *Vocês todos são irmãos!* Reflexões sobre a identidade e vida religiosa. Porto Alegre: ESTEF, 2013. Disponível em: freivanildo.files.wordpress.com/2020/09/voces-todos-sao-irmaos.pdf. Acesso em: 29 set. 2022.

Este livro foi impresso pela Corprint
para a Thomas Nelson Brasil.
A fonte usada no miolo é a Minion Pro.
O papel do miolo é ivory 65g/m².